Decisão Administrativa Coordenada

Reflexões sobre o art. 49-A e seguintes da Lei n. 9.784/99

Coordenação:
ANTONIO DO PASSO CABRAL
JOSÉ VICENTE SANTOS DE MENDONÇA

Decisão Administrativa Coordenada

Reflexões sobre o art. 49-A e seguintes da Lei n. 9.784/99

2022

EDITORA JusPODIVM
www.editorajuspodivm.com.br

EDITORA JusPODIVM
www.editorajuspodivm.com.br

Rua Canuto Saraiva, 131 – Mooca – CEP: 03113-010 – São Paulo – São Paulo
Tel: (11) 3582.5757
• Contato: https://www.editorajuspodivm.com.br/sac

Capa e diagramação: Maitê Coelho e Cendi Coelho (cendicoelho@gmail.com)

D294 Decisão Administrativa Coordenada: Reflexões sobre o art. 49-A e seguintes da Lei n. 9.784/99 / coordenado por Antonio do Passo Cabral e José Vicente Santos de Mendonça – São Paulo: Editora Juspodivm, 2022.

304 p.

Vários autores
ISBN 978-85-442-3954-4

1. Direito Administrativo I. Cabral, Antônio do Passo II. Mendonça, José Vicente Santos de III. Título.

CDD 341.3

NOTA DOS COORDENADORES

Em 2021, a Lei 14.210 alterou a lei de processo administrativo federal (Lei n.9.784/99), passando a prever um procedimento de decisão administrativa coordenada.

A mudança vem na esteira dos movimentos que, há algumas décadas, vêm procurando infundir eficiência e consensualidade nas relações de direito administrativo, mas agora focando-se no *processo administrativo*.

Busca-se maior coordenação nas atividades dos sujeitos envolvidos, a fim de que as competências deliberativas e decisórias sejam exercidas de forma articulada, com vistas a evitar ruídos, eliminar contradições e aparar divergências, o que se torna cada vez mais imprescindível diante de uma administração pública complexa, com várias instituições, órgãos e setores atuando em diversas camadas de regulação, fiscalização e controle nas três esferas da federação.

Ao refletirmos sobre as novas disposições legais, encontramo-nos em um ponto de contato entre o direito processual e o direito administrativo, e nos animamos em promover uma maior interação entre as nossas iniciativas de pesquisa na Universidade do Estado do Rio de Janeiro (UERJ): o Grupo de Pesquisa Transformações nas Estruturas Fundamentais do Processo[1] e o Laboratório de Regulação Econômica da UERJ – UERJ Reg.[2]

1. O Grupo de Pesquisa "Transformações nas Estruturas Fundamentais do Processo", vinculado à Universidade do Estado do Rio de Janeiro, é cadastrado no Diretório Nacional de Grupos de Pesquisa do CNPq (dgp.cnpq.br/dgp/espelhogrupo/9009555729002032) e membro fundador da ProcNet – Rede Internacional de Pesquisa sobre Justiça Civil e Processo contemporâneo (http://laprocon.ufes.br/rede-de-pesquisa).
2. O Laboratório de Regulação Econômica da UERJ é um projeto de extensão e de pesquisa, vinculado à Faculdade de Direito (www.uerjreg.com.br).

Começamos com a realização de um webinário, no fim do ano de 2021, disponível na íntegra no Youtube.[3] E ali foi idealizada a presente coletânea, que conta com artigos de diversas escolas e em várias perspectivas, de especialistas no direito processual e no direito administrativo.

Estudam-se, dentre muitos outros temas, o regramento legal do procedimento de decisão administrativa coordenada, seus limites e (im)possibilidades, os desafios interpretativos da nova lei, os paradigmas similares no direito comparado, os efeitos que o procedimento promove no campo da teoria da competência administrativa, as relações das articulações administrativas cooperativas com o sistema de justiça multiportas de autocomposição e negociação multilateral, e as possibilidades aplicativas no direito sancionador.

Esperamos que essa primeira reflexão sobre o tema possa contribuir para assentar premissas adequadas à interpretação e aplicação do instituto, desde seu nascedouro, mas também instigar novos caminhos para o desenvolvimento do tema no futuro, em especial em vista das mudanças pelas quais o processo administrativo vem passando.

Rio de Janeiro, outono de 2022.

Antonio do Passo Cabral

José Vicente Santos de Mendonça

Professores da Faculdade
de Direito da UERJ.

Coordenadores.

3. [https://www.youtube.com/watch?v=QY_RMO_b-Kg&t=7568s].

SUMÁRIO

1

A DECISÃO COORDENADA: NOTAS E REFLEXÕES INICIAIS

Gustavo Binenbojm

Professor titular de Direito Administrativo da Universidade do Estado do Rio de Janeiro (UERJ), doutor e mestre em Direito Público pela UERJ, *Master of Laws* (LL.M.) pela Yale Law School. Procurador do Estado do Rio de Janeiro e advogado.

André Cyrino

Professor adjunto de Direito Administrativo da Universidade do Estado do Rio de Janeiro (UERJ), doutor e mestre em Direito Público pela UERJ, *Master of Laws* (LL.M.) pela Yale Law School. Procurador do Estado do Rio de Janeiro e advogado.

1. INTRODUÇÃO

Este breve artigo volta-se à análise inicial das alterações promovida pela Lei nº 14.210/2021 na Lei nº 9.784/1999 ("Lei de Processo Administrativo federal" – LPA). Especificamente, examina-se o que o legislador denominou *decisão coordenada* no âmbito da Administração Pública federal. Trata-se do instituto agora disposto nos artigos 49-A a 49-G da Lei nº 9.784/1999, e definido como: "a instância de natureza interinstitucional ou intersetorial que atua de forma compartilhada com a finalidade de simplificar o processo administrativo mediante participação concomitante de todas as autoridades e agentes decisórios e dos responsáveis pela instrução técnico-jurídica, observada a natureza do objeto e a compatibilidade do procedimento e de sua formalização com a legislação pertinente" (art. 49-A, § 1º, LPA).

A ideia subjacente a essa modalidade de ação administrativa é singela: se há mais de um envolvido para determinada decisão pública, seria possível simplificar e reunir, de antemão, todos os participantes para a formação de uma manifestação conjunta. Nada obstante a aparente simplicidade, há preocupações e dúvidas sobre como isso funcionará. Este artigo tenta iniciar algum tipo de debate.

De toda forma, como qualquer exame de legislação recente, este estudo registra mais dúvidas e inquietações do que propriamente convicções. Até mesmo porque, a Lei nº 14.210/2021 apenas fornece diretrizes gerais sobre a decisão coordenada, o que dá margem a um significativo espectro de possibilidades no que diz respeito à sua operacionalização nos mais variados órgãos governamentais e instâncias administrativas.

Este texto segue um roteiro de 4 tópicos. No primeiro, examinam-se as origens e primeiras experiências (estrangeiras e estaduais) do instituto. No segundo, fazem-se anotações sobre o processo legislativo que culminou na edição da Lei nº 14.210/2021. No terceiro item, registramos reflexões críticas iniciais sobre o tema. Ao final, são feitas considerações conclusivas.

2. GENEALOGIA E PRIMEIRAS EXPERIÊNCIAS NO BRASIL

2.1. Influências italiana e portuguesa: a *conferenza di servizi* italiana e a conferência procedimental portuguesa

Inicie-se pela inspiração italiana da *decisão coordenada*: a *conferenza di servizi*[1]. Trata-se de instituto que surgiu nas normas

1. RAGAZZO, Massimo. *La conferenza di servizi: esiti della riforma ex lege* n. 15/2005 *e novità giurisprudenziali*. *In*: LexItalia.it – *Rivista Internet di diritto pubblico*, n. 3-2002.

italianas para, em princípio, disciplinar certas atividades administrativas relacionadas a ordenações específicas, como questões urbanísticas, energia elétrica e destinação de resíduos sólidos. Foi apenas após a edição da Lei de Procedimento Administrativo italiana de 1990 (Lei nº 241) que o instituto passou a ter eficácia para toda a Administração Pública. Já nos anos 2000, a *conferenza di servizi* tomou novos contornos – sem prejuízo de sua eficácia nacional –, especialmente com inovações em sua modalidade decisória, encampadas pela Lei de Simplificação Administrativa (Lei nº 340/2000) e pela Lei nº 15/2005.

O regramento do instituto na Itália teve por escopo a observância do princípio do bom andamento da Administração Pública (cf. art. 97 da Constituição italiana). Visava, para tanto, à simplificação e à consensualidade entre diferentes instâncias administrativas como formas de desburocratização dos trâmites governamentais. O instituto italiano tem como propósito a outorga de autorizações, atos, licenças e permissões, dentre outros, mediante convocação de um colegiado especial, cujos termos são, especificamente, definidos por lei[2].

Como se extrai da Lei de Procedimento Administrativo italiana, há três formas distintas de *conferenza di servizi*. São elas: *conferenza instruttoria* (investigativa), *conferenza predecisoria* (preparatória) e *conferenza decisoria* (decisória). Embora todas tenham o mesmo objetivo preliminar de buscar celeridade e coordenação no âmbito da Administração Pública, cada qual tem suas particularidades. Em linhas gerais, a conferência investigativa possui função instrumental de coordenação e informação, mas não tem efeitos vinculantes. Já a conferência preliminar é restrita a situações

---

Disponível em: <http://www.lexitalia.it/articoli/radazzo_conferenza.htm>. Acesso em 19 mar. 2022; TRAVERSA, Emanuele. *La Conferenze dei servizi: Semplificazione amministrativa nella Pubblica Amministrazione*. *In*: *Overlex Portale Giuridico*. Disponível em: <http://www.overlex.com>. Acesso em 19 mar. 2022; TALANI, Mário. *La Conferenza di Servizi. Nuovi Orientamenti Giurisprudenziali*. Milano: Giuffrè, 2008; e CARINGELLA, Francesco. Corso di Diritto Amministrativo. Tomo II, Milano: Giuffrè, 2003.

2. RAGAZZO, Massimo. Ibid.

específicas, em que haja alta complexidade, como é o caso de obras públicas, e suas conclusões podem gerar tanto recomendações como exigências. Por último, a conferência decisória – que mais parece se assemelhar à decisão coordenada instituída pela Lei nº 14.210/2021 – é uma manifestação plural final que substitui as decisões individuais dos órgãos governamentais participantes[3]. Esta última modalidade de *conferenza di servizi* é obrigatória para toda a Administração Pública e, de acordo com a jurisprudência italiana, não constitui órgão autônomo, mas módulo procedimental pré-ordenado capaz de facilitar a aprovação final por parte da Administração Pública[4].

Já a chamada "conferência procedimental", instituída como grande inovação do Código de Procedimento Administrativo português (cf. arts. 77º a 81º) e inspirada na *conferenza di servizi* italiana, assume duas modalidades: a conferência deliberativa[5] e a de coordenação[6]. Como no caso italiano, seus objetivos também são os de desburocratizar o processo decisório e aumentar tanto sua celeridade quanto sua coerência, em consonância com a ideia de boa administração[7].

De acordo com o art. 77º, nºs 1 e 2, do CPA português, a conferência procedimental pode ser definida como "um procedimento inserido em outro ou outros procedimentos a fim de

3. TRAVERSA, Emanuele. Ibid.

4. RAGAZZO, Massimo. Ibid.

5. "Destinada ao exercício conjunto das competências decisórias dos órgãos participantes através de um único ato de conteúdo complexo, que substitui a prática, por cada um deles, de atos administrativos autónomos" (art. 77.º, n.º 3, "a").

6. "Destinada ao exercício individualizado, mas simultâneo, das competências dos órgãos participantes, através da prática, por cada um deles, de atos administrativos autónomos" (art. 77.º, n.º 3, "b")

7. QUADROS, Fausto de. A REVISÃO DO CÓDIGO DO PROCEDIMENTO ADMINISTRATIVO: PRINCIPAIS INOVAÇÕES. *In*: O Novo Código do Procedimento Administrativo, Conferências do CEJ 2014-2015 (org. CARVALHO, Ana Celeste). Centro de Estudos Judiciários, out. 2016, p. 20. Disponível em: <https://www.stimpostos.pt/wp-content/uploads/2017/10/20161010-o-novo-codigo-do-procedimento-administrativo-conferencias-do-cej-2014-2015-outubro-2016-cej.pdf>. Acesso em 19 mar. 2022.

propiciar o exercício em comum ou conjugado das competências de diversos órgãos da Administração Pública". Para Sérvulo Correia[8], essa definição congrega três vertentes: (*i*) uma vertente estrutural, no sentido de que se trata de procedimento acessório, intercalado a outro(s) procedimento(s); (*ii*) uma vertente funcional, a qual denota um procedimento que constitui matriz do exercício conjugado de competências de titularidades distintas; e (*iii*) uma vertente finalística, a qual consubstancia a ideia de que conferência procedimental é a promoção da eficiência, da economicidade e da celeridade na atuação administrativa.

O atual CPA português prevê, inclusive, a possibilidade de realização de conferência procedimental por força de previsão específica em lei ou em regulamento administrativo, bem como em virtude de ter sido determinado "em sede de contrato interadministrativo"[9]. Sem prejuízo de sua ampla normatização e do grande entusiasmo pelo qual foi recebida no direito português, a conferência procedimental também ensejou dúvidas quanto à sua operacionalização.

Apenas para citar alguns questionamentos, registre-se que houve dúvidas sobre: *(i)* a participação de órgãos de competência consultiva; *(ii)* quem será competente para anular uma decisão tomada no ambiente complexo de múltiplas vontades, ou, ainda, *(iii)*

---

8. CORREIA, J. M. Sérvulo. DA CONFERÊNCIA PROCEDIMENTAL. *In*: O Novo Código do Procedimento Administrativo, Conferências do CEJ 2014-2015 (org. CARVALHO, Ana Celeste). Centro de Estudos Judiciários, out. 2016, pp. 111-112. Disponível em: <https://www.stimpostos.pt/wp-content/uploads/2017/10/20161010-o-novo-codigo-do-procedimento-administrativo-conferencias-do-cej-2014-2015-outubro-2016-cej.pdf>. Acesso em 19 mar. 2022.

9. SERRÃO, Tiago. A CONFERÊNCIA PROCEDIMENTAL NO NOVO CÓDIGO DO PROCEDIMENTO ADMINISTRATIVO: PRIMEIRA APROXIMAÇÃO. *In*: O Novo Código do Procedimento Administrativo, Conferências do CEJ 2014-2015 (org. CARVALHO, Ana Celeste). Centro de Estudos Judiciários, out. 2016, p. 136. Disponível em: <https://www.stimpostos.pt/wp-content/uploads/2017/10/20161010-o-novo-codigo-do-procedimento-administrativo-conferencias-do-cej-2014-2015-outubro-2016-cej.pdf>. Acesso em 19 mar. 2022.

o órgão hierarquicamente superior ao qual caberá recurso dessa decisão[10].

2.2. Influências brasileiras: as experiências baiana e mineira

A decisão coordenada, inspirada nos modelos estrangeiros citados, teve sua estreia no Brasil em 2011, no âmbito estadual[11]. A Lei de processo administrativo da Bahia (Lei estadual nº 12.209/2011) já contava com a "conferência de serviços" em seu art. 28 (ainda vigente), cujo teor é o seguinte:

> Art. 28 – No exame de matéria que envolva diferentes interesses setoriais, o Chefe do Executivo poderá convocar conferência de serviço, reunindo os órgãos e entidades competentes, a fim de emitir decisão célere.
>
> § 1º – Sempre que possível, a conferência será realizada em sessão única.
>
> § 2º – Em casos de urgência, o Chefe do Executivo poderá estabelecer prazo máximo para a providência ou decisão de cada órgão ou entidade, sob pena de responsabilização funcional das autoridades que se omitirem.
>
> § 3º – Ultrapassado o prazo, caso a demora possa causar prejuízos graves ao interesse público, o Chefe do Executivo poderá avocar a competência de órgão da Administração direta hierarquicamente vinculado.

10. Nesse sentido, cf. ibid, p. 131.

11. Sem prejuízo, o Relatório Final da comissão de juristas convocados pelo Ministério do Planejamento para elaborar Anteprojeto de Normas Gerais de Organização Administrativa da União já havia, em 2008, proposto a introdução no direito brasileiro da conferência de serviços, segundo o modelo italiano. [COMISSÃO DE JURISTAS – Proposta de Organização da Administração Pública e das Relações com Entes de Colaboração (Resultado Final). Secretaria de Gestão, Ministério do Planejamento. Disponível em: <http://www.consultaesic.cgu.gov.br/busca/dados/Lists/Pedido/Attachments/1289624/PEDIDO_Lei%20Organica%20(Comissao%20de%20Juristas_a_01%20set%2009).pdf>. Acesso em: 19 mar. 2022.]

> § 4º – As providências ou decisões resultantes das sessões da conferência de serviço serão lavradas em ata.

Conforme Paulo Modesto[12], a conferência de serviços baiana é "modalidade de aceleração facultativa do processo administrativo convocada exclusivamente pelo chefe do Poder Executivo em assuntos que envolvam interesses intersetoriais (sem número predeterminado), a ser realizada sempre que possível em sessão única, mas que pode demandar decisão prévia de autoridade, por prazo a ser fixado pelo chefe do Poder Executivo". Ainda, no modelo baiano, a ata final da decisão coordenada lavra as providências e decisões com sentido unitário e a legislação autoriza que, em situações de urgência em que haja omissão ou demora na manifestação de algum órgão, o Chefe do Poder Executivo avoque a competência do referido órgão, caso ele faça parte da Administração direta hierarquicamente vinculada.

Um pouco ao sul, a legislação mineira, editada em 2011 (Lei Delegada nº 180/2011), regulamentada pelo Decreto estadual nº 45.757/2011, revogada pela Lei estadual nº 22.257/2016 e alterada pela Lei estadual nº 23.304/2019, estabeleceu um "modelo de Administração Transversal de Desenvolvimento" que conta com a conferência de serviços como um de seus instrumentos (cf. art. 5º, §2º, da Lei Delegada nº 180/2011). Confiram-se os dispositivos da mencionada Lei Delegada e de seu respectivo decreto regulamentador que definem a conferência de serviços:

> Art. 5º – São instrumentos do modelo de Administração Transversal de Desenvolvimento, além dos tratados nos arts. 3º e 4º desta Lei Delegada: (...)
>
> § 2º – A Conferência de Serviços, para os fins desta Lei Delegada, é a instância de decisão compartilhada de caráter

12. MODESTO, Paulo. Decisão coordenada: experimentação administrativa processual. Revista ConJur, 2 dez. 2021. Disponível em: <https://www.conjur.com.br/2021-dez-02/interesse-publico-decisao-coordenada-experimentacao-administrativa-processual#_ftnref>. Acesso em 19 mar. 2022.

> interinstitucional ou intersetorial que simplifica a processualidade administrativa mediante participação concomitante de todos os agentes decisórios e dos responsáveis pela instrução técnico jurídica, observada a natureza do objeto e a compatibilidade do procedimento e de sua formalização com a legislação pertinente. (Lei Delegada nº 180/2011)
>
> * * *
>
> Art. 1º Este Decreto regulamenta, no âmbito do Poder Executivo, a Conferência de Serviços de que trata o § 1º do art. 5º da Lei Delegada nº 180, de 20 de janeiro de 2011.
>
> Parágrafo único. Para fins deste Decreto, entende-se como Conferência de Serviços o instrumento de gestão transversal de desenvolvimento voltado para a decisão compartilhada, de caráter interinstitucional ou intersetorial, que simplifica a processualidade administrativa mediante a participação concomitante de todos os agentes decisórios e responsáveis pela instrução técnico-jurídica, observadas a natureza do objeto e a compatibilidade do procedimento e de sua formalização com a legislação pertinente.
>
> Art. 2º As atividades de coordenação, integração, intersetorialidade ou transversalidade não excluem as responsabilidades originárias dos órgãos ou entidades envolvidos nos processos em rede ou no âmbito dos sistemas, ou, ainda, nos de caráter interinstitucional.
>
> Art. 3º A Conferência de Serviços, sem prejuízo da observância do disposto no Decreto nº 43.814, de 28 do maio de 2004, obedecerá, dentre outros, aos princípios de flexibilidade, coordenação, transparência administrativa, simplificação do procedimento, concentração das instâncias decisórias e responsabilidade compartilhada. (Decreto estadual nº 45.757/2011)

Como se vê, o modelo mineiro permite a construção individualizada, por parte dos envolvidos no processo decisório, de soluções que serão, posteriormente, conformadas pelo discurso construído de maneira conjunta – sem prejuízo das responsabilidades individuais de cada ente, nos limites de suas competências.

A conferência de serviços será desdobrada em escolha vinculante, cujo procedimento e detalhes são esmiuçados em regulamento. Compreender a dinâmica nesse Estado pode trazer luzes para as dúvidas que já surgem no modelo federal.

3. A HISTÓRIA LEGISLATIVA EM ÂMBITO FEDERAL: O PROJETO, SEU INTUITO E SEUS VETOS

3.1. O PLS nº 615/2015, de autoria do Senador Antonio Anastasia

Inspirado pelas experiências narradas acima, a ideia que culminou com a Lei nº 14.210/2021 foi inicialmente proposta no Senado Federal, em projeto de autoria do Senador mineiro Antonio Anastasia (PLS nº 615/2015). Em sua justificativa, o senador destacou a evolução na percepção sobre a Administração Pública contemporânea, que deveria basear-se não apenas na interpretação clássica dos princípios da legalidade e da eficiência, mas também sob uma perspectiva de maior transparência, celeridade e participação popular na tomada de decisões[13].

Ademais, cita expressamente o modelo italiano da *conferenza di servizi* e o mineiro, da Lei Delegada nº 180/2011, como experiências bem-sucedidas e celebradas pelos estudiosos do tema. Como objetivos da lei, destaca o aperfeiçoamento e a melhora da qualidade da gestão pública.

13. Conforme a exposição de motivos: "*A administração pública moderna deve ser baseada nos tradicionais princípios da legalidade e da eficiência, mas lidos, agora, a partir de novos pressupostos, como a transparência e a celeridade na tomada de decisões e a participação democrática como elementos fundantes de qualquer ordem jurídica justa.*" (Exposição de Motivos do Projeto de Lei do Senado nº 615/2015) BRASIL. SENADO FEDERAL. Exposição de Motivos ao PLS n° 615/2015. Disponível em: <https://legis.senado.leg.br/sdleg-getter/documento?dm=3452819&ts=1633114457205&disposition=inline>. Acesso em: 19 mar. 2022.

Após sofrer alterações na Comissão de Constituição, Justiça e Cidadania do Senado Federal[14], a proposta foi encaminhada à Câmara dos Deputados, onde recebeu nova numeração (PL nº 9.431-B/2017), e contou com pareceres favoráveis. Em grande medida, os parlamentares pontuaram a relevância de fomentar o espírito de consensualidade na Administração Pública[15], de modo a não apenas produzir melhores e mais céleres decisões, mas também garantir maior segurança jurídica com relação a processos decisórios inovadores, como é o caso da decisão coordenada ou conferência de serviços. O texto foi, então, aprovado e enviado para sanção presidencial.

3.2. **Os vetos presidenciais**

Quatro dispositivos importantes da proposta aprovada foram vetados: (*i*) o §3º incluído ao art. 49-A da Lei nº 9.784/1999; (*ii*) o *caput* e o §1º acrescidos ao art. 49-C da Lei nº 9.784/1999; (*iii*) o §2º incluído ao art. 49-C da Lei nº 9.784/1999; e (*iv*) o §2º incluído tanto ao art. 49-A quanto ao art. 49-G da Lei nº 9.784/1999.

Apenas para contextualizar:

> (*i*) o §3º do art. 49-A previa que representantes dos órgãos de consultoria ou assessoramento jurídico participariam, no âmbito de cada Poder, da decisão coordenada;

---

14. V. Parecer SF nº 170/2017, Rel. Senadora Simone Tebet, de 6 dez. 2017. Disponível em: <https://legis.senado.leg.br/sdleg-getter/documento?dm=7327678&ts=1633114457869&disposition=inline>. Acesso em 19 mar. 2022.

15. OLIVEIRA, Gustavo Justino de; & SCHWANKA, Cristiane. A ADMINISTRAÇÃO CONSENSUAL COMO A NOVA FACE DA ADMINISTRAÇÃO PÚBLICA NO SÉC. XXI: FUNDAMENTOS DOGMÁTICOS, FORMAS DE EXPRESSÃO E INSTRUMENTOS DE AÇÃO. Trabalho apresentado no XVII Encontro Preparatório do CONPEDI – Conselho Nacional de Pesquisa e Pós-graduação em Direito. Tema: Cidadania e efetividade dos direitos, Salvador-BA, mai. 2008. Disponível em: <https://www.revistas.usp.br/rfdusp/article/download/67859/70467/0#:~:text=FORMAS%20DE%20EXPRESS%C3%83O%20E%20INSTRUMENTOS%20DE%20A%C3%87%C3%83O*&text=Resumo%3A%20inserida%20no%20contexto%20de,de%20autoridade%20em%20uma%20rede>. Acesso em 19 mar. 2022.

(ii) (*ii*.1) o *caput* do art. 49-C dispunha que a decisão coordenada seria convocada pela autoridade máxima do órgão ou entidade com maior responsabilidade na condução da matéria ou, na impossibilidade de sua definição, pela autoridade de mais alto nível hierárquico entre os órgãos e entidades participantes; (*ii*.2) já o §1º do art. 49-C especificava que a autoridade referida no *caput* seria responsável pela verificação das condicionantes previstas no art. 49-A da Lei para aplicação do instituto (tal ponto será explicitado no capítulo seguinte);

(iii) o §2º do art. 49-C também tratava sobre as formas de convocação da decisão coordenada, notadamente, acerca da possibilidade de convocação de ofício ou por provocação de (*a*) qualquer órgão, entidade ou autoridade responsáveis pela edição ou aprovação do ato, (*b*) concessionário ou permissionário de serviço público que demonstrasse interesse legítimo na decisão a ser adotada ou (*c*) qualquer dos interessados previstos no art. 9º da Lei[16]; e

(iv) o §2º incluído tanto ao art. 49-A quanto ao art. 49-G – que tinham previsões muito similares – tratava do caráter vinculante da decisão coordenada, especificamente, de que (*iv*.1) os órgãos ou entidades participantes da decisão coordenada deveriam estar representados por autoridade com legitimidade para celebrar acordos e tomar decisões com caráter vinculante para o órgão ou entidade representada e (*iv*.2) a ata com a conclusão

16. Art. 9º São legitimados como interessados no processo administrativo:

I – pessoas físicas ou jurídicas que o iniciem como titulares de direitos ou interesses individuais ou no exercício do direito de representação;

II – aqueles que, sem terem iniciado o processo, têm direitos ou interesses que possam ser afetados pela decisão a ser adotada;

III – as organizações e associações representativas, no tocante a direitos e interesses coletivos;

IV – as pessoas ou as associações legalmente constituídas quanto a direitos ou interesses difusos.

> dos trabalhos da decisão coordenada teria efeito vinculante entre os órgãos e entidades participantes da decisão coordenada no que tange a matérias idênticas ou repetitivas, observadas as peculiaridades de cada processo, e equivaleria a acordo formal.

Os vetos não foram irrelevantes. No texto promulgado inexiste previsão sobre as formas de convocação do instrumento de coordenação – nem de ofício, pela(s) autoridade(s) máxima(s) de entidades governamentais, nem por provocação dos interessados previstos no art. 9º da Lei nº 9.784/1999 –, de modo que permaneceu uma lacuna na legislação. Outro veto sensível foi o que retirou o caráter vinculante das decisões coordenadas, uma vez que, agora, a eficácia do que ficar decidido nesses contextos poderá sempre ser questionada. Mas há outras reflexões pertinentes. A elas.

4. A INOVAÇÃO DA LEI Nº 14.210/2021: EXEGESES, BALIZAS E ALGUNS RISCOS

Retome-se o texto da lei. Nos termos do art. 49-A, LPA, a decisão coordenada é: "a instância de natureza interinstitucional ou intersetorial que atua de forma compartilhada com a finalidade de simplificar o processo administrativo mediante participação concomitante de todas as autoridades e agentes decisórios e dos responsáveis pela instrução técnico-jurídica, observada a natureza do objeto e a compatibilidade do procedimento e de sua formalização com a legislação pertinente". É dizer, criou-se a possibilidade de utilização de um *locus* de decisão coletiva, *i.e.*, fomentou-se a consensualidade orgânica na Administração Pública federal.

A legislação tenta ser clara quanto às hipóteses em que tal instituto poderia ser aplicado. O art. 49-A da Lei nº 9.784/1999 determinou, em seu *caput* e incisos I e II, que a decisão coordenada *poderá* ser utilizada sempre que: (*i*) se tratar de decisão administrativa que exija a participação de três ou mais setores, órgãos ou entidades; (*ii*) for justificável pela relevância da matéria; e (*iii*) houver discordância que prejudique a celeridade do processo administrativo decisório. Embora a determinação de que haja a participação de pelo menos três "setores, órgãos ou entidades" se afigure como decorrência natural do instituto – *i.e.*, envolver múltiplos agentes em um único processo decisório –, os requisitos de relevância da matéria e discordância que prejudique a celeridade da decisão trazem pontos mais sensíveis.

A locução "relevância da matéria" incorpora conceito jurídico indeterminado[17] que exige ônus argumentativo por parte daqueles que pretendam utilizar a nova *instância decisória*. Em uma análise intuitiva, pode ocorrer que, na dúvida, não se utilize o instituto. O medo do administrador pode falar alto[18], o que pode levar a um esfriamento no uso da decisão coordenada. Talvez fosse interessante já antecipar, por regulamento, hipóteses em que já se presumiria a relevância. Tal medida, em linha com o art. 30 da LINDB[19], conferiria mais segurança jurídica e pode ser incentivo ao uso do novo instituto que pode, de fato, simplificar processos decisórios.

Já quanto à necessidade de haver discordância para que seja possível instaurar a instância coletiva, anotamos que não parece que a intenção do legislador tenha sido limitar a utilização da decisão coordenada a hipóteses em que, efetivamente, houvesse dissenso. Parece-nos fazer sentido com espírito da lei que se permita a utilização do instituto a casos em que houver o *risco* de

---

17. Para mais nesse sentido, cf. BINENBOJM, Gustavo. Uma teoria do direito administrativo: direitos fundamentais, democracia e constitucionalização. Rio de Janeiro: Renovar, 2006, pp. 213-242; GRAU, Eros Roberto. Direito, Conceito e Normas Jurídicas, Revista dos Tribunais, 1988, pp. 74 e ss.; e KRELL, Andreas J. Discricionariedade administrativa e proteção ambiental – O controle dos conceitos jurídicos indeterminados e a competência dos órgãos ambientais: um estudo comparativo, Porto Alegre: Livraria do Advogado, 2004, pp. 24 e ss.

18. V. SANTOS, Rodrigo Valgas dos. *Direito administrativo do medo: Risco e fuga da responsabilização dos agentes públicos*. São Paulo: Thomson Reuters – Revista dos Tribunais, 1ª ed., 2020.

19. "Art. 30. As autoridades públicas devem atuar para aumentar a segurança jurídica na aplicação das normas, inclusive por meio de regulamentos, súmulas administrativas e respostas a consultas.

    Parágrafo único. Os instrumentos previstos no *caput* deste artigo terão caráter vinculante em relação ao órgão ou entidade a que se destinam, até ulterior revisão."

discordância. Isto é, caso possa haver decisões conflitantes, a medida será cabível. Tal leitura (que incorpora a ideia de *discordância potencial*) é viável e poderia ser explicitada em regulamento. Realmente, o legislador não qualificou o tipo de discordância, abrindo espaço a uma exegese compatível com a teleologia da lei. Esperar a existência de conflito para que se busque a coordenação não parece ser a melhor abordagem para, efetivamente, buscar uma solução. Tal medida iria de encontro à racionalização almejada pela lei.

A Administração do Município do Rio de Janeiro tem um caso interessante que mostra que o dissenso potencial indica que haja coordenação antes que se aguarde a efetiva discordância. O caso envolvia a elaboração e aprovação de projeto de revitalização da Marina da Glória, bem público objeto de concessão de uso. O projeto deveria, necessariamente, ser aprovado por diversas esferas administrativas de diferentes entes federativos. Como solução, foi criada, por meio do Decreto carioca nº 37.354/2013, a Comissão Especial da Marina da Glória, composta por representantes da Prefeitura do Rio de Janeiro, do Instituto do Patrimônio Histórico e Artístico Nacional (IPHAN) e do Institutos dos Arquitetos do Brasil (IAB). A referida comissão ficou responsável por definir parâmetros edilícios e paisagísticos, bem como parâmetros de uso e ocupação que viabilizassem a revitalização do Complexo da Marina da Glória. Foi, então, elaborado um detalhado relatório final conjunto, submetido ao crivo da Câmara Técnica de Arquitetura e Urbanismo (CTAU) do Conselho Consultivo do Patrimônio Cultural, o qual serviu de base para o projeto firmado entre a atual concessionária responsável pela administração do espaço e a Prefeitura (por meio da Secretaria Especial de Concessões e Parcerias Público-Privadas). Ora, caso a coordenação (*lato sensu*) fosse apenas vislumbrada quando já houvesse efetiva discordância, haveria desperdício de tempo e recursos públicos.

A Lei nº 14.210/2021 também enumerou as hipóteses em que a decisão coordenada será inaplicável. Conforme consta do §6º do art. 49-A da Lei de Processo Administrativo, não será lícita a decisão coordenada para: (*i*) as licitações; (*ii*) os processos administrativos relacionados ao poder sancionador; e (*iii*) as situações que envolvam autoridades de Poderes distintos. A *primeira*, processos licitatórios, trata de tema que atrai, de fato, inquietações. O legislador, aqui, optou pela cautela. A ideia parece ter sido a de não abrir espaço à coordenação entre "*setores, órgãos ou entidades*" distintos para fins de licitações, para além dos casos previstos na Lei nº 14.133/2021[20]. A preocupação com o procedimento – que, na prática, implica controle – foi vencedora. Nada obstante, podem-se imaginar casos de contratações especiais que venham a envolver algum tipo de coordenação. Considere-se, *e.g.*, que haja certa premência, mas não urgência, a justificar uma dispensa. A coordenação seria um eventual caminho para simplificação. Mas essa, porém, não foi a escolha legislativa. Outra vez, optou-se pela cautela.

A *segunda* hipótese de vedação refere-se, igualmente, a matéria delicada: os processos administrativos *relacionados* ao poder sancionador. Veja-se: ainda que se trate de processo que não se volte a punir, mas que se relacione ao poder sancionatório, não será possível a decisão coordenada. Celeridade e ambiente relacionado à punição não poderiam ser combinados. Preponderou a garantia pelo procedimento. E o direito administrativo sancionador, que pressupõe devido processo legal, foi o norte da opção legislativa.

A *terceira* – e última hipótese de vedação ao uso do instituto – merece especial atenção. A vedação à adoção de decisão coordenada em processos administrativos em que estejam envolvidas autoridades de Poderes distintos veicula uma inquietação legítima, mas talvez exagerada. Evidentemente, a decisão coordenada não pode afetar a independência e harmonia entre os Poderes (art. 2º da Constituição). É dizer, há situações que claramente devem ser evitadas para que não haja uma clara assimetria de forças durante o processo decisório coordenado, como é o caso de órgãos de controle (*lato sensu*) poderem participar das instâncias

20. Nesse sentido, podemos citar a ata de registro de preços (art. 6º, inciso XLVI, e arts. 82 e seguintes, todos da nova Lei de Licitações) como exemplo, embora ainda bem distante da sistemática de coordenação instituída pela Lei nº 14.210/2021.

decisórias da Administração Pública. Contudo, pode haver situações em que a coordenação entre Poderes possa ser benfazeja. Aliás, não é incomum que haja tal tipo de iniciativa por meio de convênios de cooperação, inclusive no âmbito do processo legislativo. Nesse sentido, um exemplo recente que pode ser citado é o ato conjunto dos Presidentes do Senado Federal e do Supremo Tribunal Federal que instituiu comissão de juristas responsável por apresentar proposições legislativas para "*dinamizar, unificar e modernizar o processo administrativo e tributário nacional*"[21]. A referida comissão conta com o apoio tanto do Senado Federal quanto do Supremo Tribunal Federal e do próprio Conselho Nacional de Justiça – verdadeira integração entre Poder Legislativo e Poder Judiciário.

Quanto à sistemática de funcionamento da nova *instância*, note-se que o legislador exigiu a expressão das manifestações de todos os participantes da coordenação no documento final, inclusive de eventuais dissensos acerca das soluções propostas. Tal orientação faz com que o modelo federal consubstancie antes a combinação de decisões de cada órgão do que a adoção de uma decisão unitária, resultado da comunhão das escolhas dos seus participantes.

Alguns dos dispositivos reforçam essa interpretação. São eles: (*i*) o §4º do art. 49-A, que mantém as responsabilidades originárias de cada órgão ou autoridade envolvida no processo de coordenação; (*ii*) o *caput* e parágrafo único do art. 49-E, os quais preveem a responsabilidade de cada órgão ou entidade participante de "elaborar documento específico sobre o tema atinente à respectiva competência"; (*iii*) o *caput* e parágrafo único do art. 49-F, que trata da necessidade de manifestação de eventuais dissensos durante as reuniões e de forma fundamentada; e (*iv*) os incisos do art. 49-G,

---

21. Cf. Ato Conjunto dos Presidentes do Senado Federal e do Supremo Tribunal Federal nº 1, de 23 de fevereiro de 2022. Disponível em: https://legis.senado.leg.br/sdleg-getter/documento?dm=9087234&ts=1648670601583&disposition=inline. Acesso em: 08 abr. 2022.

especialmente os incisos IV e VI, que versam sobre as informações que devem constar da ata final dos trabalhos da decisão coordenada, especificamente, (*iv*.1) registro das orientações, diretrizes, soluções ou propostas de atos governamentais acerca do objeto da convocação e (*iv*.2) a decisão de cada órgão ou entidade quanto à matéria sujeita à sua competência.

Como se vê, a decisão coordenada federal talvez possa se transformar mais num ambiente de debate e troca de ideias acerca de decisões relevantes de múltiplos órgãos, do que, propriamente, numa instância decisória coletiva. Nesse sentido, o ato produzido pela decisão coordenada é plurissubjetivo quanto à sua formulação (complexo na origem), embora fosse possível se cogitar de eventual desdobramento em ato unitário. O questionamento que fica, nesse ponto específico, é se haverá, de fato, uma decisão coletiva ou apenas uma justaposição de diversos atos simples.

A complexidade de um ato efetivamente coletivo vai além de qualquer questão operacional ou de competência de cada ente. Talvez tenha havido, aqui, uma preocupação com a responsabilização perante órgãos de controle. Daí a necessidade de identificação de cada uma das manifestações. De toda forma, pode haver dúvidas práticas. Pense-se, por exemplo, em um mandado de segurança impetrado em face de ato decorrente de decisão coordenada. Quem seria a autoridade coatora? Não tivesse sido vetada, a norma que tratava da autoridade responsável pela convocação da decisão coordenada talvez resolvesse o ponto.

Por fim, registram-se dois riscos que, em uma análise preliminar, devem ser considerados na operacionalização da decisão coordenada: (*i*) o risco de eventual atropelo processual (violação ao devido processo legal administrativo) e (*ii*) o risco relacionado ao papel dos órgãos de controle interno. O *primeiro*, remete ao caso de gestores mal-intencionados que podem se valer do instrumento apenas para subjugar instâncias de decisão. Nada obstante, este não é um problema decorrente da decisão coordenada, mas sim das más inspirações - que existem em qualquer cenário. Inclusive, os dispositivos da nova lei que preveem a participação popular (cf.

art. 49-B, *caput* e parágrafo único) e estimulam a transparência nesse processo (cf. art. 49-A, §5º) podem desincentivar tal tipo de conduta.

Quanto aos órgãos de controle interno, a lei alude à possibilidade de participação "dos responsáveis pela instrução técnico-jurídica" (cf. art. 49-A, §1º, *in fine*). Embora tenha havido veto ao §3º do art. 49-A, que previa que representantes dos órgãos de consultoria ou assessoramento jurídico participariam, no âmbito de cada Poder, da decisão coordenada, manteve-se a regra que permite a participação dos órgãos jurídicos. O ponto enseja cuidados em face do papel da advocacia pública no controle interno da juridicidade administrativa.

Poderia, por exemplo, a Advocacia-Geral da União ("AGU") participar em decisão coordenada do Executivo federal e, posteriormente, exarar parecer sobre a matéria discutida? Talvez haja, aqui, ainda um limite formal, considerando a reserva de lei complementar para regular a atuação da AGU – o que justificaria o veto (embora o argumento não tenha sido usado). Ademais, o mesmo problema, *mutatis mutandis*, referente à eventual participação de órgãos de controle externo nas decisões coordenadas pode ser observado nesse ponto. Afinal, a participação de qualquer órgão de controle pode não gerar o distanciamento necessário à apreciação da matéria e, subsequentemente, à decisão final, haja vista o disposto no art. 2º da CRFB e a noção clássica de freios e contrapesos.

5. ENCERRAMENTO

A Lei nº 14.210/2021 trouxe importante inovação ao direito administrativo em âmbito federal. Incrementaram-se as possibilidades do processo decisório da Administração Pública. É dizer, para fazer valer o princípio da boa administração – tão citado pela literatura italiana e portuguesa apresentadas neste artigo – é fundamental fomentar a consensualidade, a conferência ou a articulação administrativa, todos sinônimos da coordenação.

Nada obstante, há riscos relevantes. Num País que luta, há muito, contra os custos de transação e controles descoordenados, esses riscos são dignos de nota. Igualmente, pode-se questionar a própria necessidade de uma legislação prevendo a coordenação na Administração Pública federal quando já há normas que comportam interpretações que poderiam viabilizar a utilização de tal instrumento – como é o caso da própria LINDB (cf. arts. 29 e 30). Contudo, especialmente no cenário nacional acima descrito, às vezes o óbvio precisa ser escrito, mesmo que sem todas as palavras.

REFERÊNCIAS

BORGES, Marcelo Monteiro Bonelli. Decisão coordenada é instrumento de simplificação do agir administrativo. Revista ConJur, 6 jan. 2022. Disponível em: < https://www.conjur.com.br/2022-jan-06/bonelli-decisao-coordenada-simplificacao-agir-administrativo>. Acesso em 20 mar. 2022.

CARINGELLA, Francesco. Corso di Diritto Amministrativo. Tomo II, Milano: Giuffrè, 2003.

CORREIA, J. M. Sérvulo. DA CONFERÊNCIA PROCEDIMENTAL. *In*: O Novo Código do Procedimento Administrativo, Conferências do CEJ 2014-2015 (org. CARVALHO, Ana Celeste). Centro de Estudos Judiciários, out. 2016, pp. 111-112. Disponível em: <https://www.stimpostos.pt/wp-content/uploads/2017/10/20161010-o-novo-codigo-do-procedimento-administrativo-conferencias-do-cej-2014-2015-outubro-2016-cej.pdf>. Acesso em 19 mar. 2022.

MACIEL, Caroline Stéphanie Francis dos Santos. Articulação administrativa: por uma reforma cultural da administração pública. Revista de Direito Administrativo, Rio de Janeiro, v. 280, n. 1, pp. 201-225, maio/ago. 2021. DOI: 10.12660/rda.v280.2021.84495.

MELLO, Rafael Munhoz de. *Princípios constitucionais de direito administrativo sancionador*: as sanções administrativas à luz da Constituição Federal de 1988, São Paulo: Malheiros, 2007.

MODESTO, Paulo. Decisão coordenada: experimentação administrativa processual. Revista ConJur, 2 dez. 2021. Disponível em: <https://www.conjur.com.br/2021-dez-02/interesse-publico-decisao-coordenada-experimentacao-administrativa-processual#_ftnref>. Acesso em 19 mar. 2022.

OLIVEIRA, Gustavo Justino de; & SCHWANKA, Cristiane. A ADMINISTRAÇÃO CONSENSUAL COMO A NOVA FACE DA ADMINISTRA-

ÇÃO PÚBLICA NO SÉC. XXI: FUNDAMENTOS DOGMÁTICOS, FORMAS DE EXPRESSÃO E INSTRUMENTOS DE AÇÃO. Trabalho apresentado no XVII Encontro Preparatório do CONPEDI – Conselho Nacional de Pesquisa e Pós-graduação em Direito. Tema: Cidadania e efetividade dos direitos, Salvador-BA, mai. 2008. Disponível em: <https://www.revistas.usp.br/rfdusp/article/download/67859/70467/0#:~:text=FORMAS%20DE%20EXPRESS%C3%83O%20E%20INSTRUMENTOS%20DE%20A%C3%87%C3%83O*&text=Resumo%3A%20inserida%20no%20contexto%20de,de%20autoridade%20em%20uma%20rede.> Acesso em 19 mar. 2022.

PIRES, Maria Coeli Simões; DA COSTA, Mila Batista Leite Corrêa; CORDEIRO, Caio Barros; & CARDOSO, José Luiz Ferreira. CONFERÊNCIA DE SERVIÇOS: REFLEXÕES E PERSPECTIVAS PARA A CONSTRUÇÃO DE UM NOVO INSTRUMENTO DE GOVERNANÇA DEMOCRÁTICA. Artigo apresentado no V Congresso CONSAD de Gestão Pública, jun. 2012. Disponível em: <http://www.mariacoeli.com.br/confer%C3%AAncia-de-servi%C3%A7os-reflex%C3%B5es-e-perspectivas-para-a-constru%C3%A7%C3%A3o-de-um-novo-instrumento-de-governan%C3%A7a-democratica1/>. Acesso em 19 mar. 2022.

QUADROS, Fausto de. A REVISÃO DO CÓDIGO DO PROCEDIMENTO ADMINISTRATIVO: PRINCIPAIS INOVAÇÕES. *In*: O Novo Código do Procedimento Administrativo, Conferências do CEJ 2014-2015 (org. CARVALHO, Ana Celeste). Centro de Estudos Judiciários, out. 2016, p. 20. Disponível em: <https://www.stimpostos.pt/wp-content/uploads/2017/10/20161010-o-novo-codigo-do-procedimento-administrativo-conferencias-do-cej-2014-2015-outubro-2016-cej.pdf>. Acesso em 19 mar. 2022.

RAGAZZO, Massimo. *La conferenza di servizi: esiti della riforma ex lege* n. 15/2005 *e novità giurisprudenziali*. *In*: LexItalia.it – *Rivista Internet di diritto pubblico*, n. 3-2002. Disponível em: <http://www.lexitalia.it/articoli/radazzo_conferenza.htm>. Acesso em 19 mar. 2022.

SERRÃO, Tiago. A CONFERÊNCIA PROCEDIMENTAL NO NOVO CÓDIGO DO PROCEDIMENTO ADMINISTRATIVO: PRIMEIRA APROXIMAÇÃO. *In*: O Novo Código do Procedimento Administrativo, Conferências do CEJ 2014-2015 (org. CARVALHO, Ana Celeste). Centro de Estudos Judiciários, out. 2016, p. 136. Disponível em: <https://www.stimpostos.pt/wp-content/uploads/2017/10/20161010-o-novo-codigo-do-procedimento-administrativo-conferencias-do-cej-2014-2015-outubro-2016-cej.pdf>. Acesso em 19 mar. 2022.

TALANI, Mário. *La Conferenza di Servizi. Nuovi Orientamenti Giurisprudenziali.* Milano: Giuffrè, 2008.

TRAVERSA, Emanuele. *La Conferenze dei servizi: Semplificazione amministrativa nella Pubblica Amministrazione. In: Overlex Portale Giuridico.* Disponível em: <http://www.overlex.com>. Acesso em 19 mar. 2022.

2

DECISÃO ADMINISTRATIVA COORDENADA: LIMITES E IMPOSSIBILIDADES DA LEI NA COORDENAÇÃO DE DECISÕES ADMINISTRATIVAS[1]

José Vicente Santos de Mendonça

Professor de Direito Administrativo da UERJ.

Sumário: 1. Introdução. 2. O passado dos deveres de coordenação. 3. As dificuldades da coordenação administrativa. 4. Exercícios exegéticos em torno das alterações ao art. 49 da Lei Federal 9.784/99. 5. Encerramento. Referências.

1. INTRODUÇÃO

Decisões públicas devem ser tomadas de modo coordenado. A lei pode desempenhar papel relevante ao estruturar tal dever. A recente alteração da lei de processo administrativo federal veio a calhar. Embora sejam frases confortáveis, a verdade não é tão singela. Nem sempre uma coordenação pública absoluta deve ser perseguida, e a lei não possui papel tão relevante junto à coordenação administrativa. A alteração legal, conquanto positiva, não auspicia, por si só, grandes revoluções. Eis a conclusão do artigo.

1. Agradeço a Ana Calil, Stela Porto e André Tosta pela leitura de versão anterior do trabalho e formulação de sugestões. A base do texto é a apresentação que fiz no seminário "Decisão Administrativa Coordenada", realizado na UERJ no ano de 2021.

Mas, até chegar lá, o texto percorrerá o roteiro a seguir: afora esta introdução, o próximo tópico (item 2) recupera a história recente para buscar exemplos de deveres legais de coordenação administrativa. A seguir, o estudo comentará algumas das dificuldades com que se defronta tanto um dever legal quanto a própria ideia de coordenação decisória (item 3). O item 4 realiza exegese, espera-se que não óbvia, das normas recentes. O texto se encerra com alguns parágrafos de reflexão.

2. O PASSADO DOS DEVERES DE COORDENAÇÃO

A ideia de impor um dever de coordenação administrativa não é nova. Todas as reformas administrativas do século XX tocaram no ponto[2]. Claro que uma coisa é estabelecer dever genérico de coordenação ou criar um órgão coordenador; outra é entrar em detalhes sobre a estrutura e a forma da decisão, como faz a alteração legal[3].

A reforma do final dos anos 30, do Departamento Administrativo do Serviço Público - DASP -, reforçou a ideia de "Central de Compras" da administração federal. Aliás, o DASP era composto por divisões, sendo uma delas a Divisão de Organização e Coordenação (art. 3º do Decreto-lei 579/38[4]).

A reforma administrativa trazida pelo Decreto-lei 200/67 afirma, desde logo, que um dos princípios fundamentais das atividades da administração federal, junto à descentralização, é a

2. A coordenação também possui frequentação na literatura especializada de Direito Administrativo. V., por ex., CARVALHO FILHO, José dos Santos. *Manual de Direito Administrativo.* 27a ed. São Paulo: Atlas, 2014. p. 458.

3. Para os fins do texto, por questão de simplicidade, tratar-se-á as noções de atuação e de decisão de modo indistinto. Naturalmente, em termos analíticos, decidir e atuar não são sinônimos, e é possível atuar de modo coordenado mas decidir de forma descoordenada e vice-versa.

4. Art. 3º O D. A. S. P. será constituido das seguintes Divisões: (...) Divisão de Organização e Coordenação (D. C.).

coordenação (art. 6º, II[5])[6]. O decreto da reforma de Castello Branco possui capítulo dedicado ao tema (o capítulo II). O art. 8º impõe a realização de reuniões sistemáticas e a existência de comissões de coordenação nos diversos níveis da hierarquia administrativa[7]. O art. 8º, par. 3º, fala em "soluções integradas" antes da apresentação de propostas ao Presidente da República, o que se obteria por meio de "consultas e entendimentos"[8].

A reforma gerencial dos anos 90 não trouxe, nas emendas à Constituição da República, deveres explícitos de coordenação. Contudo, a eficiência administrativa, que, a partir de então, tornou-se princípio constitucional, pressupõe algum nível de coordenação[9].

---

5. Art. 6º As atividades da Administração Federal obedecerão aos seguintes princípios fundamentais: I – Planejamento. II – Coordenação. III – Descentralização. IV – Delegação de Competência. V – Controle.

6. "A sua principal diretriz era a descentralização, mais exatamente a desconcentração das atividades da administração direta no sentido de expandir a intervenção estatal na vida econômica e social, em contexto da política desenvolvimentista e da expansão econômica em curso. A palavra de ordem era flexibilização gerencial no planejamento, na coordenação e no controle, em especial nos órgãos da administração indireta." Desigualdades: a dimensão esquecida nas reformas administrativas no Brasil. CAVALCANTE, Pedro; PIRES, Roberto. In: CAVALCANTE, Pedro Luiz Costa; SILVA, Mauro Santos (Orgs.) *Reformas do Estado no Brasil: trajetórias, inovações e desafios*. Rio de Janeiro: IPEA, 2020. p. 58.

7. Art. 8º As atividades da Administração Federal e, especialmente, a execução dos planos e programas de govêrno, serão objeto de permanente coordenação.

8. Art. 8º. (...) § 3º Quando submetidos ao Presidente da República, os assuntos deverão ter sido prèviamente coordenados com todos os setores nêles interessados, inclusive no que respeita aos aspectos administrativos pertinentes, através de consultas e entendimentos, de modo a sempre compreenderem soluções integradas e que se harmonizem com a política geral e setorial do Govêrno. Idêntico procedimento será adotado nos demais níveis da Administração Federal, antes da submissão dos assuntos à decisão da autoridade competente.

9. De nosso histórico estão excluídas alterações constitucionais ou infra que impuseram ou estruturaram coordenações setoriais. Em todo caso, impõe-se destacar, por exemplo, o Sistema Único de Saúde e do Sistema Único de Assistência Social, exemplos de coordenação multinível federativa. V. BICHIR, Renata. Agendas de reformas e descentralização de políticas: um balanço das trajetórias da saúde e da assistência

Deveres de coordenação vêm aparecendo em normais jurídicas mais recentes. A medida provisória que instituiu o Programa de Parcerias de Investimentos, o PPI, a MP 727/16, depois convertida na lei n. 13.334/16, impunha, em seu art. 18, dever de os órgãos públicos federais atuarem de modo conjunto e com eficiência na elaboração e execução dos projetos a que se referia[10]. A MP adotou, na busca do entrosamento de órgãos e entidades, o clássico formato da convocação/reunião. O próprio art. 30 da Lei de Introdução às Normas do Direito Brasileiro, quando estatui o dever de as autoridades públicas atuarem para aumentar a segurança jurídica na aplicação das normas, sugere um dever de coordenação[11].

Pois bem: se deveres de coordenação frequentam nossa legislação há tanto tempo, supõe-se que a necessidade continue existindo. Então vem a pergunta: por que é tão difícil coordenar?

3. AS DIFICULDADES DA COORDENAÇÃO ADMINISTRATIVA

A ciência política e as teorias da administração oferecem sugestões acerca das dificuldades na estruturação de ações coordenadas. É possível analisá-las à luz de nossa experiência político-administrativa. Uma lista não exaustiva poderia indicar o seguinte: (a) o número de órgãos com competência decisória; (b) a heterogeneidade de suas missões e funções; (c) sua instabilidade;

---

social. In: CAVALCANTE, Pedro Luiz Costa; SILVA, Mauro Santos (Orgs.) *Reformas do Estado no Brasil: trajetórias, inovações e desafios*. Rio de Janeiro: IPEA, 2020.

10. Com a conversão, o art. 18 foi reproduzido no art. 17 da lei 13.334/16: Art. 17. Os órgãos, entidades e autoridades estatais, inclusive as autônomas e independentes, da União, dos Estados, do Distrito Federal e dos Municípios, com competências de cujo exercício dependa a viabilização de empreendimento do PPI, têm o dever de atuar, em conjunto e com eficiência, para que sejam concluídos, de forma uniforme, econômica e em prazo compatível com o caráter prioritário nacional do empreendimento, todos os processos e atos administrativos necessários à sua estruturação, liberação e execução.

11. Art. 30. As autoridades públicas devem atuar para aumentar a segurança jurídica na aplicação das normas, inclusive por meio de regulamentos, súmulas administrativas e respostas a consultas.

(d) a concorrência por recursos limitados; (e) a percepção de que a contribuição para o resultado final é baixa. Analise-se cada uma.

(a) É elevado o número de órgãos e entidades, na administração federal, com competência decisória sobre um mesmo assunto. A técnica das competências comuns, adotada na Constituição e na normatividade infraconstitucional, representa *trade-off* entre diversidade e descoordenação. Se se amplia o escopo da análise até os níveis infranacionais, os números serão impressionantes: milhares de municípios[12], vinte e seis estados e um distrito federal, centenas de milhares de órgãos e entidades públicas[13]. O ditado "cada cabeça, uma sentença" sinaliza o risco de desacordo trazido pelo número de decisores. Esta é a razão macro de que derivam as demais dificuldades.

(b) Mas, se há muitos órgãos e entidades com capacidade jurídica e administrativa para tomar decisões, isso não seria problema se fossem parecidos ou próximos. Nem sempre é o caso. Alguns foram explicitamente desenhados com missões institucionais contrapostas (ex., Ministério do Meio Ambiente e Ministério da Indústria) ou funções administrativas que os colocam, por vezes, em linhas de tensão (ex., Petrobras, a empresa regulada, e Agência Nacional do Petróleo, a agência reguladora). Busca-se representatividade, *accountability* e incremento epistêmico em razão da diversidade; o custo vem em discordância e em tempo. O dever de coordenação administrativa, por vezes, reduz-se ao arbitramento, por parte de órgão superior (*v.g.*, Casa

12. Mais precisamente, 5.570. A informação foi obtida no portal do IBGE. Acessível em: <<https://cidades.ibge.gov.br/brasil/panorama>>. Acesso em: 6 de abril de 2022.

13. Para fins ilustrativos, há 28 órgãos da Administração Federal direta, 124 autarquias e 43 fundações públicas. A informação foi obtida no site do Ministério da Economia. Acessível em: <<https://www.gov.br/economia/pt-br/assuntos/gestao/estruturas-organizacionais>>. Acesso em: 6 de abril de 2022.

Civil), entre vencedores e vencidos. A heterogeneidade radical pode levar à impossibilidade, teórica e logo prática, de espaços de acordo e de pontos médios de consenso.

(c) Há muitos decisores, que nem sempre estão ou poderiam estar alinhados. Porém, cogite-se que se chegou a acordo. Ora, como há muita mudança na administração federal, nem sempre há como se ter certeza de sua perenidade; novas agendas políticas podem implicar novas agendas administrativas ou setoriais, e acordos, mesmo entre órgãos e entidades públicas, podem durar o tempo do mandato de seus fiadores na alta administração.

(d) Os muitos agentes decisores, que por vezes estão ou se colocam em posições descoincidentes, e que nem sempre são capazes de honrar, no tempo, acordos, estão, desde sempre, disputando orçamento público e prestígio. Por vezes, o desacordo é estratégia para se chamar atenção à importância do órgão: quem diz "não" convida à negociação, ao ataque ou à adulação – mas jamais passa despercebido[14]. Embora seja possível buscar captar a atenção social difusa por meio de estratégias não-agonísticas, é plausível supor que o ataque possa render dividendos imediatos. Dizem que um mau acordo é melhor do que uma boa briga – exceto quando o resultado importa menos do que chamar atenção para o quão *bom lutador* você é.

(e) Existe, ainda, a percepção, por parte de alguns decisores, de que a contribuição para o resultado pode ser tão baixa que não justifique o esforço de coordenação. Isso é especialmente destacado em casos com vários decisores competentes, mas cuja ambiência possui agentes com acesso à informação e/ou capacidade de análise muito desiguais.

14. O ponto foi por nós desenvolvido em palestra no BNDES. Ela pode ser acessada por meio do seguinte link: <<https://www.youtube.com/watch?v=IPzVRURTsuM>>. Acesso em: 6 de abril de 2022.

Do que se comentou até agora, vê-se que nenhuma das dificuldades de coordenação decorre (i) da ausência de norma que imponha o dever de coordenar, (ii) da falta de compreensão sobre os efeitos positivos da coordenação, (iii) da ausência de processo que estruture a coordenação. Sendo assim, embora reafirmar o dever de coordenar ou estruturar um processo de coordenação seja marginalmente positivo, não é isso que irá garantir a coordenação.

Na verdade, a coordenação exige fatores propiciatórios menos formais: é preciso que os atores percebam ganho ou perda individual na atuação coordenada; é preciso buscar algum nível de estabilidade junto aos decisores (até porque *players* repetidos tendem a cooperar mais); pode-se alegar, também, que alguma redução no número de órgãos ajude na cooperação[15].

De parte isso, há fatores anticooperação inevitáveis, como o desenho relativamente antagônico de funções e de missões institucionais, desigualdades fáticas e competição por recursos e prestígio. Qualquer estratégia de cooperação deve levar tais dados em consideração, inclusive porque há virtudes na descoordenação – tais como a existência de controle (se controlador e controlado estão absolutamente coordenados, o controle pode ser uma farsa), a experimentação (só há experiências na diversidade) e a redução no custo do erro (se todos estão coordenados em direção a uma decisão errada, o custo do erro é muito alto[16]). Sem falar que ninguém quer a coordenação das tiranias ou o consenso dos amedrontados.

15. O tratamento clássico está em OLSON, Mancur. *The logic of collective action*. Cambridge: Harvard University Press, 2009.

16. Um dos maiores exemplos de sistemas descoordenados *por design* é o sistema de justiça, com no mínimo duas instâncias decisórias. Caso se busque a coordenação pela coordenação, haver-se-ia que abolir ou limitar ao extremo as possibilidades de recursos judiciais. Valeria à pena? A opinião da maioria dos países civilizados é de que não.

A coordenação é antes fenômeno social complexo, que decorre de ajustes de expectativas em razão de interações frequentes, do que uma realidade que possa ser inteiramente conformada por um dever legal. O que a lei impõe é a formalização de uma decisão coordenada, mas a decisão administrativa coordenada está além ou aquém de qualquer lei.

Ainda assim, agora termos normas jurídicas. Interpretemo-las.

4. EXERCÍCIOS EXEGÉTICOS EM TORNO DAS ALTERAÇÕES AO ART. 49 DA LEI FEDERAL 9.784/99

A lei n. 14.210, de 30 de setembro de 2021, introduziu os arts. 49-A a 49-G na lei federal n. 9.784/99. A lei de processo administrativo federal, cujo projeto de lei foi aprovado, sem qualquer mudança advinda do processo legislativo, e que sofreu poucas alterações até hoje – apenas duas[17] –, veio a receber sua terceira no final de 2021. Trata-se de alteração que busca regular a chamada "decisão coordenada" na administração pública federal.

Chama a atenção, de início, o caráter regulamentar das normas, focadas no procedimento da decisão, e que, em certo sentido, colocam-se em contraste com o tom principiológico e minimalista da lei 9.784/99. Nem o minimalismo ou o maximalismo são técnicas boas ou ruins em abstrato; dependem dos propósitos do legislador e de sua visão em relação aos objetivos da lei. Mas uma coisa é certa: regular detalhes leva à necessidade de ajustes mais frequentes. Como, no presente momento, discute-se reforma

---

17. Até a lei 14.210/21, a lei do processo administrativo federal só havia sido alterada para a inclusão da preferência na tramitação processual do maior de 60 anos ou portador de doenças físicas ou mentais (lei n. 12.008/2009), e para acolher o regime das súmulas vinculantes do STF (lei n. 11.417/2006). Desenvolver em MENDONÇA, José Vicente Santos de; CALIL, Ana Luiza. O discreto charme da Lei de Processo Administrativo Federal: sobriedade, generalidade, uniformidade federativa e imutabilidade nos vinte anos da lei n. 9.784/99. In: BITENCOURT NETO, Eurico; MARRARA, Thiago. (Org.). *Processo Administrativo Brasileiro: estudos em homenagem aos 20 anos da Lei Federal de Processo Administrativo.* Belo Horizonte: Fórum, 2020, pp. 263-277.

ampla do processo administrativo federal[18], talvez a mudança sinalize nova macro-orientação. A ver.

Dito isso, destaquemos um primeiro ponto: decisão coordenada não é decisão conjunta. Decisão conjunta é decisão tomada por dois ou mais órgãos num ato único. Decisão coordenada é a decisão conjunta que se estrutura de modo dialogal. Nem toda decisão conjunta é coordenada, embora toda decisão coordenada seja, antes, decisão conjunta.

Quanto ao conteúdo propriamente dito do procedimento estabelecido pela lei, trata-se da formalização de reunião deliberativa entre agentes interessados, com a conclusão dos trabalhos materializada na forma de ata (art. 49-G[19]). O modelo de reuniões não é novo na administração pública federal, como se viu desde as "reuniões de chefia" do decreto-lei 200/67.

O art. 49-A menciona que, sempre que justificável pela relevância da matéria ou discordância prejudicial à celeridade do processo administrativo, decisões que envolvam três ou mais setores, órgãos ou entidades *poderão* ser tomadas mediante decisão coordenada[20]. Órgãos são centros de competência despersonalizados, setores são divisões administrativas, entidades são pessoas

18. Ao momento em que escrito o texto encontrava-se atuando uma Comissão de Juristas destinada a formular propostas em relação à modernização da lei de processo administrativo e encaminhá-las ao Senado.

19. Art. 49-G. A conclusão dos trabalhos da decisão coordenada será consolidada em ata, que conterá as seguintes informações: I – relato sobre os itens da pauta; II – síntese dos fundamentos aduzidos; III – síntese das teses pertinentes ao objeto da convocação; IV – registro das orientações, das diretrizes, das soluções ou das propostas de atos governamentais relativos ao objeto da convocação; V – posicionamento dos participantes para subsidiar futura atuação governamental em matéria idêntica ou similar; e VI – decisão de cada órgão ou entidade relativa à matéria sujeita à sua competência.

20. Art. 49-A. No âmbito da Administração Pública federal, as decisões administrativas que exijam a participação de 3 (três) ou mais setores, órgãos ou entidades poderão ser tomadas mediante decisão coordenada, sempre que: I – for justificável pela relevância da matéria; e II – houver discordância que prejudique a celeridade do processo administrativo decisório.

jurídicas integrantes da administração pública federal. Não há limites superiores ao número de órgãos, mas claro que decisão coordenada envolvendo uma superabundância de atores talvez possa ser dividida em decisões coordenadas menores. E vem a pergunta clássica: preenchidos os requisitos, as decisões *poderão* - como está na lei - ou *deverão* ser tomadas mediante o procedimento de coordenação? Apesar da tentação, comum aos juristas, em encontrar deveres em todo lugar, não há como fugir à literalidade do texto. Importa deixar espaços abertos à realidade da administração, tanto que, às vezes, decidir por coordenação pode significar abrir espaço para procedimento que irá burocratizar ainda mais.

Como interpretar o alcance da expressão "discordância que prejudique a celeridade do processo administrativo decisório"? Parece-nos que a noção de discordância deve abranger, também, discordâncias em abstrato, isto é, conflitos de teses ou de orientações. Não há que se exigir, sob pena de limitar o instituto, discordância concreta. A "relevância da matéria" é o impacto jurídico, econômico, político, administrativo ou social da decisão.

A essa altura da discussão, vale sublinhar o seguinte: não estão proibidas decisões coordenadas que não se enquadrem nos limites da lei. Não faria sentido proibir decisões coordenadas sobre, digamos, questões não tão importantes, ou envolvendo dois órgãos (e não três). Ela apenas não será a decisão administrativa coordenada definida pelo art. 49-A, par. 1º, da lei do processo administrativo federal. Pode-se dizer que há *decisão coordenada em sentido amplo*, e outra, *em sentido estrito*, que é a regulada pela lei. Pode se falar, igualmente, em *decisões coordenadas de modo informal* (em razão de interações frequentes) ou *formal* (e, dentre essas, as reguladas pela lei n. 9.784/99, e as permitidas pela autoadministração dos entes federativos, inclusive a da União)[21]. Todas são, em princípio, lícitas e possíveis.

---

21. Questão a ser respondida é a utilidade do modelo procedimental estabelecido pela lei do processo administrativo federal. Vai-se buscar responder à indagação ao final do texto.

Diz-nos o art. 49-A, par. 4º, que a decisão coordenada não exclui a responsabilidade originária de cada órgão ou autoridade envolvida[22]. Ainda que sem se socorrer da lição doutrinária que afirma a "irrenunciabilidade" das competências administrativas, não haveria como ser diferente: a excluir a responsabilidade das partes, inexistiria a possibilidade de responsabilidade do todo. Demais disso, haveria incentivos para se coordenar decisões como estratégia de fuga à responsabilidade parcial, o que geraria decisões artificialmente coordenadas.

A abrangência da decisão administrativa coordenada, pela letra da lei, é restrita: ela se destina a "simplificar o processo administrativo" (art. 49, par. 1º[23]). Mas não se deve interpretar literalmente o trecho: a decisão coordenada pode também simplificar *conteúdos* por meio de simplificação procedimental. E, em nossa opinião, a decisão também pode incluir matérias de competência – pode haver uma coordenação competencial –, assunto que já se inclui nas matérias tratadas por regulamentos conjuntos (v., por ex., art. 29 da lei das agências reguladoras federais[24]). Interpretar de outra

22. Art. 49. (...) § 4º A decisão coordenada não exclui a responsabilidade originária de cada órgão ou autoridade envolvida.

23. Art. 49. (...) § 1º Para os fins desta Lei, considera-se decisão coordenada a instância de natureza interinstitucional ou intersetorial que atua de forma compartilhada com a finalidade de simplificar o processo administrativo mediante participação concomitante de todas as autoridades e agentes decisórios e dos responsáveis pela instrução técnico-jurídica, observada a natureza do objeto e a compatibilidade do procedimento e de sua formalização com a legislação pertinente. (Destaque acrescentado.)

24. Art. 29 da lei n. 13.848/19. No exercício de suas competências definidas em lei, duas ou mais agências reguladoras poderão editar atos normativos conjuntos dispondo sobre matéria cuja disciplina envolva agentes econômicos sujeitos a mais de uma regulação setorial.

§ 1º Os atos normativos conjuntos deverão ser aprovados pelo conselho diretor ou pela diretoria colegiada de cada agência reguladora envolvida, por procedimento idêntico ao de aprovação de ato normativo isolado, observando-se em cada agência as normas aplicáveis ao exercício da competência normativa previstas no respectivo regimento interno.

§ 2º Os atos normativos conjuntos deverão conter regras sobre a fiscalização de sua execução e prever mecanismos de solução de controvérsias decorrentes de

forma seria reduzir o impacto da alteração legislativa, legislando contra o que já é feito no dia-a-dia da administração federal.

A lei exclui três áreas de abrangência das possibilidades de coordenação decisória (art. 49, par. 6º[25]): processos administrativos relacionados a licitação, ao poder sancionador, ou em que estejam envolvidas autoridades de Poderes distintos. No caso da licitação, parece-nos que se trataria de praticar atos administrativos coordenados num mesmo processo de licitação (ex., homologação ou adjudicação coordenadas), mas não há vedação à carona no registro de preços, que, permitida expressamente na mesma unidade federativa pela nova lei de licitações (art. 86, par. 3º, da lei n. 14.133/21[26]), em todo caso não é decisão coordenada, mas ato individual de adesão a outra decisão individual.

A exclusão de decisões coordenadas de processos administrativos "relacionados ao poder sancionador" da administração pública pode ser vista em chave problemática. De fato, uma das áreas de maior destaque nos últimos anos diz respeito à coordenação no *ius puniendi* estatal, e não se entende a exclusão, até porque outras normas permitem e estimulam a atuação coordenada na área.

---

sua aplicação, podendo admitir solução mediante mediação, nos termos da Lei nº 13.140, de 26 de junho de 2015 (Lei da Mediação), ou mediante arbitragem por comissão integrada, entre outros, por representantes de todas as agências reguladoras envolvidas.

25. Art. 49. (...) § 6º Não se aplica a decisão coordenada aos processos administrativos: I - de licitação; II - relacionados ao poder sancionador; ou III - em que estejam envolvidas autoridades de Poderes distintos.

26. Art. 86. (...) § 2º Se não participarem do procedimento previsto no *caput* deste artigo, os órgãos e entidades poderão aderir à ata de registro de preços na condição de não participantes, observados os seguintes requisitos: I - apresentação de justificativa da vantagem da adesão, inclusive em situações de provável desabastecimento ou descontinuidade de serviço público; II - demonstração de que os valores registrados estão compatíveis com os valores praticados pelo mercado na forma do art. 23 desta Lei; III - prévias consulta e aceitação do órgão ou entidade gerenciadora e do fornecedor. § 3º A faculdade conferida pelo § 2º deste artigo estará limitada a órgãos e entidades da Administração Pública federal, estadual, distrital e municipal que, na condição de não participantes, desejarem aderir à ata de registro de preços de órgão ou entidade gerenciadora federal, estadual ou distrital.

Uma outra leitura, que recupera o sentido da norma, afirma que a restrição provavelmente tem a ver com a preocupação em não se suprimir garantias do administrado. Além disso, a natureza da sanção, em entidades diferentes, pode ser tão variável a ponto de não ser possível aproximar as esferas decisórias.

Mas que seja: a decisão coordenada da lei n. 9.784/99 não pode dizer respeito a poder sancionador. Propõe-se, no entanto, que a palavra "relacionado" ao poder sancionador seja interpretada como "diretamente relacionado", porque "relações" podem ser várias e abrangentes, o que acabaria excluindo muitas hipóteses dos espaços de possibilidade do instituto.

A lei também exclui a decisão coordenada quando "envolvendo autoridades de Poderes distintos". Por Poderes, com p maiúsculo, leia-se o Executivo, Legislativo e Judiciário. A lei 9.784/99 não se aplica a entes infranacionais. É de opção legislativa válida. Contudo, muitos estados e municípios possuem leis de processo administrativo inspiradas na lei 9.784/99. O enunciado 633 da súmula do STJ entende pela aplicação subsidiária da lei 9.784/99, especialmente no tocante a prazo decadencial para revisão de atos, a estados e municípios que não possuem lei[27]. Se o instituto ganhar efetividade, não é difícil imaginar decisões coordenadas infranacionais, inclusive com apoio em alterações legislativas que, para a surpresa de ninguém, copiarão a letra da lei federal.

Pensemos, agora, de modo recursivo. A decisão administrativa coordenada é aquela destinada a simplificar o processo administrativo (art. 49-A, par. 1º) e que utiliza, em seu *iter* performativo, a simplificação de procedimento (art. 49-A, par. 5º[28]). Pode a decisão

27. Enunciado 633 do STJ. A Lei 9.784/1999, especialmente no que diz respeito ao prazo decadencial para a revisão de atos administrativos no âmbito da Administração Pública federal, pode ser aplicada, de forma subsidiária, aos estados e municípios, se inexistente norma local e específica que regule a matéria.

28. Art. 49-A. (..) § 5º A decisão coordenada obedecerá aos princípios da legalidade, da eficiência e da transparência, com utilização, sempre que necessário, da simplificação do procedimento e da concentração das instâncias decisórias.

coordenada ser usada para simplificar a si própria? É possível, desde que sem desrespeitar a letra da lei. Pode haver, por exemplo, decisão coordenada automática; decisão coordenada repetitiva; decisão coordenada que opere por *defaults* (formulários etc.); decisão coordenada tomada por inteligência artificial; reuniões, propostas e atas virtuais (em tempos de pós-pandemia, admitir isso é acaciano). As possibilidades são inúmeras.

5. ENCERRAMENTO

Não é a existência de normas ou de procedimentos que impede a coordenação administrativa: os fatores que a mobilizam não são essencialmente jurídicos, mas econômicos, sociológicos e organizacionais. Prêmios ou sanções associados à coordenação ou à sua ausência, estabilidade de órgão e, talvez, a redução de seu número, fornecem condições mais promissoras à coordenação administrativa do que alterar uma lei principiológica para estruturar procedimento que mais parece um guia de como se redigir uma ata.

E, claro, nem toda descoordenação é ruim ou toda coordenação é boa. São fenômenos relacionais, que dialogam com o contexto da prolação da decisão. O que não se deve fazer é comprometer os recursos da sociedade com custos evitáveis.

O fenômeno do hipercontrole público também influi na descoordenação. Ele reduz incentivos para que órgãos e entidades assumam a autoria de decisões, e, assim, impacta na prolação de decisões como um todo. Como, na decisão coordenada, ainda há responsabilidade do órgão (art. 49-A, par. 4º), se ninguém decide, ninguém decidirá em coordenação. No limite, pode-se produz uma coordenação artificial, orientada à decisão do órgão de controle[29].

29. V. discussão sobre o ciclo da judicialização em STONE SWEET, Alec. *Governing with judges: constitutional politics in Europe*. Oxford: Oxford University Press, 2000.

Em todo caso, não é negativo que normas busquem estruturar a coordenação administrativa. Em tempos de legalismo de defesa, a previsão de um instituto e de seu procedimento gera conforto ao gestor. Além disso, toda lei é, também e por vezes especialmente, *símbolo*[30]: aqui, sinalização de uma possível mudança de cultura, auspiciada, sabemos, há tempos.

REFERÊNCIAS

BICHIR, Renata. Agendas de reformas e descentralização de políticas: um balanço das trajetórias da saúde e da assistência social. In: CAVALCANTE, Pedro Luiz Costa; SILVA, Mauro Santos (Orgs.) *Reformas do Estado no Brasil: trajetórias, inovações e desafios*. Rio de Janeiro: IPEA, 2020.

CARVALHO FILHO, José dos Santos. *Manual de Direito Administrativo*. 27a ed. São Paulo: Atlas, 2014.

CAVALCANTE, Pedro; PIRES, Roberto. In: CAVALCANTE, Pedro Luiz Costa; SILVA, Mauro Santos (Orgs.) *Reformas do Estado no Brasil: trajetórias, inovações e desafios*. Rio de Janeiro: IPEA, 2020.

MENDONÇA, José Vicente Santos de; CALIL, Ana Luiza. O discreto charme da Lei de Processo Administrativo Federal: sobriedade, generalidade, uniformidade federativa e imutabilidade nos vinte anos da lei n. 9.784/99. In: BITENCOURT NETO, Eurico; MARRARA, Thiago. (Org.). *Processo Administrativo Brasileiro: estudos em homenagem aos 20 anos da Lei Federal de Processo Administrativo*. Belo Horizonte: Fórum, 2020.

NEVES, Marcelo. *A constitucionalização simbólica*. São Paulo: Martins Fontes, 2011.

OLSON, Mancur. *The logic of collective action*. Cambridge: Harvard University Press, 2009.

STONE SWEET, Alec. *Governing with judges: constitutional politics in Europe*. Oxford: Oxford University Press, 2000.

30. NEVES, Marcelo. *A constitucionalização simbólica*. São Paulo: Martins Fontes, 2011.

3

COMITOLOGIA DECISIONAL NO PROCESSO ADMINISTRATIVO: NOVOS ARRANJOS DE COMPETÊNCIAS ADMINISTRATIVAS ENTRE COORDENAÇÃO E DIVISÃO DE ATRIBUIÇÕES

ANTONIO DO PASSO CABRAL

Professor Titular de Direito Processual Civil da Universidade do Estado do Rio de Janeiro (UERJ). Livre-Docente pela Universidade de São Paulo (USP). Doutor em Direito Processual pela UERJ, em cooperação com a Universidade de Munique, Alemanha (*Ludwig-Maximilians-Universität*). Mestre em Direito Público pela UERJ. Pós-doutorado na Universidade de Paris I (*Panthéon-Sorbonne*). Professor Visitante nas Universidades de Passau (2015) e Kiel (2016, 2017), Alemanha, e na Universidade Ritsumeikan, Japão (2018). *Senior Lecturer* na *Peking University*, China (2019 e 2021). Procurador da República no Rio de Janeiro.

1. INTRODUÇÃO. COMPREENSÃO TRADICIONAL DAS COMPETÊNCIAS ADMINISTRATIVAS

Observam-se diversas variações na definição da competência administrativa, desde a "medida do poder administrativo"[1] até outras conceituações mais elaboradas. Fala-se na "atribuição, por lei, em senso estrito, do poder-dever de decidir o processo administrativo ou de praticar certos atos para os quais a lei (ainda em senso estrito) consigne disciplina apartada".[2]

Em termos gerais, trata-se de um feixe de poderes atribuídos a uma instituição ou órgão público, para o exercício de atividades administrativas por seus agentes, abrangendo não apenas poderes e deveres, mas também faculdades e direitos.[3] As competências, portanto, estão relacionadas ao exercício de funções públicas, e são elementos essenciais para a concretização das tarefas que o Estado tem que desempenhar.[4]

O objetivo de um sistema de distribuição de competências é, de um lado, garantir aos administrados previsibilidade – própria do devido processo legal – sobre qual será a autoridade responsável

1. CAVALCANTI, Themístocles Brandão. *Teoria dos atos administrativos.* São Paulo: RT, 1973, p.63.

2. FERRAZ, Sérgio; DALLARI, Adilson Abreu. *Processo administrativo.* 2. ed. São Paulo: Malheiros, 2007, p.141.

3. MARRARA, Thiago. Competência, delegação e avocação na lei de processo administrativo. *in* NOHARA, Irene Patrícia; MORAES FILHO, Marco Antonio Praxedes de (org.). *Processo administrativo: temas polêmicos da Lei n. 9.784/99.* São Paulo: Atlas, 2011, p.241. Classificam-se ainda as competências administrativas em genéricas e específicas; genéricas seriam aquelas nas quais a lei não identifica a autoridade competente; específicas as competências para as quais a lei já realiza a identificação prévia de órgãos ou agentes públicos que exercerão as atribuições. Sobre o tema, CARVALHO FILHO, José dos Santos. *Processo administrativo federal.* 4. ed. Rio de Janeiro: Lumen Juris, 2009, p.126.

4. SCHIRATO, Vitor Rhein. As partes do processo administrativo: os papéis da Administração Pública na Lei Federal de Processos Administrativos. Revista de Direito Administrativo e Constitucional, ano 11, n.46, out-dez, 2011, p.121.

pela condução e decisão do processo administrativo.[5] De outro ângulo, na perspectiva da administração pública, as competências visam a emprestar mais eficiência à atividade do Estado, até porque seria muito custoso e demorado que, a cada hipótese de atuação, houvesse necessidade de definir a autoridade com atribuição para agir.[6]

As competências são autorizativas (fundamentam a prática dos atos pela administração) mas também são limitativas, demarcando as atividades que podem ou não ser exercidas.[7]

E as competências administrativas *são exercidas por meio do processo administrativo*, um encadeamento de atos entremeados pela participação dos interessados,[8] orientado para maximizar garantias para o administrado e assegurar a produção eficiente do agir administrativo (seja a prática de um ato administrativo ou uma conduta do administrado perante a administração).[9] É por meio do processo administrativo que se sopesam os diversos interesses subjacentes, públicos e privados, pela aferição das situações fáticas e aplicação das normas incidentes sobre tais fatos.[10]

---

5. No estrangeiro essa ideia também é encontrada: MAURER, Hartmut. *Allgemeines Verwaltungsrecht.* 16. ed. München: C.H.Beck, 2006, p.540-541.

6. MARRARA, Thiago. Competência, delegação e avocação na lei de processo administrativo. *Op.cit.*, p.242-243.

7. MAURER, Hartmut. *Allgemeines Verwaltungsrecht. Op.cit.*, p.543.

8. MEDAUAR, Odete. *A processualidade no direito administrativo.* 2. ed. São Paulo: RT, 2008, p.64.

9. Nesse sentido, CRETELLA JR., José. *Prática do processo administrativo.* 8. ed. São Paulo: RT, 2010, p.62; FERRAZ, Sérgio; DALLARI, Adilson Abreu. *Processo administrativo. Op.cit.*, p.25. Em perspectiva similar, no estrangeiro, já se definiu processo administrativo como o "modo de realização do direito administrativo". Cf. SCHNEIDER, Jens-Peter. Strukturen und Typen von Verwaltungsverfahren. *in* HOFFMANN-RIEM, Wolfgang; SCHMIDT-ASSMANN, Eberhard; VOSSKUHLE, Andreas (org.). *Grundlagen des Verfahrensrechts.* München: C.H.Beck, vol. II, 2008, p. 525; WOLFF, Hans J.; BACHOF, Otto; STOBER, Rolf; KLUTH, Winfried; PEILERT, Andreas. *Verwaltungsrecht.* vol.2. 6. ed. München: C.H.Beck, 2000, p.291-293.

10. BAPTISTA, Patrícia. *Transformações do direito administrativo.* 2 ed. Rio de Janeiro: Lumen Juris, 2018, p.171: "Não há, de qualquer forma, que se descuidar do papel do processo administrativo como meio de processamento das informações e de

2. A COMPETÊNCIA ADMINISTRATIVA NO QUADRO DA LEGALIDADE ESTRITA. A APROXIMAÇÃO COM O PRINCÍPIO DO JUIZ NATURAL E AS COMPETÊNCIAS JURISDICIONAIS. INSUFICIÊNCIA DE UM SISTEMA RÍGIDO E INFLEXÍVEL

Sempre se teorizou a competência administrativa em torno de esquemas imperativos e baseados em legalidade estrita. Afirma-se que a administração pública teria não apenas um poder, mas também um dever de decidir (art.48 da Lei n.9.784/99), e assim as competências administrativas tradicionalmente remeteriam a um regime de direito público rigoroso, compreendidas como *irrenunciáveis e inafastáveis* (art. 2º, parágrafo único, II, da Lei n.9.784/99).[11]

A esse propósito, já se sustentou que as competências administrativas deveriam ser disciplinadas em regras legisladas cogentes, que jamais poderiam ser flexibilizadas ou prorrogadas.[12] As competências administrativas seriam "imodificáveis" ou "fixas", a

preparação da decisão final pela Administração. O processo administrativo, considerado assim de forma objetiva, deve funcionar como ponto de encontro dos interesses, públicos e privados, suscetíveis de reconhecimento e de tutela pela Administração. E, na medida em que se viabilize a pronta composição desses interesses, contribuirá para diminuir os conflitos e aumentar a eficiência na função administrativa". Confira-se ainda, no ponto, SCHIRATO, Vitor Rhein. O processo administrativo como instrumento do Estado de Direito e da democracia. *in* MEDAUAR, Odete; SCHIRATO, Vitor Rhein (org.). *Atuais rumos do processo administrativo.* São Paulo: RT, 2010, p.43. No estrangeiro, por todos, WOLFF, Hans J.; BACHOF, Otto; STOBER, Rolf; KLUTH, Winfried; PEILERT, Andreas. *Verwaltungsrecht. Op.cit.*, p.291.

11. FERRAZ, Sérgio; DALLARI, Adilson Abreu. *Processo administrativo. Op.cit.*, p.189-190; CARVALHO FILHO, José dos Santos. *Processo administrativo federal. Op.cit.*, p.239.

12. MELO, Celso Antônio Bandeira de. *Curso de Direito Administrativo.* 12. ed., São Paulo: Malheiros, 2000, p.111: "As competências são de exercício obrigatório para os órgãos e agentes públicos. Vale dizer: exercitá-las não é questão entregue à livre decisão de quem as titularize". Afirma ainda que "seu titular não pode abrir mão delas enquanto as titularizar". No mesmo sentido, FLORESTANO NETO, Miguel. Da competência administrativa. *in* FIGUEIREDO, Lúcia Valle (coord.). *Comentários à lei federal de processo administrativo.* 2 ed. Belo Horizonte: Forum, 2008, p.98.

fim de conferir "estabilidade à estrutura funcional" da burocracia estatal.[13]

Nesse quadro, o cidadão teria direito de ver o ato administrativo praticado pelo agente competente tal como previsto na lei,[14] e se o processo fosse conduzido por autoridade sem atribuição para tanto, os vícios de incompetência levariam invariavelmente à nulidade ou até mesmo a inexistência do ato administrativo praticado, compreendidos como abuso ou excesso de poder, sem possibilidade de convalidação ou aproveitamento.[15]

As únicas hipóteses de transferência de competência que poderiam derrogar, em cada caso, as previsões legais abstratas, eram aquelas de delegação e avocação,[16] pensadas dentro de um modelo hierárquico ou piramidal (vertical e descendente).

Nesse contexto de um intenso rigor formal, a concepção tradicional das competências administrativas recorrentemente buscava aproximação com a lógica do princípio do juiz natural, idealizada para as competências jurisdicionais.[17]

---

13. CARVALHO FILHO, José dos Santos. *Processo administrativo federal. Op.cit.*, p.127-128.

14. MARRARA, Thiago. Competência, delegação e avocação na lei de processo administrativo. *Op.cit.*, p.258.

15. FERRAZ, Sérgio; DALLARI, Adilson Abreu. *Processo administrativo. Op.cit.*, p.251-252.

16. MEIRELLES, Hely Lopes. *Direito Administrativo Brasileiro.* 26. ed. São Paulo: Malheiros, 2001, p.143: "A competência administrativa, sendo um requisito de ordem pública, é intransferível e improrrogável pela vontade dos interessados. Pode, entretanto, ser delegada e avocada, desde que o permitam as normas reguladoras da Administração. Sem que a lei faculte essa deslocação de função não é possível a modificação discricionária da competência, porque ela é elemento vinculado de todo ato administrativo, e, pois, insuscetível de ser fixada ou alterada ao nuto do administrador e ao arrepio da lei". No mesmo sentido, CARVALHO FILHO, José dos Santos. *Processo administrativo federal. Op.cit.*, p.128; FERRAZ, Sérgio; DALLARI, Adilson Abreu. *Processo administrativo. Op.cit.*, p.145.

17. Grande parte da doutrina administrativista defende até hoje a aplicação, no processo administrativo, de garantias processuais análogas àquelas asseguradas no processo judicial. Por todos, FERRAZ, Sérgio; DALLARI, Adilson Abreu. *Processo administrativo. Op.cit.*, p.21-22.

Partindo desta premissa, sustenta-se que a previsão da autoridade decisória deveria estar disciplinada invariavelmente em norma editada pelo Parlamento (lei em sentido formal).[18]

De outro lado, as atribuições administrativas deveriam ser *previamente* fixadas, vedada a possibilidade de designação casuística (*ad hoc*) de um julgador para um determinado processo administrativo,[19] impedindo-se também alterações de competência no curso do procedimento (depois de já iniciado).[20] Invoca-se, a esse respeito, a aplicação analógica da regra da *perpetuatio iurisdictionis* (art.43 do CPC) ao processo administrativo, vedada a modificação de competências *post factum*.[21]

Do mesmo modo, entende-se que devam ser aplicados ao processo administrativo os institutos da conexão e da continência, reunindo-se processos perante a autoridade preventa quando as questões debatidas sejam similares ou quando seja recomendável que não sejam analisadas por autoridades diversas, diante do risco de decisões conflitantes.[22]

---

18. MEIRELLES, Hely Lopes. *Direito Administrativo Brasileiro. Op.cit.*, p.143; CAVALCANTI, Themístocles Brandão. *Teoria dos atos administrativos. Op.cit.*, p.67; FLORESTANO NETO, Miguel. Da competência administrativa. *Op.cit.*, p.93. No direito estrangeiro, GARCÍA DE ENTERRÍA, Eduardo; RAMÓN-FERNÁNDEZ, Tomás. *Curso de Derecho Administrativo.* 2. ed., Madri: Civitas, vol.1, 1990, p.535.

19. FLORESTANO NETO, Miguel. Da competência administrativa. *Op.cit.*, p.95; FERRAZ, Sérgio; DALLARI, Adilson Abreu. *Processo administrativo. Op.cit.*, p.141;.

20. Por todos, CARVALHO FILHO, José dos Santos. *Processo administrativo federal. Op.cit.*, p.123.

21. FERRAZ, Sérgio; DALLARI, Adilson Abreu. *Processo administrativo. Op.cit.*, p.142; CARVALHO FILHO, José dos Santos. *Processo administrativo federal. Op.cit.*, p.127. O equívoco desse posicionamento foi demonstrado por Thiago Marrara, quando lembrou que não se pode aplicar a lógica do juiz natural ao processo administrativo, porque são frequentes a constituição de bancas de concurso público, a formação de comissões de sindicância e processantes, sempre *ad hoc* e *ex post facto*. MARRARA, Thiago. Competência, delegação e avocação na lei de processo administrativo. *Op.cit.*, p.246.

22. FERRAZ, Sérgio; DALLARI, Adilson Abreu. *Processo administrativo. Op.cit.*, p.142-143; FLORESTANO NETO, Miguel. Da competência administrativa. *Op.cit.*, p.95-97.

Ora, esse modelo rígido, inflexível, fundado na legalidade estrita, começou a mostrar-se insuficiente no mundo contemporâneo, em especial diante da complexidade organizacional da administração pública e da pulverização da atividade administrativa em múltiplas camadas de controle, fiscalização, regulação,[23] um cenário ainda mais intrincado em contexto federativo como o nosso, em que vários órgãos, entidades e instituições da administração pública direta e indireta, em diversas esferas da federação, interagem e têm suas atividades imbricadas, o que exige coordenação e planejamento.[24]

Essa complexidade leva por vezes a inevitáveis problemas de coordenação, não só porque muitos desses órgãos e entidades têm heterogeneidade de agendas, missões institucionais que apontam em sentido diverso (pensemos, para um exemplo prosaico, nos Ministérios da Agricultura e do Meio Ambiente), ou porque na prática diferentes entidades e órgãos, de vários setores e áreas, concorrem por atenção, protagonismo político e até por orçamento, o que leva frequentemente ao esgarçamento das próprias competências, avançando-se nas franjas das atribuições, onde não há tanta clareza sobre o quê e onde cada qual possa atuar legitimamente.

Nesse quadro, veem-se decisões conflitantes, iniciativas que se anulam e outros espaços para incoerência sistêmica, expondo o administrado a riscos variados diante da imprecisão na orientação de conduta sinalizada por diversos agentes estatais cujos atos apontam em sentidos opostos, contraditórios e/ou descoordenados.

---

23. WOLFF, Hans J.; BACHOF, Otto; STOBER, Rolf; KLUTH, Winfried; PEILERT, Andreas. *Verwaltungsrecht. Op.cit.*, p.366.

24. Correto MODESTO, Paulo. Autovinculação da administração pública. Revista Brasileira de Direito Público, vol. 8, n. 29, abr-jun., 2010, p.11-12. Aliás, na Alemanha, a temática da decisão coordenada parece ser mais estudada justamente nas interações administrativas para atividades de planejamento conjunto por várias entidades e órgãos, planejamento que pode envolver questões financeiras, de saúde ou segurança pública, referentes ao meio ambiente, uso e ocupação do solo etc. Sobre o tema, MAURER, Hartmut. *Allgemeines Verwaltungsrecht. Op.cit.*, p.424 ss.

3. INSUFICIÊNCIA DOS INSTRUMENTOS INTERATIVOS CLÁSSICOS NO PROCESSO ADMINISTRATIVO CONTEMPORÂNEO. ARTICULAÇÕES COMPETENCIAIS COMBINATÓRIAS E DE DIVISÃO DE TAREFAS. FLEXIBILIZAÇÃO FORMAL NÃO NEGOCIAL INCLUSIVE PARA ATOS DECISÓRIOS

Há algum tempo, o direito administrativo tomou o rumo de uma administração pública gerencial, onde a legalidade e o respeito dos direitos fundamentais dos administrados devem ser iluminados por juízos de eficiência, com vistas à obtenção de resultados ótimos.[25]

Nessa toada, a busca por mecanismos de coordenação no direito administrativo não é novidade. Articulações coordenadas são, há algum tempo, estudadas e praticadas nas relações jurídicas entre administração e administrado por mecanismos de diversa natureza e função.

Para esse desiderato, na direção de uma administração pública "concertada"[26] ou "cooperativa",[27] houve significativos avanços nas últimas décadas, com aumento exponencial do uso de instrumentos consensuais[28] de natureza negocial (acordos em geral), como convênios, consórcios, contratos.[29]

---

25. Sobre a crise da legalidade no direito administrativo, BINENBOJM, Gustavo. *Uma teoria do direito administrativo.* Rio de Janeiro: Renovar, 2006, p.34 ss, 125 ss.

26. SILVA, Vasco Manuel Pascoal Dias Pereira da. *Em busca do ato administrativo perdido.* Coimbra: Almedina, 1996, p.105-106.

27. WOLFF, Hans J.; BACHOF, Otto; STOBER, Rolf; KLUTH, Winfried; PEILERT, Andreas. *Verwaltungsrecht. Op.cit.*, p.201-213.

28. A respeito dos diversos instrumentos de consensualidade administrativa, no Brasil, BAPTISTA, Patrícia. *Transformações do direito administrativo. Op.cit.*, p.261-293.

29. Convênios administrativos normalmente são definidos como acordos, de natureza consensual, mas nem sempre como contratos porque não haveria interesses contrapostos necessariamente. Vejam-se algumas variações doutrinárias. JUSTEN FILHO, Marçal. *Curso de Direito Administrativo.* 4 ed. São Paulo: Saraiva, 2009, p.355: "o convênio é um contrato associativo, de cunho organizacional. Isso significa que a prestação realizada por uma das partes não se destina a ser incorporada no

No campo normativo, são frequentes ainda os regulamentos conjuntos, como aqueles editados pelas agências reguladoras.[30] Na atribuição de alguns órgãos governamentais com funções de articulação, frequentemente a questão da coordenação de atividades de variados setores vem à tona.[31]

Recorde-se que, na Lei 11.107/05, referente a consórcios públicos, está prevista uma diretriz normativa a impor maior coordenação entre órgãos envolvidos.[32] Lembremos ainda o art.17 da Lei n. 13.334/16, referente aos Programas de Parcerias de Investimentos (PPI), que disciplina um dever de atuar coordenadamente,

---

patrimônio da outra. As partes do convênio assumem direitos e obrigações visando à realização de um fim comum". MEIRELLES, Hely Lopes. *Direito Administrativo Brasileiro. Op.cit.*, p.350-351: "Convênio é acordo, mas não é contrato. No contrato, as partes têm interesses diversos e opostos; no convênio, os partícipes têm interesses comuns e coincidentes. Por outras palavras: no contrato há sempre duas partes (podendo ter mais de dois signatários); uma, que pretende o objeto do ajuste (a obra, o serviço, etc.); outra, que pretende a contraprestação correspondente (o preço, ou qualquer outra vantagem), diversamente do que ocorre no convênio em que não há partes, mas unicamente partícipes com as mesmas pretensões. Por esta razão, no convênio, a posição jurídica dos signatários é uma só idêntica para todos, podendo haver, apenas, diversificação na cooperação de cada um, segundo as possibilidades para a consecução do objetivo comum, desejado por todos". Esta tendência de contratualização da administração pública é mundial. Na Alemanha, por todos, confira-se MAURER, Hartmut. *Allgemeines Verwaltungsrecht. Op.cit.*, p.359 ss.

30. Sobre a coordenação na atividade normativa da administração pública, MODESTO, Paulo. Autovinculação convencional da administração pública: o contrato de gestão no interior da administração pública brasileira. *in* VALE, Luís Manoel Borges do; OLIVEIRA, Rafael Carvalho Rezende (org.). *Por uma teoria dos precedents administrativos.* Salvador: Juspodivm, 2022, p.162-164.

31. Como a previsão do art. 23-B do Decreto n.9.191/2017, que regulamenta a Lei Complementar n. 95/98 a respeito da proposta de atos normativos à Presidência da República, artigo incluído pelo Decreto n.10.967/2022. Ao dispor sobre o rol de competências da Casa Civil da Presidência da República, estabelece o decreto que compete a ela coordenar as discussões para resolver impasses entre órgãos quanto ao mérito de propostas de atos normativos.

32. ORTOLAN, Marcelo Augusto Biehl. Reforma administrativa, infraestruturas e instrumentos de gestão interfederativa de serviços públicos. Fórum Administrativo, ano 15, n. 175, set. 2015, p.50.

de maneira que todas as perspectivas regulatórias e fiscalizatórias sejam consideradas em conjunto.

Outras formas de coordenação decisória, como os atos colegiados,[33] complexos[34] e conjuntos, são há muito tempo teorizados e praticados no direito brasileiro, mas essas discussões e distinções eram baseadas na regra geral do exercício exclusivo e solitário das competências decisórias em processo administrativo.

Não podemos esquecer, no campo da transferência de competência, que os institutos da delegação e avocação são ainda aprisionados por uma lógica antiga. Por exemplo, mesmo representando transferências de competência, ainda se observa subjacente ao estudo e à prática das delegações e avocações de competência a sombra daquele regime rígido e inflexível fundado em legalidade estrita. Alguns autores até hoje afirmam que atos decisórios sequer poderiam ser delegados;[35] outros pregam a impossibilidade de delegação do órgão inferior para o superior, ou entre órgãos de mesma hierarquia;[36] e não são incomuns opiniões no sentido de que

---

33. O ato colegiado é praticado por um único órgão ou entidade, mas cuja vontade se forma com a conjugação da manifestação de vários indivíduos (p. ex. conselho, órgãos deliberativos em agências reguladoras). MARRARA, Thiago. Competência, delegação e avocação na lei de processo administrativo. *Op.cit.*, p.241.

34. O debate sobre os atos complexos, compostos e colegiados é bastante conhecido no direito administrativo, e também sofre com ruídos nas definições e classificações. São em linhas gerais arranjos da atuação de vários agentes públicos para a realização de um resultado ou efeito prático. Costuma-se caracterizar o ato complexo como um ato único (uma finalidade), mas praticado por um conjunto de agentes públicos distintos, às vezes pertencentes a órgãos ou unidades administrativas diversas. As manifestações de vontade das autoridades envolvidas são diferentes, mas cumprem função homogênea, e o ato se aperfeiçoa apenas com a manifestação de todos (note-se que, no *procedimento administrativo*, não haveria homogeneidade de funções dos diversos atos, nem esse fim imediato das vontades combinadas). Sobre o tema, MEDAUAR, Odete. *A processualidade no direito administrativo. Op.cit.*, p.59.

35. FLORESTANO NETO, Miguel. Da competência administrativa. *Op.cit.*, p.102.

36. MARRARA, Thiago. Competência, delegação e avocação na lei de processo administrativo. *Op.cit.*, p.248.

as competências só seriam delegáveis quando uma lei em sentido estrito expressamente autorizasse.[37]

É verdade que parte da doutrina mais atualizada tem tentado lançar um olhar renovado sobre o tema. Alguns autores destacam o juízo discricionário das delegações de competência, baseadas em conveniência e oportunidade,[38] com foco na eficiência,[39] e possibilidade de revogação a qualquer tempo (art.14 § 2º da Lei n. 9.784/99).[40] Outros autores admitem que possa haver delegações a órgãos não subordinados, como autoriza, em nível federal, o art.12 da Lei n. 9.784/99.[41] Mas os avanços ainda não são consolidados, e as transferências de competência administrativa, nesse cenário, ainda ficam limitadas em seus instrumentos e procedimentos, ligados à estrutura hierárquica e a um regime burocrático.

De todo modo, o que queremos mostrar é que todos esses fenômenos permitem articulações combinatórias de competência (ainda que antiquadas), e já existem há muito tempo no sistema jurídico brasileiro. Portanto, quando nos damos conta da quantidade de mecanismos para transferência de atribuições administrativas, a bem de coordenação das atividades de diferentes instituições e órgãos públicos, não se pode temer uma maior flexibilidade no

---

37. Nesse sentido, com o qual não concordamos, FERRAZ, Sérgio; DALLARI, Adilson Abreu. *Processo administrativo. Op.cit.*, p.141. Também não é correto relacionar necessariamente delegação de competências com descentralização administrativa. De fato, como lembra Oliveira, é possível haver delegação interna, dentro do mesmo órgão, ou externa, tendo como delegatário outro agente ou pessoa jurídica. OLIVEIRA, Régis Fernandes. *Delegação e avocação administrativa*. 2. ed. São Paulo: RT, 2005, p.33.

38. A concretude e contextualização da delegação permite que opere sem alterar o ato normativo que fixou as competências originárias. Nesse sentido, MARRARA, Thiago. Competência, delegação e avocação na lei de processo administrativo. *Op.cit.*, p.247.

39. FLORESTANO NETO, Miguel. Da competência administrativa. *Op.cit.*, p.104.

40. CARVALHO FILHO, José dos Santos. *Processo administrativo federal. Op.cit.*, p.135; MOREIRA, Egon Bockmann. *Processo administrativo*. 4. ed. São Paulo: Malheiros, 2010, p.351-352.

41. Por todos, MOREIRA, Egon Bockmann. *Processo administrativo. Op.cit.*, p.351.

sistema de competências, como se isso pudesse levar a uma instabilidade das estruturas estatais a ponto de a administração pública estar ameaçada em seu funcionamento.

Em vista de resultados mais eficientes pela coordenação das competências estatais, a tendência contemporânea, no Brasil e no estrangeiro (e não só no direito administrativo, mas até mesmo no campo das competências jurisdicionais[42]) é de um regime mais maleável, com transferências, modificações e alocações funcionais cooperativas e combinatórias.

Trata-se de infundir a virada gerencial do direito administrativo para incrementar a adequação das formalidades do processo administrativo aos cânones de uma administração pública onde a eficiência passou a ser tão relevante.

No campo das competências administrativas, esse anseio por mais flexibilidade e eficiência decorreu da insatisfação com a fragmentação das atividades estatais, e levou a uma preocupação cada vez mais constante com uma maior integração, com esforços interorganizacionais,[43] e com a insuficiência dos instrumentos até então dogmatizados e praticados de coordenação de atribuições.

Deve-se ainda registrar, a bem da honestidade acadêmica, que os estudos sobre a processualidade na Administração Pública desbravaram novas interações de sujeitos do processo, ressaltando a função do processo administrativo de viabilizar variadas articulações intersubjetivas,[44] o que é especialmente importante em

42. CABRAL, Antonio do Passo. *Juiz natural e eficiência processual: flexibilização, delegação e coordenação de competências no processo civil.* São Paulo: RT, 2021, capítulos 5, 6 e 7.

43. KEAST, Robin; BROWN, Kerry; MANDELL, Myrna. Encontrando a combinação certa: decifrando significados e estratégias de integração. Revista do Serviço Público, vol. 63, n. 3, 2014, p.313 ss; MACIEL, Caroline Stéphanie Francis dos Santos. Articulação administrativa: por uma reforma cultural da administração pública. Revista de Direito Administrativo, vol. 280, n. 1, mai-ago., 2021, p.203 ss.

44. SILVA, Vasco Manuel Pascoal Dias Pereira da. *Em busca do ato administrativo perdido. Op.cit.*, p.402; MEDAUAR, Odete. *A processualidade no direito administrativo. Op.cit.*,

contextos multipolares e multidimensionais de diversos centros de interesse.[45]

Mas até hoje, pluralidade de sujeitos e as formas de participação dos interessados em processo administrativo eram abordadas apenas na perspectiva administração-administrado, em nome da contenção democrática do poder no Estado de Direito.[46] Trata-se, sem dúvida, de visão necessária e de importância inegável.

Porém, a esse eixo de interação administração-administrado, deve-se acrescentar outros conteúdos, elaborando-se uma teoria contemporânea sobre as *articulações entre órgãos, entidades e agentes públicos*, a bem de coordenarem suas competências.

Pois bem, essa nova lógica de coordenação, aplicada aos processos administrativos, torna-se cada vez mais necessária e útil em espaços de competências concorrentes, justapostas ou secantes, nas quais a solução administrativa ótima deva ser tomada com sinergia entre os envolvidos, evitando-se uma burocrática entropia decisória.

Assim, o processo administrativo começou a estruturar novas formas de coordenação das atividades, como a prática de atos concertados,[47] que permite não apenas articulações multilaterais

---

p.90; SCHIRATO, Vitor Rhein. O processo administrativo como instrumento do Estado de Direito e da democracia. *Op.cit.*, p.17, 39.

45. SCHNEIDER, Jens-Peter. Strukturen und Typen von Verwaltungsverfahren. *Op.cit.*, p.527.

46. Nesse sentido, ao mencionar a característica dos processos administrativos que chamou "pluripessoalidade necessária", Odete Medauar chama atenção para a participação de vários sujeitos, exigindo-se "cooperação das várias pessoas ou órgãos que os integram ou de pessoas que lhes são exteriores para o adequado desempenho de suas funções. Ao determinar a atuação mediante o mecanismo processual, o ordenamento exige a coadjuvação de muitas pessoas ou órgãos, de acordo com pautas preordenadas juridicamente". MEDAUAR, Odete. *A processualidade no direito administrativo. Op.cit.*, p.31.

47. Schwind, em proposta que nos parece pioneira no direito administrativo brasileiro, sustentava que essa prática coordenada de atos poderia advir do art.35 da Lei 9.784/99, se este formato fosse o mais seguro para a definição da questão

de natureza negocial, como já se defendeu doutrinariamente,[48] mas também a coordenação de competências para a prática de *atos jurídicos em sentido estrito (atos administrativos não negociais)*, inclusive de conteúdo decisório. Essas interações devem ser praticadas fora daquela lógica piramidal, buscando-se articulações transversais ou horizontais.[49]

O que se pretende com esses novos instrumentos de coordenação não é apenas que funcionem como um *locus* de encontro e espaço de participação dos órgãos ou entidades/instituições, um espaço em que cada um interage mas onde as competências sejam exercidas sequencialmente e em separado. O escopo é ir além, com mecanismos de *exercício simultâneo de competências* ou articulações para *divisão de tarefas*, conseguindo-se na prática arranjos processuais mais sofisticados para a tomada de decisão administrativa, que podem ser adaptados casuisticamente, com mais dinamismo e capacidade de reação às necessidades cambiantes do direito contemporâneo.

Para tanto, devemos propor uma maior flexibilidade procedimental, com redução da rigidez formal do processo administrativo,[50] que deve ser aplicável também ao sistema de competências. E é

---

controversa. SCHWIND, Rafael Wallbach. Processo administrativo em evolução. *Fórum Administrativo*, ano 14, n.155, jan., 2014, p.50.

48. Para Moreira, a decisão administrativa coordenada seria um exemplo de negociação multilateral endoadministrativa. Veja-se MOREIRA, Egon Bockmann. Breves notas sobre a decisão coordenada, disponível em https://www.jota.info/opiniao-e-analise/artigos/breves-notas-sobre-a-decisao-coordenada-04102021, acessado em 29/03/2022.

49. MODESTO, Paulo. Autovinculação convencional da administração pública: o contrato de gestão no interior da administração pública brasileira. *Op.cit.*, p.165-166.

50. Correto SCHWIND, Rafael Wallbach. Processo administrativo em evolução. *Op.cit.*, p.47. Na linha da instrumentalidade das formas processuais, não pode o administrado invocar formalidades excessivas, desnecessárias, ou que em nada protegem sua esfera de direitos apenas com a finalidade de provocar invalidades injustificadas, para fazer o processo administrativo regredir a etapas anteriores. Percebendo essa necessidade de uma compreensão funcional das nulidades, no processo administrativo, FERRAZ, Sérgio; DALLARI, Adilson Abreu. *Processo administrativo. Op.cit.*, p.102-103.

dentro dessa evolução histórica que se deve compreender a mudança operada pela Lei n.14.210/2021 na Lei n.9.784/99, que introduziu uma seção inteira (capítulo XI-A) para disciplinar a decisão administrativa coordenada.

4. ANALÍTICA DO PROCEDIMENTO DE DECISÃO ADMINISTRATIVA COORDENADA PREVISTO NA LEI N.9.784/99. REJEIÇÃO A IMPORTAÇÕES DE INSTITUTOS SIMILARES NO DIREITO ESTRANGEIRO

Neste tópico, gostaria de trazer algumas reflexões introdutórias sobre o desenho normativo do procedimento previsto na Lei n.9.784/99, a alteração legislativa que permite desbravar essas novas formas de articulação de competências.

A doutrina que enfrentou o tema até aqui buscou em alguns parâmetros estrangeiros a inspiração para a introdução do instituto no direito brasileiro. Fala-se sobretudo da *conferenza dei servizi* prevista na Itália (art.14 da Lei n. 241/90),[51] mas há procedimentos similares no Código de Procedimento Administrativo português (art.77-81), e ainda na legislação do processo administrativo alemão.[52]

---

51. Sobre o tema, RAGAZZO, Massimo. La conferenza di servizi: esiti della riforma ex lege n. 15/2005 e novità giurisprudenziali. *LexItalia.it – Rivista Internet di diritto pubblico*, n. 3, 2002, disponível em http://www.lexitalia.it/articoli/ragazzo_conferenza.htm, acessado em 01/04/2022. Adotando-a como referência no Brasil, PIRES, Maria Coeli Simões; COSTA, Mila Batista Leite Corrêa da; CORDEIRO, Caio B.; CARDOSO, José Luiz F. Conferência de serviços: reflexões e perspectivas para a construção de um novo instrumento de governança democrática. *in Anais do V Congresso Consad de Gestão Pública*. Brasília: Conselho Nacional de Secretários de Estado da Administração, 2012, p.6 ss.

52. Na Alemanha, são conhecidos alguns procedimentos para essa coordenação. A Lei de aceleração de processos de autorização (*Genehmigungsverfahrenbeschleunigungsgesetz*, abreviada de GenBeschlG), editada em 1996, introduziu na Lei do processo administrativo alemã (*Verwaltungsverfahrensgesetz*, abreviada de VwVfG) não apenas uma conferência (*Antragskonferenz*) no §71e, mas também o que se denominava de "procedimento estrela" ou "estelar" (*Sternverfahren*), previsto no §71d, admitindo manifestações concomitantes e coordenadas de todos os órgãos

O problema da importação da nomenclatura italiana ("conferência de serviços") é que essa terminologia é por demais restritiva. Ao mencionar "conferência", limita-se a aplicação do instituto a uma coordenação dos debates, o que, como veremos, não se coaduna com o desenho normativo da legislação brasileira; de outro lado, ao restringir aos serviços públicos, excluem-se as potencialidades do instituto para coordenar outras muitas competências administrativas não relacionadas à prestação de serviço.[53]

Não obstante, como analisaremos a seguir, o formato brasileiro é mais amplo e abrangente, e em muitos aspectos mais detalhado do que esses congêneres estrangeiros. Por isso, em especial no momento inicial de aplicação do instituto, talvez seja inadequada qualquer importação. Melhor parece ser que busquemos desbravar o instituto sem contaminações de outros sistemas jurídicos.

4.1. Finalidade e pressupostos de cabimento

As finalidades precípuas da decisão administrativa coordenada são aumentar a segurança jurídica nos processos administrativos (em consonância com o mandamento do art.30 da LINDB), e também incrementar a eficiência no exercício das competências

públicos envolvidos. Hoje esses dispositivos foram alterados, e deram lugar ao procedimento para atuação unificada (*Verfahren über eine einheitliche Stelle*). Para obter uma autorização ou licença, p. ex., o administrado pode dirigir-se uma vez só à administração pública e os diversos setores e órgãos interagem para responderem de maneira harmônica. De outro lado, o §75 da VwVfG prevê uma outra maneira de concertação entre diversas entidades administrativas para fim de planejamento conjunto de suas atividades, quando suas competências se cruzem em determinada atividade, por exemplo, para a concessão de uma licença.

53. Em Portugal, fala-se em "conferência procedimental", mas ainda assim é uma taxinomia reducionista. Sobre o tema, CORREIA, José Manuel Sérvulo. A conferência procedimental: fontes e opções. *in* SOUSA, Marcelo Rebelo de; PINTO, Eduardo Vera-Cruz (org.). *Liber Amicorum Fausto de Quadros*. Coimbra: Almedina, vol.II, 2016, p.17 ss; SERRÃO, Tiago. A conferência procedimental no Código de Procedimento Administrativo: primeira aproximação. *in* CARVALHO, Ana Celeste de (org.). *O novo Código de Procedimento Administrativo: conferências do CEJ 2014-2015*. Lisboa: Centro de Estudos Judiciários, 2016, p.123 ss.

administrativas (art.37 da Constituição da República; art.2º, *caput*, e art.49-A §5º, ambos da Lei n.9.784/99).

O art.49-A, *caput*, da Lei n.9.784/99 dispõe como pressupostos para a instauração do procedimento que haja justificação da "relevância da matéria", exigindo ainda a "discordância" entre órgãos, setores ou entidades públicas, e que possa prejudicar a *celeridade* do processo decisório. Portanto, parece que a *duração razoável do processo administrativo* (art.5º, LXXVIII da CR/88) também representa um cânone que se desejou implementar por meio deste procedimento de coordenação.

À luz desses pressupostos, ao que parece, o procedimento para decisão administrativa coordenada será útil, e deverá ser observado com maior frequência, no casos de superposição ou interferência das competências administrativas, cenários em que vários órgãos ou instituições/entidades/setores da administração pública direta ou indireta tiverem que analisar e decidir sobre um mesmo tema, sendo que a cognição e decisão de uns possam produzir efeitos que interfiram, total ou parcialmente, na eficácia jurídica de atos administrativos dos demais.[54]

O procedimento afigura-se como relevante também em hipóteses nas quais haja pouca clareza sobre a definição dos limites da competência de cada órgão,[55] zonas cinzentas de redundância de atribuições ou mesmo situações em que, confiando no exercício da competência por outrem, um órgão ou entidade deixe de desempenhar suas próprias funções. Nesses casos, a coordenação de competências pode não só prevenir a prolação de decisões conflitantes, mas também evitar que os ruídos de atribuições e as divergências de entendimento gerem um impasse prático, deixando que a questão fique sem qualquer decisão.

---

54. Eram situações que já de algum tempo reclamavam coordenação administrativa. Ver MACIEL, Caroline Stéphanie Francis dos Santos. Articulação administrativa: por uma reforma cultural da administração pública. *Op.cit.*, p.207.

55. MACIEL, Caroline Stéphanie Francis dos Santos. Articulação administrativa: por uma reforma cultural da administração pública. *Op.cit.*, p.212.

Para destacar apenas alguns exemplos em que essa superposição de competências é visualizada com frequência, podemos citar a regulação e fiscalização do meio ambiente, que sobrepõe diversos órgãos nas três esferas federativas; ou ainda a defesa da concorrência, onde se veem interações complexas entre o Cade, os órgãos ambientais e as agências reguladoras. Aliás, o problema de descoordenação já levou a exigências neste sentido na legislação de regência (art.29 da Lei 13.848/19).

Apesar do grande foco do procedimento ser a coordenação e a celeridade das decisões em cenários de superposição, redundância ou concorrência de competências, com potencial "discordância", é preciso lembrar que segurança jurídica e duração razoável do processo não são os únicos vetores que iluminam o instituto. De acordo com o art.49-A §5º da Lei n.9.784/99, a coordenação pode ser usada também como instrumento de *simplificação* do próprio procedimento decisório, e, portanto, tem escopo mais amplo, ligado à duração razoável e a funcionalidade das formas do processo administrativo.[56]

4.2. Objeto: decisões e articulações prévias (deliberativas, instrutórias e de fomento à participação). Das divisões de competência à comitologia administrativa. Arranjos horizontais e em rede

Em relação ao objeto, uma primeira referência é que as articulações coordenativas das atribuições são espécies de transferência de competências. E essas modificações não significam uma

56. Essa também é a compreensão da conferência procedimental em Portugal. Cf. CORREIA, José Manuel Sérvulo. A conferência procedimental: fontes e opções. *Op.cit.*, p.29. A respeito do formalismo no processo administrativo brasileiro, já se propôs um "formalismo moderado", de ritos e formas simples, com respeito aos direitos dos administrados mas que seja atento para que as formas não sejam um fim em si mesmas. As formalidades processuais devem ser disciplinadas em uma moldura dentro da qual alguma margem de maleabilidade possa ser assegurada (como aliás, sugere o art.2º, parágrafo único, VIII e IX, da Lei n.9.784/99). Sobre o tema, MEDAUAR, Odete. *A processualidade no direito administrativo. Op.cit.*, p.131-133.

renúncia à competência ou a alienação de sua titularidade, mas apenas uma cessão do seu exercício.[57]

De outro lado, as alterações no capítulo XI-A da Lei n.9.784/99 remetem mais diretamente às competências *decisórias*. Sem dúvida a cooperação pode se instalar a fim de coordenar decisões, e esse é seu principal objeto.

No entanto, embora a lei denomine o instituto de "decisão" administrativa coordenada, entendo que o *procedimento* cooperativo possa ser usado não apenas para decisões conjuntas ou concertadas (evitando que órgãos administrativos que sejam chamados a decidir sobre uma questão tomem posicionamentos dissonantes, incoerentes, incompatíveis entre si), mas também para *articulações cognitivas ou deliberativas prévias à tomada de decisão*. Pode ser usado, assim, para instrução conjunta (perícias ou inspeções únicas e coordenadas) ou para a prática de atos de coleta de informações e participação dos interessados (p. ex., consultas ou audiências públicas unificadas).

Outra referência que pode gerar alguma controvérsia diz respeito à dúvida sobre se a coordenação permite algum tipo de

---

57. Essa compreensão é a mesma no campo das delegações de competência, até porque a autoridade delegante mantém a possibilidade de revogar a delegação e praticar o ato. Esse é o motivo pelo qual deve ser rejeitada a tese de Heinrich Triepel de que a delegação seria sempre *translativa* ou *devolutiva*, e levaria à perda da competência do órgão delegante, com o exercício da *própria* competência (não aquela do delegante) pelo delegatário *em nome próprio*. TRIEPEL, Heinrich. *Delegation und Mandat im öffentlichen Recht*. Stuttgart: W. Kohlhammer, 1942, p.23-24, 36-38, 41-42, 51. Em apoio a Triepel, OBERMAYER, Klaus. Zur Übertragung von Hoheitsbefugnissen im Bereich des Verwaltungsbehörden. *Juristen Zeitung*, ano 11, n.20, out., 1956, p.625. Contra o entendimento de Triepel, e em nosso sentir com razão, HEINZ, Karl-Eckhart. Delegation und Mandat: Eine rechts- und verfassungstheoretische Untersuchung. *Der Staat*, ano 36, n.1, 1997, p.498-499. Sobre esse debate, confira-se o nosso CABRAL, Antonio do Passo. *Juiz natural e eficiência processual: flexibilização, delegação e coordenação de competências no processo civil*. São Paulo: RT, 2021, p.371 ss, com amplas indicações bibliográficas. No Brasil, superficialmente, GUIMARÃES, Francisco Xavier da Silva. *Direito processual administrativo: comentários à Lei n. 9.784/99 com alterações da Lei n.11.417/06*. Belo Horizonte: Forum, 2008, p.89; FLORESTANO NETO, Miguel. Da competência administrativa. *Op.cit.*, p.106.

transferência ou *compartilhamento* de competências ou se a finalidade deste procedimento é viabilizar um espaço de encontro, para que as diferentes entidades e órgãos públicos possam dialogar e ao final registrar eventual discordância em ata.

Entendo que limitar o instituto a uma mera agenda de reunião para anotação dos argumentos do debate seria uma interpretação limitada, além de não ter respaldo legal. Por isso, deve-se rejeitar, ainda uma vez, a importação indevida do termo "conferência", usado na Itália (*conferenza di servizi*), que se pretende ver aplicado aqui. A cooperação administrativa brasileira vai muito além de uma mera reunião ou encontro para debates com intervenção concomitante de todos os entes envolvidos. Aliás, para viabilizar simples encontros entre diferentes agentes públicos já há previsão legal antiga (art.8º e 9º do Decreto-lei 200/67), e não se fazia necessária qualquer regra nova.[58]

Nesse sentido, não se podem supervalorizar dispositivos de lei que sugerem que cada entidade, órgão ou setor preservariam suas competências originárias (art. 49-G, VI), ou que cada um dos cooperantes elaboraria documentos com ideias iniciais para o debate "no âmbito de suas respectivas competências" (art. 49-E). Essas regras, *primo ictu oculi*, poderiam sugerir uma permissão para instalar apenas uma discussão conjunta, sem transferência de competências decisórias.

Porém, a abertura do sistema está no art.49-A §5º da Lei n.9.784/99, que elenca a principiologia subjacente ao procedimento de coordenação, dispondo que deverá ser buscada também a *concentração das instâncias decisórias.*

Então, duas conclusões podem ser extraídas da análise da lei a respeito do objeto possível do procedimento. De um lado, a coordenação administrativa pode-se dar para as *competências-meio* (p.

58. Observação do Professor José Vicente Mendonça em webinário "Decisão Administrativa Coordenada", organizado pelo Grupo de Pesquisa Transformações nas Estruturas Fundamentais do Processo, disponível em https://www.youtube.com/watch?v=QY_RMO_b-Kg&t=7564s, acessado em 13/04/2022.

ex. instrutórias), e também para as *competências-fim* (como as decisórias, que encerram o processo administrativo).

De outro lado, o procedimento viabiliza não apenas arranjos de coordenação nos quais exista uma *divisão* de competências, como também articulações consensuais para uma *comitologia administrativa*, que podem levar a *atos colegiados* interinstitucionais e interorgânicos, com manifestação de vontade *única*, externada de maneira conjugada por maioria ou outra forma de deliberação qualificada entre os vários envolvidos (os arts.49-A e seguintes não pressupõem consenso ou unanimidade).[59]

Portanto, além das divisões de tarefas, podem levar a um *compartilhamento de competências*. Observe-se que o art. 49-A §1º, da Lei n.9.784/99 dispõe que os cooperantes participarão *concomitantemente* e de *forma compartilhada*.[60]

---

59. Essa é a interpretação das possibilidades existentes na conferência procedimental em Portugal. Confira-se, por todos, CORREIA, José Manuel Sérvulo. A conferência procedimental: fontes e opções. *Op.cit.*, p.23. Já o §75 da lei da VwVfG alemã prevê um procedimento com formato diverso. Pelo planejamento conjunto, ocorre algo parecido como uma fusão das unidades administrativas envolvidas para os fins pontuais de praticarem o ato decisório conjunto. Os diversos órgãos passam a deliberar por meio de um deles, que processa as informações, recebe *inputs* dos demais e decide. Seu ato decisório *substitui* aqueles que seriam praticados isoladamente por cada uma das entidades ou dos órgãos compuseram o colegiado. Fala-se, a propósito, de um "efeito de concentração" (*Konzentrationswirkung*), que pode levar à absorção da competência de uma autoridade por outra. Mas a autoridade de processamento deve considerar os padrões que a outra autoridade utilizaria dentro da sua competência. Por exemplo, ao decidir acerca de uma licença de construção, a autoridade responsável consideraria não apenas a regulação do direito de construir, mas outras disposições sobre a proteção do patrimônio histórico. Por ocorrer ainda que uma autoridade local considere em sua fiscalização questões que ordinariamente estariam fora de seu território para fins de empreender uma análise mais abrangente, p. ex. regional e não apenas local. Confira-se sobre o procedimento, WOLFF, Hans J.; BACHOF, Otto; STOBER, Rolf; KLUTH, Winfried; PEILERT, Andreas. *Verwaltungsrecht. Op.cit.*, p.261, 372 ss.

60. Quando se fala de um compartilhamento de competências, o ato praticado em conjunto concentra as competências e substitui os atos que seriam praticados com base nas competências isoladas de cada um dos órgãos ou entidades envolvidos. Confira-se, a respeito, para o ordenamento português, SERRÃO, Tiago. A conferência procedimental no Código de Procedimento Administrativo: primeira aproximação.

Esses novos arranjos são *não hierárquicos* (não correspondem à lógica tradicional das delegações e avocações), e *estruturados em rede,* vale dizer, são horizontais e de reforço mútuo (como uma teia).[61]

Uma última observação neste tópico. Claro que coordenação ou compartilhamento de competências não podem levar a que os entes ou órgãos que transferem atribuições possam se eximir do controle e responsabilidade, que devem ser repartidos entre os cooperantes, como dispõe expressamente o art.49-A § 4º da Lei n.9.784/99. Para compreender como fica a responsabilidade entre a competência originária, exercida isoladamente, e a competência exercida de maneira compartilhada, podemos nos valer da riqueza das discussões sobre autoridade coatora em mandado de segurança em casos de delegação de competência ou em atos complexos etc, na qual a jurisprudência já enfrentou e pacificou importantes parâmetros nessa temática.[62]

Op.cit., p.129-130. Na Alemanha, WOLFF, Hans J.; BACHOF, Otto; STOBER, Rolf; KLUTH, Winfried; PEILERT, Andreas. *Verwaltungsrecht. Op.cit.*, p.378-380. Essas conclusões não são nada pitorescas ou infensas ao sistema jurídico brasileiro, até porque a evolução do estudo das delegações de competência apontava para a admissibilidade, com base no art.12 da Lei n.9.784/99, de delegações de competência para órgãos fora da estrutura hierárquica (não subordinados), com possibilidade de o delegante ressalvar o exercício concomitante da competência (FERRAZ, Sérgio; DALLARI, Adilson Abreu. *Processo administrativo. Op.cit.*, p.144), o que sem dúvida é um resultado muito parecido com a proposta de comitês ou colegiados para exercício simultâneo de competências.

61. A respeito das articulações administrativas em rede, PIRES, Maria Coeli Simões. Esgotamento do modelo de desenvolvimento excludente no Brasil e ressemantização das atividades de planejamento e articulação governamentais à luz do paradigma democrático. *in* MODESTO, Paulo (org.). *Nova organização administrativa brasileira.* 2. ed. Belo Horizonte: Fórum, 2010, p.186 ss; MACIEL, Caroline Stéphanie Francis dos Santos. Articulação administrativa: por uma reforma cultural da administração pública. *Op.cit.*, p.203 ss. Sobre a horizontalidade como característica dos esforços de integração e cooperação de entes governamentais, cf. KEAST, Robin; BROWN, Kerry; MANDELL, Myrna. Encontrando a combinação certa: decifrando significados e estratégias de integração. *Op.cit.*, p.317 ss; WOLFF, Hans J.; BACHOF, Otto; STOBER, Rolf; KLUTH, Winfried; PEILERT, Andreas. *Verwaltungsrecht. Op.cit.*, p.201.

62. Por exemplo, o Supremo Tribunal Federal, no enunciado n.510 de sua súmula, afirma que o mandado de segurança pode ser dirigido contra a autoridade delegatária de função pública, quando o ato ilegal for praticado no exercício de competência

4.3. Características dos arranjos competenciais. Transitoriedade, contingencialidade e especificidade (referibilidade fática). Efeito prático do insucesso da articulação cooperativa

Como o procedimento de coordenação é instaurado casuisticamente, a articulação competencial ali formada não é perene, e por isso não tem o condão de alterar as normas de competência.[63]

O procedimento, portanto, produz interações administrativas que têm como características a especificidade ou referibilidade fática àquela hipótese concreta. Por esse motivo, é contingente e necessariamente contextual. Pode ser que, entre os mesmos setores, órgãos, entidades ou instituições, em outro momento, não seja útil ou necessária a coordenação; e mesmo se o for, é possível que, em outro procedimento de decisão coordenada, os arranjos competenciais (p.ex. divisão de atribuições) formatem uma interação diversa daquela anteriormente estruturada.

Por outro lado, deve-se deixar assentado que as transferências e modificações de competência entre os sujeitos participantes são transitórias e revogáveis mediante consenso mútuo. Não são perenes, definitivas.[64] O que se coordena é o *exercício* das competências, e este é sempre episódico, enquanto durar a articulação coordenativa.

Por derradeiro, deve-se lembrar que é possível que, ao final da interação destinada a coordenar as atividades administrativas, os diversos órgãos, setores ou entidades não se entendam a respeito

delegada. No caso de órgão colegiado, entende-se tratar-se do próprio colegiado, representado judicialmente por seu presidente. STJ – RMS 40367-MG, rel. Min. Mauro Campbell Marques, j.06/08/2013.

63. Sobre a diferença entre competência e norma de competência, CABRAL, Antonio do Passo. *Juiz natural e eficiência processual: flexibilização, delegação e coordenação de competências no processo civil.* São Paulo: RT, 2021, p.135 ss.

64. Essa é a mesma lógica das delegações de competência. Sobre o tema, MARRARA, Thiago. Competência, delegação e avocação na lei de processo administrativo. *Op.cit.*, p.253-254.

do caminho que deva ser seguido. O procedimento resultará mal sucedido na empreitada de coordenação das diversas funções que os envolvidos deverão exercer.

Mas esse insucesso não significa um resultado equivalente ao ato administrativo conformativo da situação inversa, no sentido negativo ao que se pretendia com a cooperação.[65] A frustração da interação colaborativa faz com que os envolvidos voltem normalmente a exercer suas competências de maneira isolada, podendo ou não coordenar-se com outras formas de articulação, ao fim das quais decidirão normalmente no âmbito de suas competências. O resultado poderá ou não coincidir com o que se pretendia obter pelo procedimento de decisão coordenada.

4.4. Sujeitos da interação cooperativa

O processo administrativo é uma interação entre diversos sujeitos. Embora exista controvérsia sobre se há verdadeiramente "partes" ou apenas interessados no processo administrativo,[66] não se duvida que a administração pública é sempre um desses sujeitos.[67] Para os fins deste estudo, cabe analisar quem seriam os sujeitos da interação cooperativa prevista nos arts.49-A e seguintes da Lei n.9.784/99.

Pois bem, o procedimento aqui estudado destina-se a disciplinar a cooperação entre os setores, órgãos, entidades ou instituições *públicas*. É uma articulação de competências *administrativas*, e estas só são exercidas por agentes públicos e imputáveis à pessoa

---

65. CORREIA, José Manuel Sérvulo. A conferência procedimental: fontes e opções. *Op.cit.*, p.43.

66. Sobre o tema, CRETELLA JR., José. *Prática do processo administrativo. Op.cit.*, p.54.

67. Frequentemente a administração pública assumirá as funções de parte (aquele que provoca a instauração do processo e cujos bens ou interesses estão em jogo), e a função de julgador (sujeito que vai decidir a matéria com imparcialidade). Esse "duplo caráter", de interessado e julgador, é salientado por muitos autores. Por todos, CRETELLA JR., José. *Prática do processo administrativo. Op.cit.*, p.52-53.

jurídica de direito público e seus órgãos.[68] Com a provocação de um deles, para que haja cooperação, todos têm o dever de participar e ao menos engajar-se nessa tentativa de coordenação de suas atividades. Não é possível recusar ao menos a interlocução para tratativas a fim de estabelecer a coordenação.[69]

De outro lado, essa articulação cooperativa pode ser *interinstitucional*, envolvendo entidades ou instituições diversas; pode ser *interorgânica,* quando envolver unidades dentro de uma mesma pessoa jurídica, p. ex. entre *diferentes órgãos* de um ministério,[70] e pode até ser *intersetorial*, como prevê o art. 49-A, §1º.[71]

Entendo ainda que a pluralidade de sujeitos pode levar a interações *interfederativas* coordenadas, o que pode ser extremamente útil em campos onde a regulação e fiscalização tenham camadas regulativas com competências decisórias pulverizadas entre esferas federativas diversos (direito do consumidor, meio ambiente etc). Evidentemente, a administração pública estadual e municipal

68. Entidade é a "unidade de atuação dotada de personalidade jurídica", órgão é "a unidade de atuação integrante da estrutura da Administração direta e da estrutura da Administração indireta", e autoridade é o "agente público dotado do poder de decisão" (art.1º §2º da Lei n.9.784/99), o sujeito a quem atribuída a competência administrativa para decidir, conceito que, em sentido amplo, compreende os servidores públicos e aqueles que não possuem cargo público, mas investidos de função pública com atribuição decisória. Por todos, CARVALHO FILHO, José dos Santos. *Processo administrativo federal. Op.cit.*, p.49.

69. Essa é a interpretação que se tem extraído do instituto similar do direito português, que tem regra expressa na lei a respeito. Cf. CORREIA, José Manuel Sérvulo. A conferência procedimental: fontes e opções. *Op.cit.*, p.19; SERRÃO, Tiago. A conferência procedimental no Código de Procedimento Administrativo: primeira aproximação. *Op.cit.*, p.141.

70. Embora não haja relação jurídica entre órgãos, por se tratar de corpos pertencentes a uma mesma pessoa, suas interações podem levar a decisões conflitantes, e a coordenação surge como caminho natural. MODESTO, Paulo. Autovinculação convencional da administração pública: o contrato de gestão no interior da administração pública brasileira. *Op.cit.*, p.184-197.

71. Nesse sentido, antes da alteração da Lei n.9.784/99, MACIEL, Caroline Stéphanie Francis dos Santos. Articulação administrativa: por uma reforma cultural da administração pública. *Op.cit.*, p.205.

dependem de previsões específicas em suas legislações para que possam se engajar nesse compartilhamento de competências. Ainda assim, na omissão de lei estadual, talvez possa ser aplicada a Lei n.9.784/99 como moldura normativa geral.[72]

Outro ponto em certa medida indecifrável na análise das alterações legais à Lei n.9.784/99 é a razão pela qual o art.49-A menciona que os sujeitos cooperantes deveriam ser em número mínimo de três. Essa previsão não faz nenhum sentido. Sem embargo, se há "divergência" que possa prejudicar a "celeridade", e se o objetivo do procedimento é que a coordenação aumente a segurança jurídica e a eficiência decisória no processo administrativo, por que não seria possível cooperar e coordenar a atuação de apenas dois órgãos? Entendo que essa possibilidade parece ser totalmente cabível.

4.5. Alguns aspectos procedimentais

A novidade do instituto, somada a algumas deficiências na redação de alguns dispositivos legais, conduz a certas perplexidades sobre determinados aspectos do procedimento a ser seguido.

O procedimento começa de ofício, por provocação de algum dos órgãos ou entidades cujas competências se cruzam de alguma maneira e devam ser coordenadas na prática.[73] A lei menciona a publicação de um "instrumento convocatório", que deve definir objeto da atuação coordenada, até porque essa definição inicial irá

---

72. Muito se debate sobre o espetro de aplicação da Lei n. 9.784/99. Aplicável à administração pública federal (art. 1º), é polêmica sua incidência para outros entes federativos. Mesmo assim, ainda que não diretamente aplicável, a doutrina entende que a lei federal ao menos fornece parâmetros interpretativos. Cf. FERRAZ, Sérgio; DALLARI, Adilson Abreu. *Processo administrativo. Op.cit.*, p.30-32.

73. Como mencionado a seguir, houve veto presidencial ao art.49-C § 2º da lei. Esse dispositivo vetado previa a forma de deflagração do procedimento. O objetivo do veto foi impedir que o administrado pudesse provocar, e acabou retirando do texto legal qualquer menção à forma de instauração. Entendo que, a despeito do veto, a possibilidade de articulação oficiosa possa ser inferida de outros pontos da regulação da decisão administrativa coordenada.

vincular a deliberação (art. 49-F, parágrafo único) e eventualmente a decisão (art. 49-G, III, IV).

Assim como previsto legalmente para a delegação de competência, parece-me que o instrumento convocatório deve ainda indicar os motivos que justificam o procedimento (demonstrando estarem presentes os seus pressupostos legais), identificando ainda quais são as competências que se pretendem ver coordenadas.

Questão importante talvez seja ainda que o procedimento desde logo estabeleça quais serão as autoridades responsáveis por apreciar recursos contra atos administrativos praticados em razão da concertação, pois diante da articulação entre entidades/órgãos/setores variados, às vezes vinculadas a pessoas jurídicas diversas e de diferentes esferas federativas, é preciso apontar ao administrado a quem deverá dirigir suas impugnações, sob pena de, na pendência da coordenação, haver um indesejável aumento de insegurança jurídica.[74]

Houve veto presidencial ao art.49-C, que definia que a convocação deveria partir da autoridade administrativa de mais alto nível hierárquico, e nas razões de veto aduziu-se que tal previsão deixaria a iniciativa para deflagração demasiadamente indeterminada. Bom, na ausência de regra expressa, parece que a questão hierárquica é irrelevante, podendo a convocação partir de qualquer entidade, órgão ou setor. De todo modo, do desenho legal do procedimento, vê-se que a autoridade que convocar e deflagrar o procedimento funcionará, nos atos subsequentes, como uma espécie de "relator" ou porta-voz, p. ex. deferindo pedidos de participação dos interessados.

Aliás, outro ponto que tem gerado controvérsia é a forma com que se daria a participação dos administrados. Ao contrário de

74. Essa preocupação já era lembrada pela doutrina do direito administrativo no caso de delegações de competências. Por todos, CARVALHO FILHO, José dos Santos. *Processo administrativo federal. Op.cit.*, p.130-132, 341-342.

outros países,[75] o desenho normativo do procedimento de decisão coordenada no Brasil não previu um direito do administrado de participar, até em razão do veto presidencial ao art.49-C § 2º, que disciplinava, ao lado da convocação de ofício do procedimento, sua instauração por provocação de permissionários/concessionários ou por qualquer interessado. Nas razões do veto, entendeu-se que permitir um direito do administrado de provocar essa coordenação representaria uma interferência no funcionamento dos órgãos públicos.[76]

Dentre os poucos autores que abordaram o tema no Brasil antes das alterações promovidas pela Lei n.14.210/2021 à Lei n.9.784/99, Schwind defendia um direito do administrado de provocar a instauração do procedimento de decisão coordenada, que teria base normativa no direito de petição (art.5º, XXXIV, "a" da Constituição da República).[77] Aliás, a própria Lei n. 9.784/99, em seu art.5º, dispõe que o processo administrativo pode se iniciar de ofício ou a requerimento do interessado.

Porém, ao disciplinar a deflagração do procedimento de coordenação, a opção legislativa não foi essa, partindo-se da pressuposição de que a escolha pela articulação cooperativa deveria ficar no âmbito da conveniência e oportunidade da administração. Criticável ou não, *legem habemus*. Não há direito do administrado de iniciar a cooperação, e a participação dos interessados no

75. Por exemplo, Portugal, *ex vi* art.80, n.1, do Código de Procedimento Administrativo. Na doutrina, SERRÃO, Tiago. A conferência procedimental no Código de Procedimento Administrativo: primeira aproximação. *Op.cit.*, p.143.

76. Expresso aqui minha discordância com o veto, que me parece contrário ao espírito do nosso tempo, pois a processualidade na administração pública também finalidades de controle da administração e de aproximar o Poder Público dos cidadãos. Nesse sentido, sobre essa função do processo administrativo em geral, MEDAUAR, Odete. *A processualidade no direito administrativo. Op.cit.*, p.64-67, 70, 72-74.

77. No Brasil, defendendo a aplicabilidade da disciplina da conferência de serviços italiana, onde se admite instauração a requerimento do interessado, SCHWIND, Rafael Wallbach. Processo administrativo em evolução. *Op.cit.*, p.49-51.

procedimento será apenas na condição de "ouvinte" (art. 49-B), com direito a voz (manifestar-se por escrito ou oralmente).

Os interessados serão intimados na forma do art.26 da Lei n.9.784/99, e sua admissão no procedimento estará submetida à discricionariedade da autoridade que conduz a interlocução cooperativa, considerada aquela que foi responsável pela convocação do procedimento. As solicitações dos interessados para atuarem como ouvinte devem ser direcionadas a esta autoridade (art. 49-B, parágrafo único).

Ao final do procedimento, as deliberações e eventuais decisões serão registradas em ata (art.49-G da Lei n.9.784/99). A ata funciona ao mesmo tempo com função de documentação, a fim de consolidar as trocas de informações, os itens pautados para discussão, os argumentos aduzidos pelos participantes, as orientações, diretrizes de atuação, soluções propostas, mas também cumpre o papel de uma espécie de acórdão, contendo as específicas manifestações de vontade de conteúdo decisório, das diversas entidades, instituições, órgãos ou setores.

As decisões ali tomadas, seguindo a regra geral do processo administrativo, devem ser motivadas e publicadas (art.49-G §3º). A motivação da ata pode ser modificada ou complementada até a sua assinatura (art.49-G §1º).

4.6. Limites. Inadequação das balizas expressas da Lei n. 9.784/99

Os limites estabelecidos para os procedimentos de coordenação de competências são relevantes porque evitam usurpação de funções por particulares, e restringem a atuação indevida de outros órgãos e agentes públicos incompetentes, que poderiam agir em abuso ou excesso de poder. Identificar os limites para essas articulações significa reconhecer espaços em que não se admite a flexibilidade das competências administrativas.

As alterações da Lei n.9.784/99 foram de terrível imprecisão técnica e não auxiliam o intérprete na análise das restrições às modificações e transferências de competências pelo procedimento de coordenação. Por exemplo, a lei dispõe que não poderá haver decisão coordenada em matéria de licitação (art.49-A § 6º, I), o que não parece fazer sentido. Afinal de contas, como previsto no sistema de registro de preços, órgãos e entidades não participantes da licitação podem aderir e aproveitar a licitação realizada por outras entidades.[78] Essa atuação é própria da lógica de conjugação e coordenação de esforços. Por que não poderiam ser coordenadas pelo procedimento da Lei n.9.784/99 procedimentos licitatórios?

A lei afirma ainda que não é possível haver decisão coordenada quando o procedimento diga respeito ao desempenho de poder sancionador (art.49-A § 6º, II). Ora, também não há qualquer cabimento dessa regra, que vai na contramão de outros dispositivos legais do sistema jurídico brasileiro. Por exemplo, a Lei de Introdução às Normas do Direito Brasileiro prevê a interferência das sanções aplicadas em um determinado processo administrativo na cognição a respeito de outras sanções que possam ser cogitadas para o mesmo fato em outro processo de natureza administrativa (art.22 §3º da LINDB). Se assim é, por que as autoridades administrativas que conduzem tais procedimentos não poderiam se coordenar, visualizando a pendência de outra sede onde sanções concorrentes poderiam ser impostas ao administrado com redundância?

Cabe mencionar ainda as alterações da Lei n.14.230/21 à lei de improbidade administrativa, posteriores às mudanças da Lei n.9.784/99, e que hoje preveem a interface entre diversos órgãos administrativos no procedimento da ação de improbidade, a fim de que a imposição de sanções e a fixação dos valores a serem ressarcidos não sejam incoerentes. Vejam-se os arts.15, 17-B, §3º; 17-C, V; 18-A; 21, §§1º e 2º, todos da Lei n.8.429/92, que impõem a consideração de atos praticados por órgãos de controle, ou o

78. A "adesão" no sistema de registro de preços foi regulamentada originalmente pelo Decreto federal n.3.931, de 19 de setembro de 2001, atualmente normatizada nos arts.2º, V, e 22, ambos do Decreto federal n.7.892, de 23 de janeiro de 2013.

cômputo de sanções e valores definidos em outra sede diferente da ação judicial de improbidade administrativa. Essas normas exigem articulações entre Ministério Público, Controladorias e Tribunais de Contas, por exemplo. Sendo assim, não é possível justificar-se uma norma como a do art.49-A § 6º, II, da Lei n.9.784/99, que pretende isolar as autoridades de processos administrativos sancionadores, quando a lógica do sistema é justamente de coordenação.

Por fim, também o inciso III do art.49-A § 6º parece em contradição clara com outros pontos do sistema jurídico ao vedar a decisão coordenada quando estejam envolvidas autoridades de Poderes distintos.

Porque imbricados na teoria da competência, há uma clara aproximação do tema da cooperação entre entidades e órgãos administrativos com a cooperação judiciária (art.67-69 do CPC). Essa proximidade é ainda mais relevante porque os juízes não apenas praticam atos de natureza jurisdicional, mas também exercem atividade administrativa no campo da organização judiciária. Pois bem, tanto em relação à cooperação judiciária para a prática de atos administrativos, quanto àquela destinada ao desempenho de funções jurisdicionais, pode haver cooperação *interinstitucional* (arts.1º, II, 15 e 16, todos da resolução n. 350/2020 do Conselho Nacional de Justiça, que regulamenta o CPC na matéria), que é aquela modalidade de cooperação em que, numa ponta da interação encontra-se um órgão judiciário, e em outra uma entidade ou órgão público, ou ainda instituições privadas.

Observa-se, então, que o sistema jurídico brasileiro já abarca a possibilidade de decisões administrativas coordenadas entre Executivo e Judiciário, pelo que a limitação do art.49-A § 6º parece ser despida de qualquer sentido.

Portanto, como adiantamos, vê-se que a redação atécnica do art.49-A § 6º da Lei n.9.784/99 leva à *inaplicabilidade* de *todas as restrições* ali previstas.

De outro lado, se os limites ao procedimento de decisão coordenada devem ser buscados no sistema normativo, em parte poderiam ser tomados de empréstimo das restrições legais à delegação de competências (art.13 da Lei n.9.784/99). No entanto, parece-me que as restrições à decisão administrativa coordenada não podem ser totalmente colhidas desta disciplina, até porque algumas restrições à delegação de competências não incidiriam no âmbito da decisão coordenada. Por exemplo, é possível coordenar para a edição de atos normativos, e é também admissível que se o faça para a definição de atribuição para apreciação de recursos administrativos.[79]

Não obstante, o art.13, III, ao vedar delegação de competências exclusivas parece ser aplicável à coordenação da qual resulte transferência dessas atribuições, pois o legislador quis imputá-las privativamente a algum órgão ou entidade. Todavia, mesmo no campo das competências exclusivas, se a coordenação se der de maneira a preservar a competência originária do órgão ou entidade pública, p. ex. dividindo tarefas (sem transferi-las), parece possível que ainda assim seja possível o procedimento de atuação coordenada. Em suma, nas competências exclusivas ou privativas, a coordenação pode ser apenas para dividir, mas não para transferir o exercício da competência.

5. CONCLUSÃO

Nosso objetivo neste texto foi trazer apenas algumas reflexões iniciais sobre a decisão administrativa coordenada e seu procedimento, em especial no quadro dos arranjos possíveis de competências estatais.

Após analisar o instituto e alguns aspectos do seu desenho normativo, podemos deixar assentado que a articulação de competências estatais é um tema do nosso tempo, e pressupõe o abandono de antigos dogmas na teoria da competência.

---

79. Ao estudar-se a avocação de competências, alguns autores lembram que o instituto pode suprimir recursos administrativos hierárquicos, reduzindo o duplo grau. Nesse sentido, MARRARA, Thiago. Competência, delegação e avocação na lei de processo administrativo. *Op.cit.*, p.259-260. Esse pode ser um norte aplicável também à decisão coordenada.

Temos hoje, em nome da eficiência, um sistema de competências mais flexível, dinâmico e adaptável, com possibilidades de interações competenciais diferentes da delegação e da avocação.

São articulações não hierárquicas e em rede, que podem ser úteis para que as decisões em processo administrativos sejam coerentes, incrementando a segurança jurídica para os administrados ao mesmo tempo em que viabilizam a tomada de decisão administrativa em um processo mais sofisticado e eficiente, com instrumentos de simplificação e harmonização das competências de diversas entidades e órgãos públicos, em casos em que sua atividade isolada pudesse levar a resultados conflitantes e contraditórios, quando não a impasses decisórios, em prejuízo dos interesses públicos envolvidos.

A coordenação das atividades administrativas abrange a divisão de tarefas e a transferência coordenada de funções (compartilhamento de competências), podendo ser usado para o exercício simultâneo e concomitante de atribuições instrutórias, deliberativas e decisórias. Contra aquela administração pública de órgãos estanques, isolados e que não interagem, nossa legislação aposta em mecanismos contemporâneos de uma verdadeira comitologia decisória no processo administrativo.

Cabe à doutrina e à jurisprudência agora analisarem o instituto dentro dessa perspectiva, a fim de extrair dos dispositivos legais os melhores resultados para o direito público brasileiro.

REFERÊNCIAS BIBLIOGRÁFICAS

BAPTISTA, Patrícia. *Transformações do direito administrativo.* 2 ed. Rio de Janeiro: Lumen Juris, 2018.

BINENBOJM, Gustavo. *Uma teoria do direito administrativo.* Rio de Janeiro: Renovar, 2006.

CABRAL, Antonio do Passo. *Juiz natural e eficiência processual: flexibilização, delegação e coordenação de competências no processo civil.* São Paulo: RT, 2021.

CARVALHO FILHO, José dos Santos. *Processo administrativo federal.* 4. ed. Rio de Janeiro: Lumen Juris, 2009.

CAVALCANTI, Themístocles Brandão. *Teoria dos atos administrativos.* São Paulo: RT, 1973.

CORREIA, José Manuel Sérvulo. A conferência procedimental: fontes e opções. *in* SOUSA, Marcelo Rebelo de; PINTO, Eduardo Vera-Cruz (org.). *Liber Amicorum Fausto de Quadros.* Coimbra: Almedina, vol.II, 2016.

CRETELLA JR., José. *Prática do processo administrativo.* 8. ed. São Paulo: RT, 2010.

FERRAZ, Sérgio; DALLARI, Adilson Abreu. *Processo administrativo.* 2. ed. São Paulo: Malheiros, 2007.

FLORESTANO NETO, Miguel. Da competência administrativa. *in* FIGUEIREDO, Lúcia Valle (coord.). *Comentários à lei federal de processo administrativo.* 2 ed. Belo Horizonte: Forum, 2008.

GARCÍA DE ENTERRÍA, Eduardo; RAMÓN-FERNÁNDEZ, Tomás. *Curso de Derecho Administrativo.* 2. ed., Madri: Civitas, vol.1, 1990.

GUIMARÃES, Francisco Xavier da Silva. *Direito processual administrativo: comentários à Lei n. 9.784/99 com alterações da Lei n.11.417/06.* Belo Horizonte: Forum, 2008.

HEINZ, Karl-Eckhart. Delegation und Mandat: Eine rechts- und verfassungstheoretische Untersuchung. *Der Staat,* ano 36, n.1, 1997.

JUSTEN FILHO, Marçal. *Curso de Direito Administrativo.* 4 ed. São Paulo: Saraiva, 2009.

KEAST, Robin; BROWN, Kerry; MANDELL, Myrna. Encontrando a combinação certa: decifrando significados e estratégias de integração. Revista do Serviço Público, vol. 63, n. 3, 2014.

MACIEL, Caroline Stéphanie Francis dos Santos. Articulação administrativa: por uma reforma cultural da administração pública. Revista de Direito Administrativo, vol. 280, n. 1, mai-ago., 2021.

MARRARA, Thiago. Competência, delegação e avocação na lei de processo administrativo. *in* NOHARA, Irene Patrícia; MORAES FILHO, Marco Antonio Praxedes de (org.). *Processo administrativo: temas polêmicos da Lei n. 9.784/99.* São Paulo: Atlas, 2011.

MAURER, Hartmut. *Allgemeines Verwaltungsrecht.* 16. ed. München: C.H.Beck, 2006.

MEDAUAR, Odete. *A processualidade no direito administrativo.* 2. ed. São Paulo: RT, 2008.

MEIRELLES, Hely Lopes. *Direito Administrativo Brasileiro.* 26. ed. São Paulo: Malheiros, 2001.

MELO, Celso Antônio Bandeira de. *Curso de Direito Administrativo.* 12. ed., São Paulo: Malheiros, 2000.

MODESTO, Paulo. Autovinculação convencional da administração pública: o contrato de gestão no interior da administração pública brasileira. *in* VALE, Luís Manoel Borges do; OLIVEIRA, Rafael Carvalho Rezende (org.). *Por uma teoria dos precedents administrativos.* Salvador: Juspodivm, 2022.

___________. Autovinculação da administração pública. Revista Brasileira de Direito Público, vol. 8, n. 29, abr-jun., 2010.

MOREIRA, Egon Bockmann. Breves notas sobre a decisão coordenada, disponível em https://www.jota.info/opiniao-e-analise/artigos/breves-notas-sobre-a-decisao-coordenada-04102021, acessado em 29/03/2022.

___________. *Processo administrativo.* 4. ed. São Paulo: Malheiros, 2010, p.351-352.

OBERMAYER, Klaus. Zur Übertragung von Hoheitsbefugnissen im Bereich des Verwaltungsbehörden. *Juristen Zeitung,* ano 11, n.20, out., 1956.

OLIVEIRA, Régis Fernandes. *Delegação e avocação administrativa.* 2. ed. São Paulo: RT, 2005.

ORTOLAN, Marcelo Augusto Biehl. Reforma administrativa, infraestruturas e instrumentos de gestão interfederativa de serviços públicos. Fórum Administrativo, ano 15, n. 175, set. 2015.

PIRES, Maria Coeli Simões. Esgotamento do modelo de desenvolvimento excludente no Brasil e ressemantização das atividades de planejamento e articulação governamentais à luz do paradigma democrático. *in* MODESTO, Paulo (org.). *Nova organização administrativa brasileira.* 2. ed. Belo Horizonte: Fórum, 2010.

PIRES, Maria Coeli Simões; COSTA, Mila Batista Leite Corrêa da; CORDEIRO, Caio B.; CARDOSO, José Luiz F. Conferência de serviços: reflexões e perspectivas para a construção de um novo instrumento de governança democrática. *in Anais do V Congresso Consad de Gestão Pública.* Brasília: Conselho Nacional de Secretários de Estado da Administração, 2012.

RAGAZZO, Massimo. La conferenza di servizi: esiti della riforma ex lege n. 15/2005 e novità giurisprudenziali. *LexItalia.it - Rivista Internet di diritto pubblico*, n. 3, 2002, disponível em http://www.lexitalia.it/articoli/ragazzo_conferenza.htm, acessado em 01/04/2022.

SCHIRATO, Vitor Rhein. As partes do processo administrativo: os papéis da Administração Pública na Lei Federal de Processos Administrativos. Revista de Direito Administrativo e Constitucional, ano 11, n.46, out-dez, 2011.

__________. O processo administrativo como instrumento do Estado de Direito e da democracia. *in* MEDAUAR, Odete; SCHIRATO, Vitor Rhein (org.). *Atuais rumos do processo administrativo.* São Paulo: RT, 2010.

SCHNEIDER, Jens-Peter. Strukturen und Typen von Verwaltungsverfahren. *in* HOFFMANN-RIEM, Wolfgang; SCHMIDT-ASSMANN, Eberhard; VOSSKUHLE, Andreas (org.). *Grundlagen des Verfahrensrechts.* München: C.H.Beck, vol.II, 2008.

SCHWIND, Rafael Wallbach. Processo administrativo em evolução. *Fórum Administrativo,* ano 14, n.155, jan., 2014.

SERRÃO, Tiago. A conferência procedimental no Código de Procedimento Administrativo: primeira aproximação. *in* CARVALHO, Ana Celeste de (org.). *O novo Código de Procedimento Administrativo: conferências do CEJ 2014-2015.* Lisboa: Centro de Estudos Judiciários, 2016.

SILVA, Vasco Manuel Pascoal Dias Pereira da. *Em busca do ato administrativo perdido.* Coimbra: Almedina, 1996.

TRIEPEL, Heinrich. *Delegation und Mandat im öffentlichen Recht.* Stuttgart: W. Kohlhammer, 1942.

WOLFF, Hans J.; BACHOF, Otto; STOBER, Rolf; KLUTH, Winfried; PEILERT, Andreas. *Verwaltungsrecht.* vol.2. 6. ed. München: C.H.Beck, 2000.

4

DECISÃO COORDENADA: EXPERIMENTAÇÃO ADMINISTRATIVA PROCESSUAL

PAULO MODESTO

Professor de Direito Administrativo da Universidade Federal da Bahia. Presidente do Instituto Brasileiro de Direito Público. Membro do Ministério Público da Bahia, da Academia de Letras Jurídicas da Bahia e do Conselho Científico da Cátedra de Cultura Jurídica da Universidade de Girona (Espanha). Diretor da Revista Brasileira de Direito Público. Conselheiro Técnico da Sociedade Brasileira de Direito Público. Membro do Conselho de Pesquisadores do Instituto Internacional de Estudos de Direito do Estado. Doutorando em Direito Público pela Universidade de Coimbra. Colunista do Conjur. Ex-Assessor Especial do Ministério da Administração Federal e Reforma do Estado do Brasil. Editor do site www.direitodoestado.com.br.

O processo administrativo – além da função primária de explicitar a *ordem, a forma, os ônus e as garantias exigidas para a válida e eficaz produção de decisões administrativas*, e constituir situações jurídicas subjetivas à luz do contraditório (processos restritivos e ampliativos) ou da participação administrativa (processos cívicos ou normativos) – cumpre funções secundárias em sede de *organização administrativa.*

As funções secundárias a este respeito dizem menos sobre a *sequência* de atos e fatos processuais e mais sobre a *arquitetura* (ou estrutura) dos processos administrativos. Processos administrativos podem ser simples (unissetoriais) ou complexos (plurissetoriais ou plurinstitucionais), assíncronos ou síncronos, bipolares ou poligonais, isolados ou conexos a outros processos. Em expressão de síntese: os processos administrativos apresentam a função de servir de *referente da organização administrativa.*[1]

A arquitetura dos processos administrativos definirá se a decisão será singular ou colegial, envolvente de órgãos de pessoas administrativas diversas (*relações interadministrativas*) ou da mesma pessoa jurídica (*relações interorgânicas*). Forte nessa perspectiva, Sabino Cassesse definia o processo como o *aspecto dinâmico da organização administrativa.*[2]

O processo administrativo atende a *funções organizativas e seletivas dos intervenientes e dos interesses objetivos em causa:* programa os órgãos intervenientes (legitimados e interessados), o tempo, o lugar e a qualidade da intervenção, e o modo de filtragem e ponderação dos interesses que serão admitidos como relevantes para a tomada de decisão.

As *funções organizativas e seletivas* explicam a razão pela qual é comum nas leis de organização administrativa a presença de disposições processuais, atinentes ao modo de coordenação, colaboração e articulação das diversas unidades do aparato administrativo.

---

1. Sobre o tema escrevo desde 1998 (conferência sobre contrato de gestão no SBDP, em 14.09.1998), com incremento a partir de 2009: cf. Legalidade e autovinculação da Administração Pública: pressupostos conceituais do contrato de autonomia no anteprojeto da nova lei de organização administrativa, in: MODESTO, Paulo (org.) Nova Organização Administrativa, 1ª.Ed, Minas Gerais, Forum, 2009,p.113-169; 2ª.ed,p.115-174), disponível em https://www.academia.edu/45494341; MODESTO, Paulo. A Hora e a Vez das Relações Interorgânicas, in: Revista Colunistas, n. 296, 09/11/2016, https://bit.ly/rel-interorganicas ; idem, Silêncio Administrativo Positivo, Negativo e Translativo: a omissão estatal formal em tempos de crise. Revista Colunistas de Direito do Estado, 22/12/2016, em https://bit.ly/silencio-organizacaoadm.
2. CASSESSE, Sabino. Las bases del derecho administrativo. Trad. Luis Ortega, INAP, 1994, p. 251.

As funções primárias (funções de garantia, direção, controle e legitimação democrática) e as funções secundárias (funções organizativas e seletivas) convivem sem hierarquia e segundo combinatórias variadas nos processos administrativos, observados os interesses públicos em causa.

1. DECISÃO COORDENADA

A decisão coordenada, prevista na Lei Federal nº 14.210, de 30 de setembro deste ano, institui *modelo procedimental facultativo de aceleração de processos administrativos complexos (interinstitucionais ou intersetoriais) e de emissão de decisões em competência administrativa discricionária de modo dialogal, contextual e concentrado.* Modelo endoprocedimental porque procedimento especial inserido acessoriamente na intimidade de outros procedimentos estabelecidos.

Na decisão coordenada é previsto um *módulo de instrução e de decisão compartilhada,* tendencialmente *síncrono e breve, destinado* a *estruturar a manifestação concomitante de órgãos e entidades diversas,* e que de outro modo atuariam sequencialmente e isoladamente no âmbito do processo administrativo ordinário.

Ao adotar a decisão coordenada, a Administração Pública altera a *arquitetura do processo decisório em favor da sincronicidade e da concentração* de pronunciamentos dos diversos órgãos envolvidos em temas complexos. Como regra, *a decisão coordenada substitui a* prática de vários atos isolados dos órgãos intervenientes por um *pronunciamento formal imediato e unitário,* com vistas a reduzir *a demora no processo de decisão, sem prejuízo de preservar a pluralidade das intervenções, a análise do contexto fático e jurídico e a legitimidade da decisão a ser adotada.*

A decisão coordenada é instrumento de *concertação administrativa processual,* alternativo e experimental em face do modelo sequencial ordinário, útil para abreviar a oitiva e a decisão administrativa incidente sobre diferentes interesses setoriais. Não se destina a situações cotidianas nem ao exercício de competência vinculada. Não significa a criação de órgão colegial temporário e extraordinário ou autoriza a supressão de independência administrativa de órgãos e entidades que dela dispõem, por força da lei ou da Constituição (v.g. Ministério Público, Tribunais de Contas, agências reguladoras, Banco Central, Cade, entre outros).[3]

Presente no Direito brasileiro desde 2011, no âmbito dos estados-membros, com o *nomen juris* de "conferência de serviços" (ver artigo 28 da Lei baiana 12.209/2011, ainda vigente, e os §§1º e 2º do artigo 5º da Lei delegada mineira 180/2011, regulamentada pelo Decreto Estadual 45.757/2011, atualmente revogada pela Lei mineira 22.257/2016), essa *técnica especial de experimentação administrativa processual* foi inserida em termos gerais no âmbito federal *dez anos depois*, com a inclusão do Capítulo XI-A à Lei nº 9.784, de 29 de janeiro de 1999, Lei Geral de Processo Administrativo da União, pela Lei nº 14.210.

2. ANTECEDENTES IMEDIATOS E INSPIRAÇÃO REMOTA

A *inspiração imediata* da Lei 14.210/2021, registrada no PL 9.431/2017, de autoria do senador Antonio Anastasia, foi a legislação estadual preexistente sobre "conferência de serviço" e a proposta contemplada no artigo 43 do Anteprojeto de Normas Gerais de Organização Administrativa da União, apresentado em 2008 por comissão de especialistas nomeada pelo governo federal, da qual tive a honra de participar.[4]

---

3. Para desenvolver o tema da concertação administrativa e das relações interadministrativas e interorgânicas, cf. LEITAO, Alexandra. Contratos Interadministrativos. Coimbra, Almedina, 2011; BITENCOURT NETO, Eurico. Concertação Administrativa Interorgânica. São Paulo: Almedina, 2017.

4. A Comissão, sem remuneração, trabalhou por dezoito meses e realizou quinze encontros de discussão, com ampla autonomia. Foi instituída pelo Ministério do Planejamento (Portaria 426, de 6.12.2007, alterada pela Portaria 84, de 23.4.2008), com os seguintes integrantes: Almiro do Couto e Silva, Carlos Ari Sundfeld, Maria Coeli Simões Pires, Maria Sylvia Zanella di Pietro, Paulo Modesto, Sérgio de Andréa Ferreira. No âmbito da comissão, fui o responsável por sugerir a incorporação ao direito brasileiro (com as necessárias adaptações) do instituto da conferência de serviços,

A *inspiração remota* da decisão coordenada foi, no âmbito da comissão de especialistas, instituto similar de origem italiana (*conferenza di servizi*), embora com ele apresente diferenças importantes.

Um paralelo entre o antecedente estadual vigente na Bahia (fiel ao anteprojeto de normas gerais da comissão de especialistas do governo federal) e as várias formas de conferência de serviços da legislação italiana pode ser esclarecedor para traçar um perfil do instrumento previsto na Lei 14.210/2021. Por limitação de espaço, nesta oportunidade cuidarei apenas da norma baiana e suas diferenças em face da decisão coordenada federal, reenviando a temática das conferências de serviço na Itália para outro trabalho.[5]

3. A CONFERÊNCIA DE SERVIÇOS NA LEI BAIANA DE PROCESSO ADMINISTRATIVO E A DECISÃO COORDENADA FEDERAL

Na Lei de Processo Administrativo da Bahia (Lei 12.209/2011), a conferência de serviços é modalidade de *aceleração facultativa* do processo administrativo convocada exclusivamente pelo chefe do Poder Executivo em assuntos que envolvam interesses intersetoriais (sem número predeterminado), a ser realizada sempre que possível em sessão única, mas que pode demandar decisão prévia

---

segundo modelo previsto no texto original da Lei 241/1990, da Itália. A sugestão foi aceita, debatida, alterada e incorporada ao anteprojeto apresentado, tendo no projeto caráter de módulo processual e organizativo alternativo. Para ler na íntegra o anteprojeto, cf. https://www.academia.edu/1055240.

5. Na Itália, em disciplinas especiais, aplica-se a decisão coordenada (sob o nome de conferência de serviços) há mais de seis décadas. No entanto, a generalização do instituto ocorreu apenas com a consagração, na lei de processo administrativo italiana (Artigo 14 da Lei 7 de agosto de 1990, n. 241), da regulamentação geral do instituto. Depois dela o instituto sofreu modificações sucessivas, com destaque para o Decreto legislativo de 30 de junho de 2016, n. 127 e, recentemente, pelo Decreto-Lei n.º 76, de 16 de Julho de 2020, convertido com alterações na Lei n.º 120, de 11/09/2020. O modelo italiano também parece ter inspirado as "conferências procedimentais" previstas no Código de Processo Administrativo de Portugal (CPA, artigo 78, 79, 80 e 81).

de autoridade, por prazo a ser fixado pelo chefe do Poder Executivo.

A lei autoriza que, em questões urgentes, caso ocorra a demora ou a omissão na manifestação de órgão ou autoridade, o chefe do Poder Executivo poderá avocar a competência do órgão omisso, se este for órgão da Administração direta hierarquicamente vinculado.

Na legislação federal não é definida a autoridade de convocação da decisão coordenada. Exige-se que a questão multissetorial envolva ao menos *"a participação obrigatória de 3 (três) ou mais setores, órgãos ou entidades"*, sendo ademais: a) *justificável pela relevância da matéria*; e b) *se houver discordância que prejudique a celeridade do processo administrativo decisório.* Por fim, exige-se que o processo guarde compatibilidade com *"a natureza do objeto"* e *"a compatibilidade do procedimento e de sua formalização com a legislação pertinente"*.

Embora não afirme preferência por sessão única, a Lei 14.210/2021 define conferência de serviço como a *"instância de natureza interinstitucional ou intersetorial que atua de forma compartilhada com a finalidade de simplificar o processo administrativo mediante participação concomitante de todas as autoridades e agentes decisórios e dos responsáveis pela instrução técnico-jurídica"*.

A norma federal admite que a decisão coordenada exija "reuniões", no plural, em espaço físico ou virtual onde eventual dissenso na solução do objeto deve ser manifestado, de modo fundamentado, acompanhado de propostas de solução ou de informação sobre as alterações necessárias para a resolução da questão. Recusa, porém, a possibilidade de convocação de decisões coordenadas em processos administrativos: a) de licitação; b) *"relacionados ao poder sancionador"*; ou c) *"em que estejam envolvidas autoridades de Poderes distintos"*.

Essas limitações da Lei 12.209/2011 não deveriam existir como vedações *a priori*, uma vez que, na prática, tem sido frequente a *cooperação estruturada* entre autoridades de poderes diversos (vg, a *cooperação interinstitucional* prevista nos artigo 15 e 16 da

Resolução CNJ 350, de 27/10/2020, coerente com os artigos 67 a 69 do CPC/2015) e a utilização de instrumentos de *concertação em matéria sancionatória* (vg., Acordo de Cooperação Técnica em Leniência Anticorrupção envolvendo TCU, AGU e CGU, de 6/8/2020) e em matéria de *licitações e contratos* (vg. acordos e transações administrativas interinstitucionais da AGU, Lei 9.469/1997; câmaras de prevenção e resolução administrativa de conflitos, Lei 13.140/2015).

Enquanto na legislação baiana a ata final lavra as providências e decisões com *sentido unitário*, na Lei 14.210/2021 a ata final relata a pauta e os fundamentos aduzidos pelos órgãos, "setores" e entidades (aduzidos na sessão ou complementados até a data da assinatura da ata); o registro das orientações, das diretrizes, das soluções ou das propostas de atos governamentais relativos ao objeto da convocação; posicionamento dos participantes para subsidiar futura atuação governamental em matéria idêntica ou similar; e a decisão de cada órgão ou entidade relativa à matéria sujeita à sua competência. Não exige, portanto, decisão unitária.

Dessas anotações sumárias resultam conclusões relevantes:

a) A decisão coordenada no plano federal não precisa ser decisória, podendo ser preliminar ou meramente instrutória de decisão de autoridade e, mesmo quando decisória, pode não resultar em decisão unitária, mas simplesmente sintetizar múltiplas decisões parciais;

b) Pode ser convocada por qualquer autoridade obrigada a decidir matéria multissetorial, com o objetivo de abreviar ou simplificar o processo administrativo, com vistas a colher manifestação concomitante dos diversos órgãos e entidades;

c) A legislação federal condiciona o método da decisão coordenada a diversos conceitos vagos ou plurissignificativos: "relevância da matéria", "discordância que prejudique a celeridade do processo administrativo decisório", "compatibilidade com a natureza do objeto", "compatibilidade do procedimento e de sua formalização com a legislação pertinente";

d) Estabelece vedações (ou restrição de aplicação) incoerentes com normas e acordos vigentes que estimulam a cooperação interinstitucional entre órgãos de diferentes poderes e a concertação administrativa em matéria sancionatória e em conflitos envolvendo matéria de licitações e contratos.

A Lei 14.210/2021 é imprecisa na definição da decisão coordenada como "instância". Esse termo sugere conceito de decisão coordenada como órgão colegial temporário, o que não deve ser aceito. Primeiro, porque órgãos (mesmo temporários) apenas podem ser criados por lei no Direito brasileiro (artigo 48, XI, CF); segundo, a decisão coordenada não altera, suprime ou modifica a responsabilidade originária de cada órgão, entidade ou autoridade envolvida (artigo 49-A, §4º, Lei 9784/1990); terceiro, a legislação federal não definiu o grau de vinculação dos órgãos e entidades convocados ao procedimento (v.g. direito de ausência, direito de oposição em face da independência administrativa, âmbito do poder de avocação da autoridade convocante, entre outros temas).

4. DECISÃO COORDENADA, ACORDOS ENDOPROCEDIMENTAIS INFORMAIS E CONVENÇÕES PRÉ-PROCESSUAIS E PROCESSUAIS

A previsão legal da decisão coordenada não impede que órgãos e entidades públicas celebrem acordos entre si sem as formalidades e restrições estabelecidas na Lei federal nº 14.210/2021. A decisão coordenada é uma *via processual facultativa e alternativa*, que empresta dialeticidade, velocidade e concentração a procedimentos de manifestação sucessiva com maior potencial de conflitos entre órgãos e entidades ou de maior urgência, mas que igualmente podem ter a sua solução abreviada por acordos sem forma sacramental, expressos por atos formais motivados.

Eventualmente, a decisão coordenada pode também ser *procedimento acessório de convocação obrigatória, caso seja contemplada expressamente em negócios jurídicos pré-processuais ou processuais atípicos, estes últimos na forma do artigo 190 do Código de Processo Civil, perfeitamente aplicável ao processo administrativo.*[6]

A decisão coordenada é uma, mas não a única, forma de perseguir a *coordenação administrativa*, tendo em conta o *caráter policêntrico* da organização da Administração Pública contemporânea. Se inibir a desarticulação entre órgãos e entidades, problemas de conflitos de competência, superposições de competência, fragmentação de decisões, demora e evasão de responsabilidades, pode contribuir para a realização da *eficiência organizativa*, dimensão sempre negligenciada entre nós do princípio da eficiência.

A decisão coordenada é um instrumento de experimentação administrativa, facultativo, especial, ágil para algumas situações e desnecessariamente burocrático para outras. Pode ser um instrumento valioso para enfrentar *problemas multidimensionais*, comuns na contemporaneidade, que exigem *cogestão de políticas públicas* e articulação de múltiplos órgãos e entidades em rede. Tem sido recebida com otimismo,[7] com poucas vozes dissonantes.[8] Pode reforçar a segurança jurídica e favorecer a transparência e racionalidade em processos administrativos complexos. Pressupõe, entretanto, cultura do diálogo, abertura para o entendimento interadministrativo, algo ainda relutante em vários órgãos, e certamente exigirá maior detalhamento na disciplina legal e regulamentar para a assegurar a sua eficácia e efetiva operacionalização.

---

6. Sobre a aplicação da "negociação endoprocessual", com as cautelas devidas, aos processos administrativos, cf. MOREIRA, Egon Bockmann. Processo Administrativo. 5ª. ed, São Paulo: Malheiros, 2017, p. 90 e segs; BARREIROS, Lorena Miranda Santos. Convenções Processuais e Poder Público. Tese doutorado, pp. 302e segs. UFBA/2016, Orientador: Fredie Souza Didier Jr.

7. Cf. MOTTA, Fabrício. Decisão coordenada: a boa novidade. Conjur, 21/10/2021; MOREIRA, Egon Bockmann. Breves notas sobre a 'decisão coordenada'. Jota, 04/10/2021; TEIXEIRA JR, Flávio. Decisão coordenada: eficiência, integração administrativa e segurança jurídica. ConJur, 20/10/2021.

8. Cf. SAAD, Amauri. As decisões coordenadas na Lei nº 14.210/2021. ConJur, 14/10/2021.

5

O PROCESSO DE COORDENAÇÃO INTERADMINISTRATIVA: A DECISÃO COORDENADA À MODA FLUMINENSE

PATRÍCIA BAPTISTA

Professora Associada de Direito Administrativo da Faculdade de Direito da UERJ e do PPFD-UERJ. Doutora em Direito do Estado pela Universidade de São Paulo – USP. Mestre em Direito Público pela Universidade do Estado do Rio de Janeiro – UERJ. Procuradora do Estado do Rio de Janeiro. Email: patricia.baptista@uerj.br

RODRIGO TOSTES DE ALENCAR MASCARENHAS

Professor do Programa de Pós-Graduação em direito da Universidade Estácio de Sá e do Programa de Pós-Graduação em direito ambiental da PUC-Rio. Doutor em direito público pela Universidade de Coimbra. Mestre em direito constitucional pela PUC-Rio. Procurador do Estado do Rio de Janeiro e advogado. Membro da Comissão de Estudos Constitucionais do Conselho Federal da Ordem dos Advogados do Brasil. Email. rodrigo@mascarenhasadv.adv.br

1. INTRODUÇÃO: O CONTEXTO DO ANTEPROJETO DE LEI FLUMINENSE

Dentre as funções institucionais previstas na Lei Orgânica da Procuradoria-Geral do Estado do Rio de Janeiro se encontra a de propor ao Governador a edição de normas legais ou regulamentares de natureza geral[1]. Assim é que, entre o final de 2021 e o início de 2022, um grupo de procuradores composto pelos autores deste artigo e por Anna Carolina Migueis Pereira, André Rodrigues Cyrino e Victor Aguiar de Carvalho, elaborou[2] uma minuta de anteprojeto de lei[3] com o objetivo de estabelecer normas e instrumentos para o aperfeiçoamento da gestão pública do Estado do Rio de Janeiro.

O anteprojeto, além de um capítulo inicial que lista seus objetivos, trata dos seguintes temas (não nessa ordem): instrumentos de planejamento e monitoramento da ação estatal; acordo de resultados (previsto no art. 37, § 8º, da Constituição Federal); inovação na gestão pública, incluindo a previsão de caixas de areia regulatórias ("*sandbox* regulatório"); defesa do agente público; transição governamental (com alguma inspiração na Lei nº 10.609/2002, que disciplinou a matéria em nível federal) e, no que interessa diretamente a este artigo, o Capítulo IV do anteprojeto pretende incorporar à legislação fluminense o instrumento que optamos por denominar de "coordenação interadministrativa[4]".

O instituto, que tem origens no direito italiano[5], foi recentemente incorporado na Lei de Processo Administrativo Federal (Lei nº 9.784/1999) pela Lei nº 14.210/2021, sob a nomenclatura de "Decisão Coordenada", embora já exista em Minas Gerais e na

---

1. Vale registrar que importantes leis estaduais partiram de minutas oferecidas ao Governo pela PGE-RJ, dentre as quais podemos citar a Lei de Processo Administrativo Estadual – Lei 5.427/09 (em cuja minuta os autores deste artigo também trabalharam), a Lei que reformula a Região Metropolitana do Rio de Janeiro (Lei Complementar n. 184/18), a Lei das PPPs estaduais (Lei 5.068/07) e a recentíssima Lei que dispõe sobre a autocomposição no âmbito estadual e sobre a Câmara Administrativa de Solução de Controvérsias – CASC (Lei 9.629/22).
2. A partir de um esboço inicialmente elaborado em 2013 mas não concluído.
3. Por ocasião da redação deste artigo a minuta ainda não foi apreciada pela Chefia institucional da Casa.
4. Registre-se que a ideia de incorporar esse tema ao anteprojeto foi dada pelo Professor Paulo Modesto (que opinou sobre seu esboço inicial) a quem agradecemos pela sempre valiosa interlocução.
5. Vide, por exemplo TUBERTINI, Claudia. "Attualità e futuro del sistema dele Conferenze". In *Diritto Pubblico*, Anno XXVII (2021), n. 2maggio-agosto 2021 p. 667-694.

Bahia desde 2011 (por força, respectivamente, da Lei Delegada n.º 180/2011 e da Lei nº 11.209/2011), que, de modo menos detalhado, disciplinou a matéria sob a denominação de "conferência de serviço".

Para além de apresentar a proposta do anteprojeto fluminense à comunidade acadêmica na parte que toca ao tema da presente coletânea, o objeto deste modesto texto é identificar e justificar os pontos em que a nossa proposta se afastou/inovou em relação às normas precedentes.

2. POR QUE "PROCESSO DE COORDENAÇÃO INTERADMINISTRATIVA" E NÃO "DECISÃO COORDENADA"?

A primeira grande distinção entre as disciplinas das leis federal, mineira e baiana e a que se propõe no anteprojeto da lei fluminense é a própria identificação do instrumento. Enquanto as pioneiras leis mineira e baiana se mantiveram fiéis à origem italiana do instituto – mantendo a designação "conferência de serviços"[6] – e o legislador federal inovou ao designá-lo como "decisão coordenada";

---

6. Originalmente no art. 14 da Lei n.º 241/1990, agora reformulado pelo DL n.º 127, de 2016. Disponível em: https://www.normattiva.it/uri-res/N2Ls?urn:nir:stato:decreto.legislativo:2016-06-30;127: "Art. 14 (Conferenze di servizi). – 1. La conferenza di servizi istruttoria puo' essere indetta dall'amministrazione procedente, anche su richiesta di altra amministrazione coinvolta nel procedimento o del privato interessato, quando lo ritenga oportuno per effettuare un esame contestuale degli interessi pubblici coinvolti in un procedimento amministrativo, ovvero in piu' procedimenti amministrativi connessi, riguardanti medesime attivita' o risultati. Tale conferenza si svolge con le modalita' previste dall'articolo 14-bis o con modalita' diverse, definite dall'amministrazione procedente.

2. La conferenza di servizi decisoria e'sempre indetta dall'amministrazione procedente quando la conclusione positiva del procedimento e' subordinata all'acquisizione di piu' pareri, intese, concerti, nulla osta o altri atti di assenso, comunque denominati, resi da diverse amministrazioni, inclusi i gestori di beni o servizi pubblici. Quando l'attivita' del privato sia subordinata a piu' atti di assenso, comunque denominati, da adottare a conclusione di distinti procedimenti, di competenza di diverse amministrazioni pubbliche, la conferenza di servizi e' convocata, anche su richiesta dell'interessato, da una delle amministrazioni procedenti."

o anteprojeto fluminense optou por "processo de coordenação interadministrativa" ou, simplesmente, como no título do capítulo, por "coordenação interadministrativa".

A opção da Comissão redatora do anteprojeto teve em mente reforçar, sobretudo, dois aspectos da nova ferramenta: (1) o seu caráter essencialmente processual e (2) a constatação de que, ao final do processo instaurado, não será, na maior parte das vezes, produzida uma única decisão, mas tantas decisões quantos forem os órgãos e processos decisórios que estejam sendo reunidos com o objetivo de simplificação e celeridade.

O aspecto processual, de fato, é essencial à nova ferramenta. Encontra-se embutido na sua própria constituição como sendo um "modelo procedimental facultativo de aceleração de processos administrativos complexos (interinstitucionais ou intersetoriais) e de emissão de decisões em competência administrativa discricionária de modo dialogal, contextual e concentrado"[7]. Assim, a escolha da denominação "coordenação interadministrativa" (distinta das opções federal, mineira e baiana) tem o objetivo de enfatizar que a característica principal do instrumento – de ser um processo de construção conjunta das decisões de órgãos distintos – é mais relevante do que o seu produto (a decisão coordenada).

Aliás, em direção semelhante andou o legislador português que, na reforma de 2015 do código de procedimento administrativo (Decreto-Lei n.º 4/2015), optou pela designação "conferência procedimental". Confira-se o que, nesse particular, consta da exposição de motivos do projeto aprovado em Portugal:

> "O capítulo III («Da conferência procedimental») do título I da mesma parte III abrange os artigos 77.º a 81.º A expressão conferência procedimental afigura -se preferível à de conferência de serviços, de inspiração italiana.

7. MODESTO, Paulo. Decisão coordenada: experimentação administrativa processual. Consultor Jurídico, 2021. Disponível em: https://www.conjur.com.br/2021-dez-02/interesse-publico-decisao-coordenada-experimentacao-administrativa-processual. Acesso em 03 de fevereiro de 2022.

> Na verdade, quem conferencia são órgãos e não «serviços» à maneira italiana. Por outro lado, a conferência, quando tenha lugar, torna-se numa fase do procedimento administrativo, que tem características próprias e assume grande relevo.[8]

Dentro de uma perspectiva de "nova governança pública", baseada na ideia de que a prestação de serviços públicos depende da contribuição de atores interdependentes e de uma multiplicidade de processos que informam a própria elaboração da política pública[9], a coordenação interadministrativa – que vai se materializar em um ou mais processos decisórios coordenados – se presta a imprimir maior celeridade e efetividade à tomada de decisões que envolvam interesses múltiplos e, algumas vezes, distintos.

Note-se que, embora o gestor público não esteja proibido de promover a concertação desses interesses em diálogo *intra* ou interadministrativo, os instrumentos que, até aqui, a legislação lhe facultava não conferem segurança e celeridade bastantes. E assim

---

8. https://files.dre.pt/1s/2015/01/00400/0005000087.pdf. Eis a redação do art. 77º do código de procedimento administrativo português: "1 – As conferências procedimentais destinam -se ao exercício em comum ou conjugado das competências de diversos órgãos da Administração Pública, no sentido de promover a eficiência, a economicidade e a celeridade da atividade administrativa. 2 – As conferências procedimentais podem dizer respeito a um único procedimento ou a vários procedimentos conexos, e dirigir -se à tomada de uma única decisão ou de várias decisões conjugadas. 3 – As conferências procedimentais relativas a vários procedimentos conexos ou a um único procedimento complexo, em que há lugar à tomada de diferentes decisões por diferentes órgãos, podem assumir uma das seguintes modalidades: a) Conferência deliberativa, destinada ao exercício conjunto das competências decisórias dos órgãos participantes através de um único ato de conteúdo complexo, que substitui a prática, por cada um deles, de atos administrativos autónomos; b) Conferência de coordenação, destinada ao exercício individualizado, mas simultâneo, das competências dos órgãos participantes, através da prática, por cada um deles, de atos administrativos autónomos. 4 – Quando não exista incompatibilidade entre a forma contratual e a matéria a conformar, as conferências del iberativa e de coordenação podem terminar pela celebração de um contrato entre os órgãos participantes e o interessado, em substituição do ato ou dos atos cuja preparação se visava. 5 – As conferências procedimentais relativas a um único procedimento podem envolver apenas o órgão competente para a decisão final ou para uma decisão intercalar e órgãos titulares de competências consultivas, sendo, nesse caso, aplicável o disposto no n.º 7 do artigo 79.º
9. OSBORNE, Stephen P. *The New Public Governance? Emerging perspectives on the theory and practice of public governance*. Routledge, 2010, p. 9.

porque lhes faltava exatamente um caráter procedimental claro e determinado. Os instrumentos mais tradicionais à disposição (por exemplo, os denominados "grupos de trabalho") não contemplam um processo (ou procedimento) formal que permita ao poder público - em situações complexas e urgentes que demandem pronta atuação -, tomar decisões considerando e agrupando distintas *expertises* com segurança jurídica (por exemplo em situações de calamidade pública)[10].

Portanto, o destaque ao caráter procedimental da coordenação interadministrativa reforça exatamente o que se entende serem as grandes possíveis virtudes da incorporação da nova ferramenta à prática administrativa.

Crê-se, igualmente, que a referência da lei federal à "decisão coordenada" poderia contribuir talvez para uma equivocada percepção de que, ao final do processo de coordenação dos múltiplos órgãos e entes, haverá de ser proferida uma única decisão. No entanto, embora o que se busque seja uma tomada de decisão em conjunto (ou "concentrada"), a ser reduzida em ata, é importante ter presente que o resultado mais frequente será a tomada conjunta de várias decisões. Na verdade, serão tantas decisões quantos sejam os processos decisórios chamados à reunião.

Por exemplo, se a aprovação de um determinado projeto depende de processos de licenciamento ambiental, de licenciamento urbanístico ou do "nada consta" dos órgãos de proteção do patrimônio cultural, a instauração do processo de coordenação interadministrativa não afastará a necessidade de que seja expedida a licença ambiental, a licença urbanística e o de acordo do patrimônio

10. Nesse sentido: "O instrumento permite arregimentação de atores em arena compartilhada para construção do processo decisório, legitimado pela capacidade de criar discursividade entre os decisores, representantes de segmentos, visões e interesses distintos, alcançando resultados dotados de juridicidade que ultrapassam o plano lógico-formal, superando quebras burocráticas." (PIRES, Maria Coeli Simões; COSTA, Mila Batista Leite Corrêa da; CORDEIRO, Caio Barros; CARDOSO, José Luiz Ferreira. *Conferência de Serviços: Reflexões e Perspectivas para a construção de um novo instrumento de governança democrática.* V Congresso Consad de Gestão Pública. Disponível em: http://consad.org.br/wp-content/uploads/2013/05).

cultural. Todas essas são exigência legais cuja obrigatoriedade o novo instituto não supera.

A norma de procedimento administrativo que prevê a instauração da coordenação interadministrativa, portanto, não revoga as normas dos processos administrativos específicos, quase todos legalmente estabelecidos, nem se sobrepõe, suprimindo, à competência das respectivas autoridades para cada qual dessas decisões. Aqui, o que se busca é apenas que estas autoridades conjuguem e condensem seus esforços, com o aproveitamento de atos que sirvam a todos, para que se decida de forma mais célere e coordenada. O exercício de cada competência decisória e a tomada de cada decisão legalmente prevista continuam sendo necessários. Logo, via de regra, não haverá uma única decisão que substitua todas as demais. Haverá, sim, várias decisões possivelmente condensadas na ata final do processo de coordenação, subscrita pelas autoridades competentes para cada ato. A ata aproveitará a cada um dos processos decisórios chamados à reunião[11].

3. A ADMISSIBILIDADE DO PROCESSO DE COORDENAÇÃO ENTRE PODERES E NÍVEIS FEDERATIVOS DISTINTOS

Outro aspecto em que o anteprojeto de lei fluminense inovou/avançou em relação aos atos normativos que o precederam na

11. Não se ignora a pertinência da crítica feita pelo Prof. Paulo Modesto durante o Webinário organizado pelo Grupo de Pesquisa Transformações nas Estruturas Fundamentais do Processo e pelo Uerj Reg., sob coordenação dos Professores Antonio do Passo Cabral e José Vicente Santos de Mendonça, realizado no dia 2/12/2021. O respeitado professor baiano observou que a adoção de distintas nomenclaturas pelas legislações federal e estaduais não colaborará para a consolidação do instituto na prática administrativa brasileira, possivelmente dificultando a sua aplicação. Porém, vale notar que o próprio legislador federal já decidiu trilhar um caminho próprio em relação às leis mineira e baiana. E um caminho que, pelas razões acima declinadas, não nos pareceu o melhor. Acredita-se, portanto, nesse contexto, e em linha com a evolução da própria legislação europeia mais recente, a ênfase no caráter procedimental e na multiplicidade de decisões como resultado possível torna mais claros os contornos da ferramenta, facilitando a sua aplicação. Disponível em: https://www.youtube.com/watch?v=QY_RMO_b-Kg&ab_channel=Transforma%C3%A7%C3%B5esnasEstruturasFund.doProcesso.

matéria é na possibilidade de extensão do processo de coordenação administrativa para além do âmbito da própria administração pública estadual. Com efeito (segundo o artigo 22 da minuta, vide Anexo), o processo de coordenação poderá ser instaurado por ato conjunto do Governador e de Chefes dos demais poderes e órgãos dotados de autonomia constitucional ou dos Prefeitos municipais observando-se, no que couber, as normas previstas no anteprojeto.

A possibilidade de coordenação administrativa entre poderes pode ter distintas utilidades, abrindo importantes vias de entendimento, e parece extremamente útil nas situações nas quais o Estado deva ter uma posição minimamente unificada perante terceiros, como é o caso atual de negociação com a União para permanência no Regime de Recuperação Fiscal. Ou para a implementação de projetos de infraestrutura que, exatamente, envolvam a necessidade da prática de atos de consentimento em matéria de competência de mais de um ente federativo. Avança-se, com isso, em favor da instrumentalização/materialização do dever de atuação conjunta previsto no art. 17 da Lei federal n.º 13.334/2018 (que criou o programa de parceria de investimentos):

> Art. 17. Os órgãos, entidades e autoridades estatais, inclusive as autônomas e independentes, da União, dos Estados, do Distrito Federal e dos Municípios, com competências de cujo exercício dependa a viabilização de empreendimento do PPI, têm o dever de atuar, em conjunto e com eficiência, para que sejam concluídos, de forma uniforme, econômica e em prazo compatível com o caráter prioritário nacional do empreendimento, todos os processos e atos administrativos necessários à sua estruturação, liberação e execução.
>
> § 1º Entende-se por liberação a obtenção de quaisquer licenças, autorizações, registros, permissões, direitos de uso ou exploração, regimes especiais, e títulos equivalentes, de natureza regulatória, ambiental, indígena, urbanística, de trânsito, patrimonial pública, hídrica, de proteção do patrimônio cultural, aduaneira, minerária, tributária, e quaisquer outras, necessárias à implantação e à operação do empreendimento.

> § 2º Os órgãos, entidades e autoridades da administração pública da União com competências setoriais relacionadas aos empreendimentos do PPI convocarão todos os órgãos, entidades e autoridades da União, dos Estados, do Distrito Federal ou dos Municípios, que tenham competência liberatória, para participar da estruturação e execução do projeto e consecução dos objetivos do PPI, inclusive para a definição conjunta do conteúdo dos termos de referência para o licenciamento ambiental.[12]

Tão ou mais importante é a possibilidade de coordenação administrativa entre o Estado e os municípios na esfera da efetivação dos direitos sociais. O Judiciário Brasileiro – numa visão a nosso ver equivocada de tutela de certos direitos – tem ignorado a repartição de competências entre estados e municípios[13] impondo a todos que exerçam competências de todos. Embora esta desconsideração[14] da repartição de competências impeça que cada ente saiba com antecedência aquilo que estará obrigado a fazer (o que impede qualquer planejamento sério e representa dificílimo obstáculo à boa gestão pública perseguida pelo anteprojeto) trata-se de um dado da realidade cujo enfrentamento passaria a contar com um instrumento que, espera-se, possa ser útil[15].

---

12. Embora a lei federal mencionada tenha apontado para esse "dever de atuar, em conjunto e com eficiência", claramente não se preocupou em como se esse "dever" deveria ser operacionalizado, já que a União não tem como o impor aos demais níveis federativos ou entes dotados de autonomia funcional. A possibilidade de adesão ao processo de coordenação interadministrativa tem aptidão para suprir essa lacuna na liberação de projetos de infraestrutura.

13. Isso acontece em matéria de serviços públicos, obras e intervenções urbanísticas ou ambientais, fornecimento de remédios e serviços de saúde e tantas outras.

14. Que confunde o conceito constitucional de competência comum com o inaplicável conceito civilista de solidariedade.

15. Na prática por vezes vemos uma espécie de "coordenação administrativa" *a la carte* conduzida pelo Judiciário, quando, em reação por exemplo a uma tragédia (caso das chuvas em Petrópolis em março de 2022) marca audiências especiais nas quais convoca representantes do Estado e dos municípios afetados, assim como especialistas, e "força" a tomada de "decisões coordenadas", sob ameaça de tomar unilateralmente uma decisão.

Note-se que, na experiência italiana, o grande destaque da "conferenze" tem sido exatamente a sua possibilidade de obter decisões que envolvem distintos entes (Estado nacional, regiões e municípios) da Itália[16].

É certo que, no caso dos outros Poderes e dos municípios, a disciplina da coordenação administrativa prevista no anteprojeto não será diretamente aplicável, nem poderá ser imposta pelo Chefe do Poder Executivo estadual. A instauração, por ato conjunto, dependerá logicamente da aquiescência de cada Poder e município, em necessário respeito de sua autonomia. De todo modo, a acredita-se que a tendência seja a que o próprio ato de instauração da coordenação adote, em cada caso concreto, as regras previstas nos demais dispositivos do anteprojeto.

4. OUTRAS PARTICULARIDADES PROCEDIMENTAIS DA PROPOSTA FLUMINENSE

O anteprojeto fluminense incorpora ainda outras particularidades em relação às legislações precedentes, especialmente em relação à lei federal. Algumas delas merecem registro e fundamentação.

Já no *caput* do seu art. 17 (v. quadro anexo), reduz-se para dois o número mínimo de órgãos ou entidades participantes que podem participar do processo de coordenação interadministrativa; mínimo que o legislador federal, sem nenhuma justificativa aparente, limitou em três. De fato, basta haver dois órgãos/envolvidos para que se vislumbre alguma utilidade na coordenação de esforços para decisão em conjunto.

Da mesma forma, a proposta fluminense exclui a exigência de discordância para que o processo de coordenação seja instaurado (art. 49-A, I e II, da Lei federal n.º 9.784/1999). Pode haver vantagens na instauração do processo mesmo que não haja discordância entre órgãos ou entes.

16. Vide TUBERTINI, Claudia. Op. Cit.

Além disso, a relevância da matéria vai ser avaliada pelo Chefe do Poder Executivo, a quem, tal como na lei baiana, se reserva a competência para instaurar, motivadamente, de ofício ou por provocação, o processo de coordenação interadministrativa.

A reserva de instauração ao Chefe do Poder Executivo, por sinal, tem a finalidade de evitar a banalização ou o desvirtuamento do instrumento. Trata-se, sem dúvida, de ferramenta útil, mas apenas o será em hipóteses que, pelo vulto ou complexidade, exijam esse esforço de coordenação.

O anteprojeto fluminense teve por bem estabelecer ainda, desde logo, o prazo de seis meses, prorrogáveis por decisão fundamentada, para a conclusão do procedimento. O objetivo é evitar a postergação da conclusão do processo, o que frustraria uma das suas maiores finalidades, que é alcançar celeridade decisória.

A proposta elaborada pela Comissão da PGE/RJ igualmente não contempla a exclusão *a priori* de alguns procedimentos feita pelo art. 49-A, § 6º, da Lei federal n.º 9.784/99. De fato, a lei federal, novamente aqui sem justificativa aparente, exclui da decisão coordenada os processos de licitação, os relacionados ao poder sancionador e aqueles em que estejam envolvidas autoridades de Poderes distintos. Quanto a estes últimos, já se viu acima que foram contemplados no art. 22 do anteprojeto, admitindo-se que demais Poderes possam voluntariamente participar do processo de coordenação interadministrativa. Já quanto aos processos de licitação e os relacionados ao poder sancionador, não se vê porque tenham que ser excluídos *a priori*. Havendo justificativa, mesmo estes processos podem ser reunidos a outros para efeito de decisão conjunta.

Foi inserida, ainda, na proposta (art. 20) a previsão de manifestação, preferencialmente por meio de parecer único, de manifestação da Procuradoria Geral do Estado. A ideia aqui foi deixar claro que o processo de coordenação interadministrativa deve ser submetido a controle interno de legalidade, mas que tal controle também deve ser exercido com celeridade, concorrendo com os esforços dos demais órgãos e entes para a obtenção da decisão segura e rápida.

Por fim, vale o registro de que uma das preocupações da Comissão na redação do anteprojeto fluminense foi apresentar uma proposta enxuta e clara. Houve, por parte dos seus integrantes, uma percepção comum de que, talvez, o legislador da Lei federal n.º 14.210/2021 tenha se alongado mais do que o necessário em algumas das disposições do Capítulo XI-A, tendo descido a um nível de minúcias e contemplado certas redundâncias que, de algum modo, ferem o espírito minimalista e de norma de princípios (e não de ritos) que é a marca da Lei do processo administrativo federal.

5. ANEXO – QUADRO COMPARATIVO ENTRE O ANTEPROJETO FLUMINENSE E AS LEIS FEDERAL, BAIANA E MINEIRA

COORDENAÇÃO INTERADMINISTRATIVA Anteprojeto fluminense	**DECISÃO COORDENADA** Lei federal n.º 9.784/ 1999 com a redação da Lei 14.210/2021	**CONFERÊNCIA DE SERVIÇOS** Lei estadual n.º 11.209/ 2011, da Bahia	**CONFERÊNCIA DE SERVIÇOS** Lei Del. n.º 180/2011, de Minas Gerais
CAPÍTULO IV DA COORDENAÇÃO INTERADMINISTRATIVA **Art. 17.** No exame de matéria que exija a participação de 2 (dois) ou mais órgãos ou entidades da administração pública, o Chefe do Poder Executivo poderá, de ofício ou mediante provocação dos órgãos envolvidos, instaurar processo de coordenação interadministrativa, reunindo os órgãos e entidades competentes, a fim de emitir decisão ou decisões céleres sobre a matéria.	CAPÍTULO XI-A DA DECISÃO COORDENADA (Incluído pela Lei nº 14.210, de 2021) **Art. 49-A.** No âmbito da Administração Pública federal, as decisões administrativas que exijam a participação de 3 (três) ou mais setores, órgãos ou entidades poderão ser tomadas mediante decisão coordenada, sempre que: (Incluído pela Lei nº 14.210, de 2021) I – for justificável pela relevância da matéria; e (Incluído pela Lei nº 14.210, de 2021)	CAPÍTULO VI - DA INSTRUÇÃO (...) **Art. 28.** No exame de matéria que envolva diferentes interesses setoriais, o Chefe do Executivo poderá convocar conferência de serviço, reunindo os órgãos e entidades competentes, a fim de emitir decisão célere. § 1º – Sempre que possível, a conferência será realizada em sessão única § 2º – Em casos de urgência, o Chefe do Executivo poderá estabelecer prazo máximo	TÍTULO I DISPOSIÇÕES PRELIMINARES (...) **Art. 5º.** São instrumentos do modelo de Administração Transversal de Desenvolvimento, além dos tratados nos arts. 3º e 4º desta Lei Delegada: (...) § 1º – São também instrumentos a que se refere o *caput* deste artigo a Desconcentração do Monitoramento da Estratégia Governamental, sob coordenação, e a Conferência de Serviços, convocadas nos termos de regulamento.

COORDENAÇÃO INTERADMINISTRATIVA Anteprojeto fluminense	**DECISÃO COORDENADA** Lei federal n.º 9.784/ 1999 com a redação da Lei 14.210/2021	**CONFERÊNCIA DE SERVIÇOS** Lei estadual n.º 11.209/ 2011, da Bahia	**CONFERÊNCIA DE SERVIÇOS** Lei Del. n.º 180/2011, de Minas Gerais
§1º A instauração do processo deverá ser motivada, explicitando-se a complexidade, urgência ou especial relevância da matéria. § 2º O processo deverá ser concluído no prazo máximo de seis meses a contar de sua instauração, permitindo-se sua prorrogação, em decisão motivada, desde que mantidas as razões que justificaram a sua instauração.	II – houver discordância que prejudique a celeridade do processo administrativo decisório. (Incluído pela Lei nº 14.210, de 2021) § 1º Para os fins desta Lei, considera-se decisão coordenada a instância de natureza interinstitucional ou intersetorial que atua de forma compartilhada com a finalidade de simplificar o processo administrativo mediante participação concomitante de todas as autoridades e agentes decisórios e dos responsáveis pela instrução técnico-jurídica, observada a natureza do objeto e a compatibilidade do procedimento e de sua formalização com a legislação pertinente. (Incluído pela Lei nº 14.210, de 2021) § 2º (VETADO). (Incluído pela Lei nº 14.210, de 2021) § 3º (VETADO). (Incluído pela Lei nº 14.210, de 2021) § 4º A decisão coordenada não exclui a responsabilidade originária de cada órgão ou autoridade envolvida. (Incluído pela Lei nº 14.210, de 2021)	para a providência ou decisão de cada órgão ou entidade, sob pena de responsabilização funcional das autoridades que se omitirem. § 3º – Ultrapassado o prazo, caso a demora possa causar prejuízos graves ao interesse público, o Chefe do Executivo poderá avocar a competência de órgão da Administração direta hierarquicamente vinculado. § 4º – As providências ou decisões resultantes das sessões da conferência de serviço serão lavradas em ata.	§ 2º – A Conferência de Serviços, para os fins desta Lei Delegada, é a instância de decisão compartilhada de caráter interinstitucional ou intersetorial que simplifica a processualidade administrativa mediante participação concomitante de todos os agentes decisórios e dos responsáveis pela instrução técnicojurídica, observada a natureza do objeto e a compatibilidade do procedimento e de sua formalização com a legislação pertinente. **Art. 6º** – As atividades de coordenação, integração, intersetorialidade ou transversalidade não excluem as responsabilidades originárias dos órgãos ou entidades envolvidos nos processos em rede ou no âmbito dos sistemas, ou, ainda, nos de caráter interinstitucional

COORDENAÇÃO INTERADMINISTRATIVA Anteprojeto fluminense	**DECISÃO COORDENADA** Lei federal n.º 9.784/1999 com a redação da Lei 14.210/2021	**CONFERÊNCIA DE SERVIÇOS** Lei estadual n.º 11.209/2011, da Bahia	**CONFERÊNCIA DE SERVIÇOS** Lei Del. n.º 180/2011, de Minas Gerais
	§ 5º A decisão coordenada obedecerá aos princípios da legalidade, da eficiência e da transparência, com utilização, sempre que necessário, da simplificação do procedimento e da concentração das instâncias decisórias. (Incluído pela Lei nº 14.210, de 2021) § 6º Não se aplica a decisão coordenada aos processos administrativos: (Incluído pela Lei nº 14.210, de 2021) I – de licitação; (Incluído pela Lei nº 14.210, de 2021) II – relacionados ao poder sancionador; ou (Incluído pela Lei nº 14.210, de 2021) III – em que estejam envolvidas autoridades de Poderes distintos. (Incluído pela Lei nº 14.210, de 2021) **Art. 49-B.** Poderão habilitar-se a participar da decisão coordenada, na qualidade de ouvintes, os interessados de que trata o art. 9º desta Lei. (Incluído pela Lei nº 14.210, de 2021) Parágrafo único. A participação na reunião, que poderá incluir direito a voz, será deferida por decisão irrecorrível da autoridade responsável		

COORDENAÇÃO INTERADMINISTRATIVA Anteprojeto fluminense	**DECISÃO COORDENADA** Lei federal n.º 9.784/ 1999 com a redação da Lei 14.210/2021	**CONFERÊNCIA DE SERVIÇOS** Lei estadual n.º 11.209/ 2011, da Bahia	**CONFERÊNCIA DE SERVIÇOS** Lei Del. n.º 180/2011, de Minas Gerais
	pela convocação da decisão coordenada. (Incluído pela Lei nº 14.210, de 2021) **Art. 49-C.** (VETADO). (Incluído pela Lei nº 14.210, de 2021) **Art. 49-D.** Os participantes da decisão coordenada deverão ser intimados na forma do art. 26 desta Lei. (Incluído pela Lei nº 14.210, de 2021)		
Art. 18. Cada órgão ou entidade participante apresentará manifestação sobre o tema atinente à respectiva competência, a fim de subsidiar os trabalhos e integrar o processo de coordenação interadministrativa.	**Art. 49-E.** Cada órgão ou entidade participante é responsável pela elaboração de documento específico sobre o tema atinente à respectiva competência, a fim de subsidiar os trabalhos e integrar o processo da decisão coordenada. (Incluído pela Lei nº 14.210, de 2021) Parágrafo único. O documento previsto no *caput* deste artigo abordará a questão objeto da decisão coordenada e eventuais precedentes. (Incluído pela Lei nº 14.210, de 2021)		
Art. 19. Eventual dissenso na solução do objeto da decisão coordenada deverá ser manifestado durante as reuniões, de forma fundamentada, acompanhado das propostas de solução e de	**Art. 49-F.** Eventual dissenso na solução do objeto da decisão coordenada deverá ser manifestado durante as reuniões, de forma fundamentada, acompanhado das propostas de		

COORDENAÇÃO INTERADMINISTRATIVA Anteprojeto fluminense	**DECISÃO COORDENADA** Lei federal n.º 9.784/ 1999 com a redação da Lei 14.210/2021	**CONFERÊNCIA DE SERVIÇOS** Lei estadual n.º 11.209/ 2011, da Bahia	**CONFERÊNCIA DE SERVIÇOS** Lei Del. n.º 180/2011, de Minas Gerais
alteração necessárias para a resolução da questão.	solução e de alteração necessárias para a resolução da questão. (Incluído pela Lei nº 14.210, de 2021) Parágrafo único. Não poderá ser arguida matéria estranha ao objeto da convocação. (Incluído pela Lei nº 14.210, de 2021)		
Art. 20. A instauração do processo não exclui a manifestação da Procuradoria-Geral do Estado, sempre que a matéria exigir. Parágrafo único. A manifestação se dará preferencialmente por meio de parecer único, a ser submetido diretamente ao Procurador-Geral do Estado.			
Art. 21. A conclusão dos trabalhos será consolidada em ata, que conterá as seguintes informações: I – relatório e síntese dos fundamentos aduzidos; II – registro das orientações, das diretrizes, das soluções ou das propostas de atos governamentais relativos ao objeto da convocação; III – decisão de cada órgão ou entidade relativa à matéria sujeita à sua competência.	**Art. 49-G.** A conclusão dos trabalhos da decisão coordenada será consolidada em ata, que conterá as seguintes informações: (Incluído pela Lei nº 14.210, de 2021) I – relato sobre os itens da pauta; (Incluído pela Lei nº 14.210, de 2021) II – síntese dos fundamentos aduzidos; (Incluído pela Lei nº 14.210, de 2021) III – síntese das teses pertinentes ao objeto da convocação; (Incluído pela Lei nº 14.210, de 2021)		

COORDENAÇÃO INTERADMINISTRATIVA Anteprojeto fluminense	**DECISÃO COORDENADA** Lei federal n.º 9.784/ 1999 com a redação da Lei 14.210/2021	**CONFERÊNCIA DE SERVIÇOS** Lei estadual n.º 11.209/ 2011, da Bahia	**CONFERÊNCIA DE SERVIÇOS** Lei Del. n.º 180/2011, de Minas Gerais
Parágrafo único. A ata será publicada por extrato no Diário Oficial do Estado, do qual deverão constar, **além das decisões de cada órgão ou entidade**, o meio de acesso ao seu inteiro teor, para conhecimento dos interessados.	IV – registro das orientações, das diretrizes, das soluções ou das propostas de atos governamentais relativos ao objeto da convocação; (Incluído pela Lei nº 14.210, de 2021) V – posicionamento dos participantes para subsidiar futura atuação governamental em matéria idêntica ou similar; e (Incluído pela Lei nº 14.210, de 2021) VI – decisão de cada órgão ou entidade relativa à matéria sujeita à sua competência. (Incluído pela Lei nº 14.210, de 2021) § 1º Até a assinatura da ata, poderá ser complementada a fundamentação da decisão da autoridade ou do agente a respeito de matéria de competência do órgão ou da entidade representada. (Incluído pela Lei nº 14.210, de 2021) § 2º (VETADO). (Incluído pela Lei nº 14.210, de 2021) § 3º A ata será publicada por extrato no Diário Oficial da União, do qual deverão constar, além do registro referido no inciso IV do *caput*		

COORDENAÇÃO INTERADMINISTRATIVA Anteprojeto fluminense	**DECISÃO COORDENADA** Lei federal n.º 9.784/ 1999 com a redação da Lei 14.210/2021	**CONFERÊNCIA DE SERVIÇOS** Lei estadual n.º 11.209/ 2011, da Bahia	**CONFERÊNCIA DE SERVIÇOS** Lei Del. n.º 180/2011, de Minas Gerais
	deste artigo, os dados identificadores da decisão coordenada e o órgão e o local em que se encontra a ata em seu inteiro teor, para conhecimento dos interessados. (Incluído pela Lei nº 14.210, de 2021)		
Art. 22. O processo de coordenação administrativa poderá ser instaurado por ato conjunto do Governador e dos demais Chefes de poderes e órgãos dotados de autonomia constitucional ou dos Prefeitos municipais observado, no que couber, o disposto neste capítulo.			

6

COORDENAÇÃO ADMINISTRATIVA E DECISÃO COORDENADA: REFLEXÕES E LAMENTOS SOBRE AS MUDANÇAS DA LEI DE PROCESSO ADMINISTRATIVO FEDERAL

Thiago Marrara

Professor de direito administrativo da USP (FDRP). Livre-docente (USP). Doutor (LMU, Munique). Consultor e parecerista nas áreas de direito administrativo, regulatório e urbanístico. Coautor de "Processo Administrativo Federal: Lei 9.784/99 comentada". Coordenador de "Processo Administrativo Brasileiro: estudos em homenagem aos 20 anos da Lei Federal de Processo Administrativo".

1. O QUE É COORDENAÇÃO ADMINISTRATIVA?

Ordenar é vincular racionalmente elementos. E essa racionalidade se mede pela capacidade de a estrutura ordenada atingir certas finalidades ou gerar funcionalidades. Seu antônimo, desordenar, consiste em retirar ou prejudicar as vinculações racionais entre os elementos, de forma a comprometer aquilo que a ordem permite e viabiliza.

Conquanto a ordem possa ser natural, dada por forças universais, ou artificialmente criada, ordenar é verbo indicativo de ação humana volitiva consistente em reunir elementos pelo estabelecimento de vinculações supostamente racionais entre eles para se atingir alguma finalidade ou gerar funcionalidades. Reordenar é refazer as relações entre os elementos, modificá-las, inserir ou excluir as relações entre os elementos vinculados, sem que se obstem ou se impossibilitem as finalidades ou funcionalidades centrais do todo ordenado. Coordenar, diferentemente, é ordenar de maneira conjunta, por comportamentos de dois ou mais sujeitos.

A coordenação abrange e pressupõe a cooperação, o trabalho conjunto, a ação interventiva e criativa de uma pluralidade de sujeitos. Assim, embora nem toda cooperação seja coordenação, a coordenação sempre envolve cooperação. No campo da Administração Pública, não é difícil visualizar essa distinção.

Audiências e consultas públicas, assim como outras formas de participação popular, pressupõem cooperação, mas não implicam necessariamente coordenação. Ainda que esses instrumentos sejam frequentemente rotulados como pró-consensuais, na prática, o consenso e a coordenação são meros resultados eventuais da participação popular na Administração Pública. Não raramente, audiências e consultas acarretam ou reacendem dissensos e conflitos em vez de promoverem efetiva consensualidade, entendida como incremento no grau de consenso sobre a gestão pública. Não pretendo, com isso, criticar os institutos participativos. O exemplo lançado serve tão somente para demonstrar o quanto afirmado: cooperação e coordenação são atividades distintas.

Cooperação não depende de coordenação, mas coordenação pressupõe cooperação, já que, na sua essência, coordenar é agir de modo colaborativo para colocar elementos em ordem pela estruturação de vínculos. Coordenar difere de ordenar exatamente pela pluralidade dos sujeitos envolvidos na ação. Por isso, administração cooperativa não equivale a administração coordenada, mas o contrário se aplica. A administração coordenada dependerá sempre da colaboração entre agentes, órgãos e entidades estatais no exercício de funções administrativas.

Arrisco, assim, apontar a definição de coordenação administrativa como harmonização racional de atos materiais, opinativos, normativos ou decisórios concretos, no exercício de funções administrativas, prestativas ou restritivas, mediante atuação conjunta de dois ou mais agentes públicos. Nesse sentido, coordenação pressupõe cooperação, pode ou não ocasionar simplificação administrativa. Em outras palavras, por envolver trabalho conjunto e harmonização, nem toda coordenação simplifica! Em muitos casos, coordenar exigirá mais tempo, mais esforços e mais recursos dos órgãos e agentes públicos envolvidos, além da necessidade de negociações e concessões recíprocas. Assim, coordenar eventualmente implicará tornar o processo administrativo mais complexo, lento, custoso e menos discricionário.

Em termos classificatórios, considerando as variadas relações jurídicas que se manifestam no direito administrativo, é possível tratar de coordenação: (i) interadministrativa, realizada por entidades estatais distintas, como duas ou mais agências reguladoras e (ii) intra-administrativa, desenvolvida entre órgãos públicos de uma mesma entidade ou por vários agentes dentro de um mesmo órgão, como docentes de um departamento de universidade pública que selecionam por decisão conjunta seus orientandos de pós-graduação.

É igualmente cabível contrastar a coordenação administrativa interna, realizada apenas por agentes públicos no âmbito exclusivamente estatal, com a coordenação externa, que envolve a participação de agentes públicos e particulares, pessoas físicas ou jurídicas, incumbidas ou não da execução de tarefas administrativas. Como se discutirá, oportunamente, a participação dessas pessoas externas nem sempre restará sob escolha discricionária da Administração. Se os particulares tiverem seus direitos e interesses debatidos no processo administrativo, figurarão como interessados (partes), daí resultando seu direito à participação, à defesa e ao acompanhamento da coordenação processual ou decisória.

2. FATORES DE DESORDEM NA ADMINISTRAÇÃO PÚBLICA

No plano internacional, Estados soberanos são sujeitos de direitos. No plano interno, porém, Estados são coletividades intricadas de pessoas jurídicas, de direito público ou privado, desconcentradas em órgãos. Apesar de representarem células estatais despersonalizadas, esses órgãos também podem se subdividir em uma cadeia indefinida de outros órgãos subordinados. A cada um deles se vinculam cargos, empregos e funções, ocupados por agentes públicos como pessoas físicas legitimadas à função administrativa por escolha democrática, seleção discricionária pura, seleção discricionária condicionada ou decisão vinculada a resultado de concurso.

O Estado brasileiro não foge a essa regra. A União, os Estados, o Distrito Federal e os Municípios são pessoas jurídicas de direito público interno distribuídas em três níveis federativos (art. 1º e 18 da Constituição da República). A União, os Estados e o Distrito Federal desconcentram-se em três blocos de órgãos públicos, denominados Poderes, cada qual responsável por funções públicas primárias ou predominantes; enquanto o Município se desconcentra em apenas dois blocos, ausente o Judiciário. A despeito da assimetria federativa dos Municípios em relação aos demais níveis, os Poderes Judiciário, Legislativo e Executivo nada mais são que pacotes de órgãos públicos especializados.

Fora dessas pessoas políticas, mas a ela vinculados pelo poder de supervisão, gravita, ainda, um numeroso conjunto de entidades especializadas que formam a Administração Indireta. Essas entidades nada mais são que pessoas jurídicas com personalidade ora de direito público (como autarquias e associações estatais), ora de direito privado (como empresas estatais e certas fundações).

As complexidades institucional e orgânica evidenciam, portanto, que Estados não representam blocos monolíticos. Na ordem interna, consistem em arranjos complexos de pessoas jurídicas, edificados mediante técnicas da descentralização política (divisão em níveis federativos e Poderes), descentralização administrativa (divisão em entidades especializadas) e desconcentração (subdivisão em órgãos despersonalizados).

A princípio, a organização administrativa, ou seja, a estruturação interna e o funcionamento do Estado, por seus variados órgãos e entidades, necessita ocorrer de maneira racional e democrática. Não é por outra razão que a Constituição da República prevê reservas legais nessa matéria, ou seja, exige que o Poder Legislativo: (i) crie e extinga certas entidades, como autarquias; (ii) dê o aval para instituição de outras, como as empresas estatais e (iii) manifeste-se sobre a criação de certos órgãos,[1] bem como de cargos e empregos públicos.

A essa reserva legal, destinada a garantir legitimação democrática em matéria de organização administrativa, somam-se reservas de iniciativa principalmente em favor do Executivo (art. 61, § 1º da Constituição). A iniciativa exclusiva para assuntos organizacionais se destina a evitar que iniciativas de parlamentares possam desfiguram a Administração Pública ou comprometer sua racionalidade mínima, bem como gerar intervenções legislativas indevidas no funcionamento do Executivo e do Judiciário.

Apesar desses consagrados instrumentos de garantia da democratização e da racionalidade (reserva legal e reserva de iniciativa), uma vez criados, alguns entes e órgãos públicos tendem a agir de maneira isolada e a se desconectar do todo. Conquanto não ocorra sempre, é bastante usual que entes e órgãos públicos entrem em conflito, choquem-se, pratiquem atos contraditórios e incoerentes, tomem decisões e ações que inviabilizem uns aos outros.

Subjacente a esse comportamento estatal incoerente, descoordenado e, muitas vezes, autodestrutivo, há muitos fatores, dentre os quais: o insulamento técnico-setorial; o descolamento democrático de órgãos responsáveis por atividades preparatórias ou

1. Defendo que nem todos os órgãos públicos necessitam ser criados por aprovação legislativa, a exemplo dos órgãos de entidades da Administração Indireta. A aprovação legislativa, nessa perspectiva, é apenas necessária para certos órgãos indicados na Constituição, a exemplo dos Ministérios.

acessórias; a captura político-partidária da máquina administrativa, além de elevada dose de clientelismo e fisiologismo.

2.1 O insulamento técnico-setorial

As entidades da Administração Indireta seguem o princípio da especialidade, concentrando-se no exercício de tarefas prestativas ou restritivas muito recortadas. Isso tende a levar os agentes públicos a se insular e a se debruçar cegamente na execução das tarefas próprias que lhes cabem. Isso estimula que ignorem os efeitos de suas ações sobre outros campos de atuação estatal, desconsiderando-nos.

Exemplo clássico desse problema se verifica na relação entre agências reguladoras e órgãos de defesa da concorrência. Para atingir suas finalidades, muitas agências passam a criar custos de transação e barreiras de entrada elevadíssimas, comprometendo a competitividade no setor regulado em prejuízo à efetividade das políticas de concorrência. O contrário também é verdadeiro. Por vezes, com o objetivo de estimular competitividade, entes de defesa da concorrência podem comprometer a finalidade da regulação setorial, por exemplo, em promover avanços técnicos.

2.2 O descolamento democrático

Muitos dos entes e órgãos especializados da Administração não dependem ou dependem muito pouco de escolhas e avais da população ou dos seus representantes, seja para escolha de seus dirigentes, seja para a tomada ou execução de suas decisões, seja para a avaliação de sua atuação. Essa ausência de vínculos mais diretos com os destinatários das políticas públicas pode levar esses agentes públicos a se desconectar da sociedade, do mercado e, pior, do próprio Estado que formam.

Exemplos de descolamento democrático, no sentido aqui indicado, vislumbra-se com certa facilidade na atuação de alguns órgãos de licenciamento, ambiental ou urbanístico, e de órgãos de assessoramento jurídico. Como assumem, no geral, papéis centrais à defesa da legalidade e de interesses públicos primários, mas limitados à elaboração de atos preparatórios ou atos opinativos ao longo da execução de programas, projetos e ações de certas políticas públicas e projetos de infraestrutura conduzidos por entes públicos, os agentes que compõem esses órgãos de licenciamento ou assessoramento não sofrem nem a pressão, nem a responsabilidade social, econômica e política das ações estatais.

Esse distanciamento não os estimula a colaborar com mais intensidade com órgãos administrativos responsáveis pelas atividades fins. Ora, como não há colaboração por diálogo e trabalho conjunto, a coordenação resta dificultada. Não é à toa que, no Brasil, várias leis recentes têm reforçado a necessidade de cooperação por parte de órgãos licenciadores e de assessoramento jurídico, a exemplo do que mostra a nova Lei de Licitações nos artigos a seguir transcritos:

> Art. 25, § 6º Os licenciamentos ambientais de obras e serviços de engenharia licitados e contratados nos termos desta Lei terão *prioridade de tramitação* nos órgãos e entidades integrantes do Sistema Nacional do Meio Ambiente (Sisnama) e deverão ser orientados pelos princípios da *celeridade, da cooperação,* da economicidade e da eficiência.
>
> Art. 8º, § 3º As regras relativas à atuação do agente de contratação e da equipe de apoio, ao funcionamento da comissão de contratação e à atuação de fiscais e gestores de contratos de que trata esta Lei serão estabelecidas em regulamento, e deverá ser prevista a possibilidade de eles contarem com o *apoio dos órgãos de assessoramento jurídico e de controle interno* para o desempenho das funções essenciais à execução do disposto nesta Lei.

2.3 Disputas político-partidárias

Outro fator de desordem da Administração Pública e de desestímulo à coordenação consiste no manejo excessivamente partidarizado das tarefas administrativas sobretudo no sentido de se inviabilizar projetos e ações de antagonistas políticos. Em certas ocasiões, em vez de cooperar, entes políticos são conduzidos no sentido de fazer fracassar programas, projetos e ações de Administrações sob governo ou direção de outros grupos políticos.

No Brasil, isso se viu muito claramente na pandemia de 2020 a 2022, período em que se multiplicaram disputas entre administrações e governos estaduais e federal em relação a vacinas e medidas sanitárias de contenção do vírus. Por mando e influência de seus dirigentes, entes públicos não só deixaram de colaborar e coordenar ações para combater os efeitos danosos da pandemia, como também agiram para deslegitimar medidas sanitárias alheias perante a população, o mercado e a própria burocracia estatal.

Na prática, não é simples combater esse tipo de comportamento por uma série de problemas. A uma, é difícil precisar em que momento a ação baseada em posicionamento político-partidário se transforma em ato ilícito. A duas, existem barreiras significativas à abertura e à condução de processos de responsabilidade de agentes políticos e dirigentes maiores, seja no campo dos crimes de responsabilidade, seja no disciplinar ou da improbidade. A três, coloca-se o enfraquecimento da legislação brasileira no tocante ao desvio de finalidade, sobretudo após a modificação do art. 11 da Lei de Improbidade pela Lei 14.230. Fora do plano jurídico, o combate a esse fator de desalinhamento estatal é prejudicado pelo sistema de legitimação dos partidos perante seus eleitorados, que frequentemente se alimentam de antagonismos desnecessários.

2.4 Clientelismo e fisiologismo

Além das disputas partidárias, a coordenação costuma ser afetada por práticas de natureza patrimonialista na gestão pública, dada a tradição clientelista e fisiologista que ainda impera em diversos níveis administrativos, desde os mais altos e políticos, até os mais baixos e técnicos. No clientelismo, o agente público não se preocupa com a consecução das finalidades públicas, mas sim em garantir a proteção e os benefícios clamados pelos grupos que o colocaram na posição de poder. Troca-se voto por vantagem.

Já sob o fisiologismo, geralmente associado ao clientelismo, o agente público ignora os fins do Estado sempre que não se harmonizem aos seus próprios interesses e benefícios, simplesmente porque seu intuito pessoal não consiste em governar ou administrar, senão em extrair o máximo de vantagens pessoais durante sua permanência na posição de poder.

Engana-se quem limita referidas práticas à Administração Direta e aos cargos políticos. Na Administração Indireta, essas patologias são corriqueiras. Para as menores posições de poder, nas entidades mais insuspeitas, também operam sistemas de troca de favores e de proteção como pagamento de voto para justificar a escolha de muitos dirigentes administrativos. Daí resultam mais desestímulos à coordenação.

3. COORDENAR É PRECISO! MAS COMO FAZER?

Entidades, órgãos e agentes públicos muitas vezes agem de maneira incoerente, desordenada e autodestrutiva por força dos fatores precitados, entre tantos outros. Essa desordem tem o potencial de comprometer o ordenamento jurídico de diversas maneiras. A ausência de coordenação na Administração Pública ou sua insuficiência são capazes de: (i) obstar a concretização do princípio da eficiência, não tanto numa perspectiva de celeridade procedimental, mas sim, principalmente, de coerência, estabilidade e efetividade decisória e executória; (ii) reduzem o grau de segurança jurídica, na medida em que tornam a ação estatal caótica, instável, imprevisível e incapaz de garantir estabilidade aos envolvidos e aos seus destinatários; e (iii) prejudicam a consecução de interesses públicos primários, aqui entendidos como objetivos de políticas públicas, imprescindíveis à tutela de direitos fundamentais dos mais variados.

Não há dúvidas, portanto, de que coordenar é preciso! O ordenamento jurídico necessita controlar o grau de desordem estatal para garantir a efetividade de princípios da administração, a consecução de interesses públicos e a tutela de direitos fundamentais. A desordem prejudica o direito, coloca em jogo sua legitimidade e a do próprio Estado, razão pela qual o legislador transforma a coordenação em seu objeto e busca mitigar as forças desordenadoras.

Como isso ocorre não é pergunta fácil de se responder. Aparentemente, o legislador cria, de um lado, mecanismos para que o Estado se descentralize e se desconcentre com um mínimo de racionalidade e legitimidade. Aqui despontam as técnicas de reserva legal e reserva de iniciativa em matéria de organização administrativa. De outro, estabelece ferramentas para que entidades e órgãos públicos desenvolvam suas tarefas de maneira ordenada, coerente, harmônica.

Em termos abstratos e classificatórios, quanto ao momento, essas ferramentas de coordenação de funções administrativas podem ser empregadas durante a condução de procedimentos, inclusive processos; na fase de tomada da decisão, normativa ou concreta, ou na fase de execução dessas decisões por meio da adoção de medidas materiais. Em termos cronológicos, portanto, pode-se falar de (a) coordenação preparatória; (b) coordenação decisória e (c) coordenação executória. Já por um critério que leva em conta o efeito e a intensidade do fenômeno, é possível tratar de coordenação por: (d) unificação; (e) vinculação ou (f) aproximação.

A unificação é a técnica de coordenação mais forte e interventiva nas competências e na discricionariedade administrativa. Ao serem unificados, dois ou mais procedimentos ou decisões que, a princípio, ocorreriam de maneira isolada e paralela são fundidos em um único elemento. A coordenação impede espelhos procedimentais ou decisórios, desaguando em um comportamento estatal único. Isso afasta qualquer possibilidade de paralelismo, bem como qualquer risco de contradição.

No ordenamento brasileiro, nota-se essa técnica tanto na proibição de licenciamento ambiental múltiplo, exigindo-se que um único órgão assuma o licenciamento ambiental como processo ambiental único (art. 13, *caput* da Lei Complementar 140/2011),[2] quanto na regra que impõe processo administrativo de responsabilização conjunto para apurar comportamento que possa ser tipificado ao mesmo tempo como infração licitatória/contratual e como infração de corrupção (art. 159 da Lei 14.133/2021).[3] Para além disso, vislumbra-se unificação na técnica de decisão administrativa complexa, em que vários órgãos colaboram para a construção de uma única decisão.

Diferentemente da unificação, na vinculação e na aproximação, a coordenação administrativa é obtida sem que a atuação de outro órgão ou ente reste impossibilitada. Na vinculação, o ato opinativo, o ato normativo ou o ato administrativo concreto de um órgão deflagra efeito vinculante total ou parcial do comportamento de outro. Dessa maneira, o órgão que age posteriormente é obrigado a observar o quanto foi opinado, normatizado ou decidido pelo que agiu anteriormente, dentro da mesma entidade ou entre entidades distintas. Também é possível falar de coordenação por vinculação nas ações de diferentes agentes de um mesmo órgão público, mas em momentos distintos.

Há muitos exemplos desse fenômeno de coordenação por vinculação no ordenamento jurídico, tal como os pareceres normativos da AGU, os pareceres vinculantes em geral, as súmulas administrativas e as respostas a consultas com efeitos vinculantes nos termos do art. 30 da LINDB.

Já a técnica de coordenação por aproximação é a mais branda dentre as três apontadas, pelo fato de que, nela, não se extingue a ação paralela e múltipla, nem se condiciona uma ação estatal a

---

2. Art. 13. Os empreendimentos e atividades são licenciados ou autorizados, ambientalmente, por um único ente federativo, em conformidade com as atribuições estabelecidas nos termos desta Lei Complementar.

3. Art. 159. Os atos previstos como infrações administrativas nesta Lei ou em outras leis de licitações e contratos da Administração Pública que também sejam tipificados como atos lesivos na Lei nº 12.846, de 1º de agosto de 2013, serão apurados e julgados conjuntamente, nos mesmos autos, observados o rito procedimental e a autoridade competente definidos na referida Lei.

outra. A aproximação simplesmente impõe a cooperação, o trabalho conjunto e o diálogo entre as autoridades competentes para conduzir procedimentos e tomar decisões sobre assuntos idênticos, sobrepostos ou prejudiciais. As autoridades não são obrigadas a decidir em conjunto, nem a conduzir seus processos de maneira colaborativa. Elas simplesmente necessitam dialogar para trocar as informações necessárias no sentido de evitar atuações contraditórias que possam comprometer suas finalidades. Exemplos dessa técnica de coordenação se vislumbram no art. 35 da LPA federal, segundo o qual: "Quando necessária à instrução do processo, a audiência de outros órgãos ou entidades administrativas poderá ser realizada em reunião conjunta, com a participação de titulares ou representantes dos órgãos competentes, lavrando-se a respectiva ata, a ser juntada aos autos".

4. DECISÃO COORDENADA NO ART. 49-A DA LPA: DESCRIÇÕES E LAMENTAÇÕES

Antes de criticar, é preciso compreender. Não por outro motivo, buscou-se apontar até aqui uma definição prévia de coordenação administrativa, discutir os fatores que a dificultam, indicar os efeitos nocivos que esses fatores deflagram e sistematizar as técnicas que o direito positivo emprega para imprimir mais coordenação às funções administrativas. Mas isso não basta, para se traçar comentários e apontar críticas ao novo instituto da decisão coordenada e seu regime jurídico, impõe-se descrevê-lo, ainda que sem a pretensão de ser exaustivo.

Em termos topográficos, a Lei 14.210, de 2021 inseriu a decisão coordenada no Capítulo XI-A na Lei de Processo Administrativo federal, logo após o Capítulo XI, que desde a redação originária da LPA federal trata do dever de decidir das autoridades públicas. No novo capítulo de 2021, originariamente, o legislador intentou inserir 7 artigos, ou seja, os art. 49-A a 48-G, mas o art. 49-C restou vetado. Não obstante, restaram muitos comandos a disciplinar o instituto em debate. Assim, resta verificar, a partir deles, do que exatamente se trata. O que é decisão coordenada e como ela se dá? E mais que isso: será que a decisão coordenada, tal como ficou normatizada, efetivamente fará a coordenação administrativa avançar? Vejamos alguns comandos e suas deficiências com o objetivo de localizar respostas.

De acordo com o art. 49-A, *caput* da LPA, na Administração Pública Federal, as decisões *poderão* ser tomadas de maneira coordenada, sempre que exigirem, participação de "3 (três) ou mais *setores*, órgãos ou entidades" e desde que se cumpram dois requisitos: (i) a coordenação se justifique pela relevância da matéria e (ii) haja discordância que prejudique a celeridade do processo administrativo decisório. Esse primeiro comando aponta que a decisão coordenada consiste em uma faculdade de decidir em conjunto assuntos de natureza administrativa que se mostrem relevantes e sejam objeto de dissenso.

Tal como redigida, essa redação do art. 49-A, *caput* levanta alguns problemas e suscita muitas dúvidas. Por que a decisão coordenada depende de, pelo menos, três sujeitos? Se coordenar é ordenar em conjunto, não bastariam dois em dissenso para que o instrumento de coordenação pudesse ser empregado? Além disso, por que o legislador não impôs a coordenação? Se o intuito é combater a desordem administrativa, a ineficiência e a insegurança jurídica, por que criar um instituto de uso discricionário? Aliás, o que um instituto discricionário de coordenação opera de mudança no ordenamento pátrio, que já albergava a coordenação como faculdade dos órgãos públicos, por exemplo, no princípio constitucional da eficiência? Outro problema do *caput*: o que afinal significa setor? Setor não encontra definição no direito administrativo e é expressão dispensável totalmente no texto legal. Mais que isso, como se demonstrou, é possível e desejável também a coordenação intra-administrativa, dentro do mesmo órgão público, mas o dispositivo estranhamente não contempla essa possibilidade.

Em complemento ao *caput,* o art. 49-A, § 1º aponta uma prolixa definição legal da decisão coordenada como "*instância* (sic) de natureza interinstitucional ou intersetorial que atua de forma compartilhada com a finalidade de *simplificar* (sic) o processo administrativo mediante participação de todas as autoridades e agentes (sic) decisórios e dos responsáveis pela instrução técnico-jurídica (sic), observada a natureza do objeto e a compatibilidade do procedimento e de sua formalização com a legislação pertinente".

Há, no mínimo, três problemas evidentes nesse texto do art. 49-A, § 1º. O primeiro é a definição extremamente longa e prenhe de atecnias. Como se sabe, leis devem ter redação clara, objetiva, concisa, utilizando termos no seu sentido técnico e de maneira precisa. O segundo são os erros jurídicos. Decisão não é instância! Uma coisa não se confunde com a outra no direito. Decisão é ato, concreto ou normativo, que afeta esfera de direitos. Instância é indicação de plano organizacional com competência processual e decisória. O texto, pois, não cumpre seu principal papel. Define sem definir! Não esclarece se a faculdade da decisão coordenada é técnica de unificação decisória, de vinculação ou de mera aproximação.

Como se não bastasse, a definição do art. 49-A, § 1º tem um terceiro problema: confunde o papel da coordenação administrativa com o da simplificação processual. Ora, qual é o objetivo do novo instrumento: gerar coordenação ou tornar o processo mais simples pela modificação de seu rito? Essa pergunta é relevante, pois, a princípio, coordenar não é sinônimo de simplificar. Aliás, como dito ao início, não raramente, a coordenação gera mais complexidade procedimental, custos adicionais, alguma lentidão e restrições à discricionariedade, impondo o uso intensivo de ferramentas de comunicação, diálogo e harmonização de comportamentos de uma pluralidade de sujeitos.

Ainda no art. 49-A, os § 4º e 5º apontam que: a decisão coordenada não exclui a responsabilidade dos órgãos ou autoridades participantes, nem deve ocorrer sem observância de princípios como a legalidade, eficiência, transparência. Até aqui, duas obviedades. Não é necessário repetir em textos legais que disciplinam funções administrativas, como a LPA, que essas funções se sujeitam a princípios constitucionais e basilares do direito administrativo.

Não há dúvida de que a LPA se submete à Constituição, inclusive no tocante à responsabilidade extracontratual do que conduzem o processo e nele decidem. O § 5º, além disso, mistura novamente o tema da coordenação com simplificação procedimental.

Por sua vez, o art. 49-A, § 6º traz vedações para a decisão coordenada em licitações, processos sancionatórios e em processos de autoridades de Poderes distintos. Confesso, aqui, não ter entendido a razão das limitações, sobretudo quando se considera que o *caput* indica a decisão coordenada como técnica facultativa. Qual seria a razão para temer a coordenação nos referidos campos legais? Veja-se que a própria Lei de Licitações fala de centralização de compras e procedimentos conjuntos como mecanismo de coordenação e cooperação (art. 181).[4] Aliás, a Lei de Licitação parece muito mais avançada que a LPA modificada em 2021, já que aparentemente não concede uma faculdade de coordenação, impondo verdadeiramente um dever.

Causa maior de perplexidade, porém, é a vedação da decisão coordenada no campo do direito administrativo sancionador. É público e notório que um dos assuntos que necessitam de reforma urgente na LPA federal é o art. 68, que trata do poder punitivo da Administração de maneira superficial e precária. Esse artigo deveria conter os pilares fundamentais do direito sancionador, mas não o faz. Essa lacuna, somada à multiplicação da legislação, tem ocasionado gravíssimas disfunções. De um lado, multiplicam-se sanções e processos administrativos de responsabilização baseados em um mesmo e único comportamento, afastando a proibição do *bis in idem* da prática do direito administrativo. De outro, não raramente, processos administrativos dedicados a um mesmo comportamento desembocam em decisões conflitantes, elevando a graus inaceitáveis a insegurança jurídica. Por esses e outros problemas, a LINDB dedicou normas ao direito administrativo

4. Art. 181. Os entes federativos instituirão centrais de compras, com o objetivo de realizar compras em grande escala, para atender a diversos órgãos e entidades sob sua competência e atingir as finalidades desta Lei.

sancionador (art. 22, § 1º a 3º)[5], enquanto a Lei de Improbidade atualizada em 2021 (art. 3º, § 2º)[6] e a nova Lei de Licitações (art. 159)[7] passaram a tratar do assunto da coordenação decisória com técnicas claras de unificação. Todavia, na contramão do direito positivo e da doutrina, a LPA federal reformada veda a decisão coordenada nessa seara de maneira inexplicável.

Estendendo suas vedações, em contradição ao que formalmente diz estimular, o art. 49-A, § 6º da LPA ainda proíbe a decisão coordenada entre autoridades de diferentes Poderes. As razões para tanto são igualmente obscuras! Por que deveríamos temer que órgãos do Judiciário adotassem decisões coordenadas com autoridades do Ministério Público em temas administrativos? Por que temer que entidades da Administração Indireta, como agências, pudessem decidir de maneira coordenada com órgãos de controle do legislativo, como os Tribunais de Contas?

A Constituição afirma que os poderes são independentes, mas devem atuar de maneira harmônica entre si. Ora, se a decisão

5. Art. 22, § 1º Em decisão sobre regularidade de conduta ou validade de ato, contrato, ajuste, processo ou norma administrativa, serão consideradas as circunstâncias práticas que houverem imposto, limitado ou condicionado a ação do agente. (Incluído pela Lei nº 13.655, de 2018)

   § 2º Na aplicação de sanções, serão consideradas a natureza e a gravidade da infração cometida, os danos que dela provierem para a administração pública, as circunstâncias agravantes ou atenuantes e os antecedentes do agente. (Incluído pela Lei nº 13.655, de 2018)

   § 3º As sanções aplicadas ao agente serão levadas em conta na dosimetria das demais sanções de mesma natureza e relativas ao mesmo fato. (Incluído pela Lei nº 13.655, de 2018)

6. Art. 3º, § 2º As sanções desta Lei não se aplicarão à pessoa jurídica, caso o ato de improbidade administrativa seja também sancionado como ato lesivo à administração pública de que trata a Lei nº 12.846, de 1º de agosto de 2013. (Incluído pela Lei nº 14.230, de 2021)

7. Art. 159. Os atos previstos como infrações administrativas nesta Lei ou em outras leis de licitações e contratos da Administração Pública que também sejam tipificados como atos lesivos na Lei nº 12.846, de 1º de agosto de 2013, serão apurados e julgados conjuntamente, nos mesmos autos, observados o rito procedimental e a autoridade competente definidos na referida Lei.

coordenada é técnica de promoção da harmonia e da coerência nas funções administrativas, exercidas em maior ou menor medida por todos os três Poderes, que razão sobraria para vedar o instituto nas relações entre eles? Além de imotivada, a norma do § 6º em debate contradiz o § 1º, que valoriza a coordenação numa perspectiva intersetorial. Ora, a intersetorialidade não pode ser pensada apenas no âmbito do Executivo! Cada vez mais, órgãos de controle judicial e legislativo assumem o papel de reguladores indiretos, influenciando decisivamente as ações de entes especializados do Executivo, daí a importância de que possam se unir nas tarefas de coordenação, a despeito das divisões orgânicas de Poderes.

Esse e outros problemas do art. 49-A passam a impressão de que a Lei 14.210 não foi fruto do necessário debate e preparação entre especialistas em processo administrativo. Essa impressão negativa é reforçada pela leitura de outros artigos, com frequentes erros técnico-conceituais de disciplina processual. Exemplo disso se vislumbra no art. 49-B, segundo o qual os interessados – verdadeiras partes do processo administrativo conforme indica o art. 9º da LPA – deverão solicitar sua habilitação para participar na decisão coordenada e que, quando aceitos, figurarão no desenvolvimento da coordenação como "ouvintes". Da forma como posto, o art. 49-B abre espaço para a interpretação de que as autoridades competentes poderão, se desejarem, conferir ou não direito de defesa e manifestação ao interessado durante a coordenação decisória.

Ocorre que partes não são ouvintes. Partes defendem seus direitos e interesses no processo administrativo! Não existe discricionariedade nesse âmbito. Interessado é conceito técnico ancorado no art. 9º da LPA e insere-se na sua garantia fundamental, constante do art. 5º, LV da Constituição da República, acompanhar os atos processuais, acessar os elementos que influenciam a decisão, contraditar e se defender diante de todos os argumentos, fatos e argumentos que possam afetar o processo e, assim, atingir sua esfera de direitos e interesses tutelados. Não cabe à autoridade pública, destarte, qualquer margem de escolha para decidir sobre a participação dos interessados na coordenação decisória.

Merece comentário, ainda, o extenso art. 49-G, segundo o qual a *conclusão dos trabalhos* da decisão coordenada será consolidada em *ata* (...)", a ser publicada no Diário Oficial da União. A primeira crítica que o dispositivo suscita diz respeito à sua restrição à conclusão dos trabalhos. Não é apenas a conclusão que necessita constar de ata. Todos os atos dos processos administrativos, por envolverem direitos e interesses dos interessados, devem ser documentados nos autos. Dessa maneira, qualquer sessão realizada pelos órgãos envolvidos para construir decisão coordenada deverá ter seu curso aberto aos interessados e seu resultado divulgado em ata, ainda que não se trate da conclusão dos trabalhos. Não é lícito que sessões várias sejam realizadas de maneira secreta, sem a transparência que o devido processo impõe. Isso significa que a decisão coordenada poderá envolver inúmeras sessões e, por conseguinte, várias atas, não apenas uma, relativa à decisão final.

Além disso, o art. 49-G causa estranheza, quando cotejado juntamente ao art. 49-A, por determinar que a ata conterá a "decisão de cada órgão ou entidade relativa à matéria sujeita à sua competência". Aqui, retoma-se a dúvida inicialmente exposta. O que é, afinal, a decisão coordenada? Trata-se de uma técnica de coordenação por unificação, vinculação ou aproximação decisória na Administração Pública?

Ao apontar que a ata conterá as decisões das autoridades participantes, o art. 49-G transmite a ideia de que a decisão coordenada não representaria decisão unificada, senão um conjunto de decisões aproximadas, construídas por diálogo entre os órgãos competentes envolvidos mediante encontros em sessões formais, mas editadas e publicadas por ata única e comum a todos, sem prejuízo das responsabilidades individualizadas. Será essa a interpretação correta do instituto?

5. CONCLUSÃO: AVANÇO OU FRACASSO?

Coordenar é preciso. O Estado custa caro, influencia diretamente a sociedade e o mercado, não sendo aceitável que agentes públicos conduzam suas funções no sentido de frustrar e inviabilizar, injustificadamente, políticas públicas, programas, projetos e ações administrativas. A desordem no exercício de funções públicas não pode comprometer interesses públicos primários, gerar cenários de extrema insegurança jurídica, nem minar a efetividade de direitos fundamentais.

Coordenar o Estado, porém, não é tarefa simples. Distintos fatores impulsionam o insulamento e a prática de comportamentos incoerentes e autodestrutivos entre órgãos e entes que formam a Administração. Certo grau de desordem já resulta da natural fragmentação estatal em virtude dos processos de descentralização administrativa e desconcentração. Embora controlados na origem pelas técnicas da reserva legal e pela reserva de iniciativa, esses processos multiplicam entidades, órgãos e agentes que tendem a agir de maneira isolada por força da especialidade técnico-setorial. Somam-se a isso outros estímulos ao isolamento e à perda da coordenação, como descolamentos democráticos de certos órgãos intermediários, manipulações político-partidários de funções administrativas, além de manifestações clientelistas e fisiologistas por parte de governantes e dirigentes.

Sob essas circunstâncias, mostra-se imprescindível à manutenção da legitimidade do direito e do próprio Estado que se controlem as forças de insulamento e desordem por meio de normas que promovam a coordenação administrativa sempre que possível. Isso deve ocorrer ao longo dos procedimentos, nos momentos de tomada de decisões e na execução de ações materiais. As ferramentas utilizadas para tanto podem ser mais ou menos interventivas, passando pela unificação, pela vinculação e pela aproximação de atos opinativos, normativos, administrativos ou executórios.

A decisão coordenada, introduzida na LPA federal pela Lei 14.210 de 2021, soma-se a esse movimento de mitigação da desordem. Contudo, o instituto é frágil e tímido, em primeiro lugar, porque seu texto é confuso, prolixo e pouco técnico, não revelando se a decisão coordenada consiste em técnica de unificação, vinculação ou aproximação administrativa; em segundo, porque aponta a coordenação como faculdade e, ainda, dependente de várias condições, enquanto outras leis tratam do uso compulsório de técnicas de coordenação; em terceiro lugar, porque a Lei 14.210 se contradiz ao valorizar a coordenação, mas, em seguida, ao proibir seu uso em processos de licitação, de direito sancionador e em relações entre diferentes Poderes.

Ora, se considerarmos que a faculdade de coordenar decisões já era possível e, inclusive, estava consagrada de maneira implícita em princípios constitucionais, como o da eficiência (num sentido de efetividade decisória) e no art. 35 da LPA federal, os artigos inseridos pela Lei 14.210 na LPA federal só farão o processo administrativo retroceder. Afinal, o que há de forte e vinculante no seu texto não é o dever de coordenar (já o legislador se limitou a criar faculdade!), senão os requisitos e as vedações que o legislador impôs às técnicas de coordenação. Certamente, sem esses novos requisitos e vedações, a coordenação teria espaço mais livre para florescer.

7

PRINCIPAIS DESAFIOS INTERPRETATIVOS PARA A IMPLEMENTAÇÃO DA DECISÃO COORDENADA NO DIREITO BRASILEIRO

RAVI PEIXOTO

Doutor em Direito Processual pela UERJ. Procurador do Município do Recife. Advogado. Membro da ANNEP, do CEAPRO e do IBDP (ravipeixoto@gmail.com)

Sumário: 1. Introdução. 2. Para que pode ser iniciada uma decisão coordenada?. 3. Por que iniciar o procedimento de decisão coordenada?. 4. Em que matérias pode ser utilizada?. 5. Quem pode iniciar o procedimento?. 6. Como funciona o procedimento decisório?. 6.1. Funcionamento do processo decisório: síncrono ou assíncrono. 6.2. Participantes do processo decisório. 6.3. O processo decisório. 6.4. Eficácias da decisão. 6.5. O problema recursal. 7. Conclusão. Referências.

1. INTRODUÇÃO

Por vezes, o processo de tomada de decisões no âmbito administrativo é centralizado, obscuro e sem qualquer coordenação entre todos os seus participantes. Há, por parte da doutrina, uma identificação de que há pouca organização objetivando um exercício de articulação administrativa.[1] Essa fragmentação desorganizada do exercício das competências compromete a celeridade das decisões e o próprio exercício mais democrático dos poderes

1. MACIEL, Caroline Stéphanie Francis dos Santos. Articulação administrativa: por uma reforma cultural da administração pública. *Revista de Direito Administrativo*, v. 280, n.1, mai./ago.-2021, p. 201.

administrativos, pois o processo decisório acaba sendo exercido de forma isolada e por vezes obscuro.

Inegávelquejáhaviaalgumapreocupaçãolegislativacomotema. O decreto-lei n. 200/1967 já detinha a previsão de que as atividades da Administração Federal devem ser objeto de *permanente coordenação* (art. 8º). Essa preocupação também está presente na regulação das competências da Casa Civil e da Secretaria-Geral da Presidência da República, que devem coordenar impasses entre órgãos quanto aos méritos das propostas de atos normativos (art. 23-B, do Decreto 9.191/2017). Mas o problema permanece.

Relevante novidade inserida na legislação brasileira em 2021, com o objetivo de melhorar essa coordenação, que, até o momento, não foi alcançada concerne ao tema da decisão coordenada, incluída na Lei n. 9.784/1999 pela Lei n. 14.210, objetivando diminuir esses problemas identificados pela doutrina. A pretensão com a inserção desse novo procedimento decisório é a de simplificar o processo administrativo de tomada de decisões complexas, permitindo que as autoridades e agentes decisórios que possuem, ao menos, alguma parcela de responsabilidade para a tomada de uma decisão por parte do poder público participem em conjunto da decisão. Por vezes, para decisões complexas, que exigem respostas de vários setores de uma mesma administração pública, há uma certa confusão entre os setores, que ora prolatam decisões divergentes, ora invadem eventual esfera decisória de outrem e, enquanto isso, eventual projeto público/particular fica parado no meio dessa divergência de vozes.

Trata-se de uma alteração legislativa que possui clara inspiração no direito estrangeiro, sendo possível mencionas dois destaques: a *conferenza dei servizi* da Itália e a Conferência procedimental de Portugal. Trata-se de dois institutos, em especial aquele já desenvolvido na Itália, que conta com certa maturação e que pode servir de norte para a interpretação das eventuais dificuldades a serem resolvidas para a devida utilização das decisões coordenadas no Brasil. No momento da proposta do projeto de lei, há referência expressa à inspiração na legislação italiana e ainda à Lei Delegada

n. 180, de 20 de janeiro de 2011, do Estado de Minas Gerais, editada à época em que o Senador Antonio Anastasia foi governador do Estado.

A legislação ainda é bastante recente e não conta ainda com muitos textos que objetivem interpretar todos os seus possíveis pontos de maior complexidade. O propósito desse texto é a de tentar solucionar os principais problemas interpretativos da legislação, buscando resposta a várias possíveis perguntas sobre o novo tema.

2. PARA QUE PODE SER INICIADA UMA DECISÃO COORDENADA?

Na legislação brasileira, a denominação utilizada foi a de decisão coordenada, o que poderia levar à interpretação de que o procedimento apenas poderia ser utilizado para a decisão final. Em outros termos, que apenas a eventual aprovação ou não de um dado projeto poderia se utilizar de uma coordenação de competências.

Para que se possa refletir sobre a questão, importa trazer substratos do direito estrangeiro. Na Itália, nos termos do art. 14 da Lei do Procedimento Administrativo, existem três modalidades de *conferenza dei servizi*. São elas:

1) preliminar, utilizada a pedido de algum particular que tenha algum projeto de considerável complexidade, tendo o objetivo de verificar, antes da sua apresentação definitiva, quais são as condições para obter a autorização do poder público;
2) instrutória, detendo caráter facultativo e tem por objetivo efetuar uma análise contextual dos interesses públicos envolvidos em um procedimento administrativo. O seu escopo é identificar quais são todos os elementos instrutórios, de todos os órgãos públicos envolvidos, que serão exigidos

para a decisão final por parte do órgão competente para proferir a decisão final;[2]

3) decisória, considerada obrigatória e utilizada nos casos em que a conclusão positiva do procedimento requer a manifestação de mais de um procedimento, de competência de mais de um órgão da administração pública.

Em princípio, todas essas três modalidades podem ser utilizadas. Antonio do Passo Cabral defende a possibilidade de sua utilização para *articulações cognitivas ou deliberativas prévias à tomada de decisão*, o que incluiria a instrução conjunta e prática de atos de coleta de informações.[3] Ter-se-ia, nessa hipótese, uma espécie de decisão coordenada de cunho instrutório, que seria utilizada para preparação da decisão final.

Uma maior reflexão quanto ao cabimento seria exigida para a decisão coordenada administrativa preliminar. Isso ocorre porque, no direito brasileiro, foi vetada a possibilidade de o procedimento ser iniciado por parte dos interessados. No entanto, nada impede que o particular detentor de um projeto de particular complexidade venha a provocar o Poder Público sobre os requisitos para a sua autorização por parte do ente público e o órgão opte por *provocar, ele próprio*, uma decisão coordenada.

3. POR QUE INICIAR O PROCEDIMENTO DE DECISÃO COORDENADA?

É evidente que a instauração do procedimento da decisão coordenada só pode ser realizada quando houver a necessidade de participação de três ou mais setores da Administração Pública federal (art. 49-A, *caput*, da Lei 9.784/1999). A mesma legislação

---

2. CLARICH, Marcello. *Manuale di diritto amministrativo* . 3ª ed. Milão: Il Mulino, 2017, p. 187.

3. CABRAL, Antonio do Passo. Comitologia decisional no processo administrativo: novos arranjos de competências administrativas entre coordenação e divisão de atribuições. Texto constante da presente coletânea.

ainda exige a relevância da matéria e a existência de discordância que prejudique a celeridade do procedimento administrativo decisório.

O que poderia ser tido como relevância da matéria? É possível tomar emprestado o art. 1.035, §1º, do CPC, que, ao definir o que seria repercussão geral, afirma que ela existirá quando o caso envolver "questões relevantes do ponto de vista econômico, político, social ou jurídico que ultrapassem os interesses subjetivos do processo". Obviamente não se propõe uma aplicação subsidiária ou algo parecido, mas trata-se de texto normativo que traz indicativos do que se pode ter para identificar a relevância de uma dada matéria.

A relevância da matéria, então, teria de ser uma questão que ultrapassa o simples interesse dos seus envolvidos. Esse interesse, por sua vez, pode ser de várias naturezas, seja ele financeiro, por ser um projeto de altíssimos valores, que envolva questão social sensível, a exemplo da construção de um estádio de futebol. Seriam gastos enormes valores, requerendo eventuais desapropriações, reflexões sobre diversas questões urbanísticas, como o tráfego de veículos na região etc.

O outro requisito é a discordância. Consoante defendido por José Vicente Santos de Mendonça[4], esta tende a deter maior utilidade se for *virtual*, no sentido de que, sobre aquela matéria, ou sobre matéria semelhante, diferentes órgãos *emitiram* opiniões diferentes. Parece ser totalmente contraproducente esperar que todos os possíveis órgãos envolvidos precisem se manifestar de forma divergente entre eles para que seja instaurado o procedimento da decisão coordenada.

Se um dos requisitos do procedimento é o de que a divergência atrapalhe a celeridade do processo administrativo, basta que ela

---

4. MENDONÇA, José Vicente Santos de. Decisão administrativa coordenada: *tradeoffs*, limites e impossibilidades. In: *Decisão administrativa coordenada*, evento realizado no dia 02/12/2021. Disponível em: https://www.youtube.com/watch?v=QY_RMO_b-Kg, acesso no dia 17/04/2022.

seja virtual. Isso porque, nesse caso, já resta possível identificar que haverá dificuldades para o trâmite do processo, sendo interessante que essa divergência seja resolvida. Por outro lado, esperar que a divergência ocorra é agir *depois que a celeridade já foi afetada*, com idas e vindas do projeto a ser aprovado ou não.[5]

4. EM QUE MATÉRIAS PODE SER UTILIZADA?

Em princípio qualquer tema pode ser objeto da decisão coordenada. No entanto, a legislação insere algumas vedações, impedindo, peremptoriamente, a utilização da decisão coordenada nos processos administrativos de: 1) licitação; 2) relacionados ao poder sancionador e 3) em que estejam envolvidas autoridades de Poderes distintos.[6]

Para Antonio do Passo Cabral, tais vedações não devem ser aplicadas, porque são atécnicas.[7] Por mais que se concorde com o autor, quanto a atecnia e, mais propriamente, a falta de lógica nas vedações, a lei é bastante clara. E não parece haver qualquer inconstitucionalidade na previsão legal, por pior que seja. De fato, a licitação, por exemplo, deveria ser exemplo primordial de utilização do procedimento, dado que, por vezes, tendo em vista a relevância da contratação, há necessidade do envolvimento de diversos setores.

Naturalmente, o que se pode cogitar é de que, em havendo utilização do procedimento, apesar da vedação legal, ter-se-ia uma

---

5. Como já alertado pela doutrina: SAAD, Amauri. As decisões coordenadas na Lei nº 14.210/2021. *Revista Consultor Jurídico*, 14 de outubro de 2021. Disponível em: https://www.conjur.com.br/2021-out-14/amauri-saad-decisoes-coordenadas--lei-142102021, acesso no dia 17/04/2022.

6. A vedação à licitação já constava do decreto 47.757/2011, de Minas Gerais, que regulamentava a decisão coordenada naquele Estado em seu art. 6º: A Conferência de Serviços não se aplica a licitações.

7. CABRAL, Antonio do Passo. Comitologia decisional no processo administrativo: novos arranjos de competências administrativas entre coordenação e divisão de atribuições.

nulidade. Mas seria uma nulidade insanável? Afinal, todos os órgãos que possuem competência para proferir decisões relativa ao tema objeto da decisão coordenada participam do procedimento. Se houve decisão coordenada, todos proferiram suas decisões. Haveria alguma espécie de prejuízo, seja ao particular, seja ao interesse público?

Vale lembrar que a teoria das nulidades é regida, também no direito público, pela necessidade de demonstração do prejuízo para que, da constatação da invalidade, seja aplicada a sanção de nulidade. Não se cogita aqui de outros vícios que constem nos atos, a exemplo da ausência de decisão por algum órgão, mas de simples impugnação da utilização do procedimento. Haveria algum direito fundamental violado? Algum vício de competência? Não parece haver qualquer vício para além daquele de procedimento, que, na verdade, é mais complexo do que o tradicional, por exigir um compartilhamento com o diálogo entre os órgãos competentes.

Antonio do Passo Cabral cogita de eventual impedimento à utilização do processo de decisão coordenada para as situações de vedação à delegação de competência. De acordo com o art. 13 da Lei n. 9784/1999, não pode haver delegação para edição de atos normativos, decisão de recursos administrativos e matérias de competência exclusiva de órgão ou autoridade. O autor até admite a decisão coordenada nas duas primeiras hipóteses. No caso das competências exclusivas, propõe apenas que seja vedada a transferência da competência, mas seria possível uma divisão de tarefas, mas mantido o processo de decisão coordenada.[8]

O problema, no caso da decisão coordenada, não parece ser relacionado à delegação de competência. A delegação consiste na atribuição de "funções próprias do delegante a pessoa ou órgão, que se diz delegado, e que não teria essa competência se não se

---

8. CABRAL, Antonio do Passo. Comitologia decisional no processo administrativo: novos arranjos de competências administrativas entre coordenação e divisão de atribuições.

efetivasse a delegação".[9] No caso da decisão coordenada, tem-se a criação de "um módulo de instrução e de decisão compartilhada, tendencialmente síncrono e breve, destinado a estruturar a manifestação concomitante de órgãos e entidades diversas".[10] Não há propriamente delegação de competência: o órgão que detém a competência participa da decisão compartilhada, emitirá decisão que faz parte de sua parcela de competência e qualquer decisão dependerá da sua concordância. Se delegação houvesse, seria uma outra pessoa ou órgão a prolatar a decisão, sem qualquer manifestação daquele detentor originário da competência. Em outros termos, não há um outro órgão exercendo a competência por ele, afinal, ele próprio fará parte da decisão.

Assim, não parece haver relação entre delegação de competências e o processo da decisão coordenada. Portanto, o art. 13 da Lei 9.784/1999 não impede a utilização da decisão coordenada. Em havendo competência exclusiva, estando ela no contexto do novo procedimento, o que importa é que a manifestação do órgão detentor daquela competência seja respeitada.

5. QUEM PODE INICIAR O PROCEDIMENTO?

Um dos desafios em relação ao procedimento da decisão coordenada consiste em identificar quem pode iniciá-lo.

O art. 49-C tinha a seguinte previsão:

> Art. 49-C. A decisão coordenada será convocada pela autoridade máxima do órgão ou da entidade que tiver maior

9. DUARTE, Clenício da Silva. Delegação de competência. *Revista de Serviços Públicos*, n. 108, jan./abr.-1973, p. 54. Frise-se que a transferência é relativa ao *exercício* e não da competência em si (CABRAL, Antonio do Passo. *Juiz natural e eficiência processual*: flexibilização, delegação e coordenação de competências no processo civil. São Paulo: RT, 2021, p. 371).

10. MODESTO, Paulo. Decisão coordenada: experimentação administrativa processual. *Revista Consultor Jurídico*, 2 de dezembro de 2021. Disponível em: https://www.conjur.com.br/2021-dez-02/interesse-publico-decisao-coordenada-experimentacao-administrativa-processual, acesso no dia 17/04/2022.

> responsabilidade na condução da matéria em exame ou, na impossibilidade de sua definição, pela autoridade de mais alto nível hierárquico entre os órgãos e as entidades que participarão da decisão.
>
> § 1º A autoridade referida no caput deste artigo será responsável pela verificação das condicionantes previstas no art. 49-A desta Lei.

Tal texto normativo foi vetado pelo fundamento de que:

> "[...] em que pese a boa intenção do legislador, a proposição legislativa gera insegurança jurídica, haja vista que a expressão 'autoridade máxima do órgão ou da entidade que tiver maior responsabilidade na condução da matéria' é um conceito jurídico aberto e indeterminado.
>
> Ademais, a proposição legislativa suscita a dúvida sobre quem seria o responsável pela convocação da decisão coordenada quando não fosse possível identificar a autoridade de maior responsabilidade dentre todas as autoridades de idêntico nível hierárquico que participassem da decisão."

Nesse ponto, houve exclusão da autoridade com maior nível hierárquico/autoridade máxima do órgão envolvido, tendo em vista a dificuldade de identificação de quem seria essa pessoa.

O projeto de lei também inseria um §2º ao art. 49-C, com o seguinte conteúdo:

> § 2º A decisão coordenada será convocada de ofício ou por provocação de:
>
> I – qualquer dos órgãos, das entidades ou das autoridades responsáveis pela edição ou pela aprovação do ato;
>
> II – concessionário ou permissionário de serviço público que demonstre interesse legítimo na decisão a ser adotada; ou
>
> III – qualquer dos interessados previstos no art. 9º desta Lei.

Ocorre que esse parágrafo foi vetado pelos seguintes argumentos:

> Entretanto, em que pese a boa intenção do legislador, a proposição contraria interesse público ao ampliar o rol de competentes para convocar a decisão coordenada, o que representaria uma ingerência no funcionamento dos órgãos e das entidades ao permitir a adoção do procedimento da decisão coordenada por convocação deles, o que deveria ser restrito às autoridades públicas envolvidas diretamente na matéria

Há algo bastante curioso no veto exercido pelo Presidente da República. Isso porque o argumento do veto é dirigido única e exclusivamente àqueles interessados na decisão a ser adotada, tanto do ponto de vista individual, como coletivo. No entanto, todo o parágrafo foi vetado, quando poderia se limitar aos incisos II e III, nos termos do art. 66, §1º, da Constituição Federal. Infelizmente, não é possível a utilização de embargos de declaração em face de vetos, mas houve uma clara decisão *ultra petita* em vetar também o inciso I, que menciona os órgãos envolvidos na edição do ato.

Ocorre que, de alguma forma, alguém precisa ser legitimado a iniciar o procedimento, ou simplesmente ele se tornaria um mero enfeite na lei do processo administrativo, jamais podendo ser utilizado.

Para Amauri Saad, dada a existência do veto, a "única saída hermenêutica será entender que a decisão será do chefe do Executivo ou, pelo menos, dos ministros de Estado".[11] Não parece haver necessidade de ir tão longe na cadeia hierárquica do Poder Executivo. Além disso, inserindo os ministros, acabaria violando o

11. SAAD, Amauri. As decisões coordenadas na Lei nº 14.210/2021. *Revista Consultor Jurídico*, 14 de outubro de 2021. Disponível em: https://www.conjur.com.br/2021-out-14/amauri-saad-decisoes-coordenadas-lei-142102021, acesso no dia 17/04/2022.

veto exercido pelo Presidente da República, na medida em que, havendo necessidade de manifestação de vários ministérios, qual dos ministros teria maior poder hierárquico?

Ao que parece, a única interpretação possível é a de abrir a possibilidade de instauração do procedimento por quaisquer das autoridades envolvidas que tenha poder decisório sobre a matéria.

Ora, se o processo administrativo pode ser iniciado de ofício (art. 5º, Lei 9.784/1999) e é dever da Administração emitir decisão nos processos de sua competência (art. 48, Lei 9.784/1999), não há como recusar a legitimidade para iniciar o procedimento por parte dos órgãos que possuem competência para analisar o eventual objeto da decisão coordenada. Inclusive, como menciona a doutrina, o processo administrativo é regido pelo princípio da oficialidade, permitindo a Administração fazer "tudo aquilo que for necessário para que se chegue a uma decisão final conclusiva",[12] sendo um exemplo justamente a instauração do procedimento da decisão coordenada.

Não se tem aqui uma violação à fundamentação do veto, como já identificado. Trata-se simplesmente da lógica do processo administrativo de que a sua condução deve ser realizada de ofício. *Do contrário, ter-se-ia um procedimento sem legitimados.*

Dada a ausência de previsão normativa, ainda é preciso refletir se há necessidade de concordância de todos os órgãos/entes públicos envolvidos ou se qualquer deles pode iniciar o procedimento. Não parece haver necessidade de todos os participantes concordarem com a utilização da decisão coordenada. Qualquer dos entes tem o dever de ofício de decidir e, com isso, os poderes para decidir melhor, como é a pretensão da decisão coordenada.

12. FERRAZ, Sérgio; DALLARI, Adilson Abreu. *Processo administrativo.* 3ª ed. São Paulo: Malheiros, 2012, p. 132.

6. COMO FUNCIONA O PROCEDIMENTO DECISÓRIO?

O procedimento decisório é consideravelmente lacônico. Pela legislação, serão realizadas reuniões, finalizadas com uma ata. É necessário detalhar o seu funcionamento.

6.1 Funcionamento do processo decisório: síncrono ou assíncrono

Uma primeira questão a ser colocada é a forma de funcionamento do processo decisório. Paulo Modesto parte do correto pressuposto de que deve ser síncrono.[13] A própria previsão de que a alguns participantes pode ou não ser dada *voz* indica que o objetivo é o de que a decisão coordenada ocorra por meio de uma reunião síncrona. Naturalmente, nada impede que essa participação esteja limitada a eventuais manifestações escritas.

Inclusive, na Itália, um dos principais diferenciais em relação aos tipos de *conferenza dei servizi*, que são a forma simplificada (art. 14-bis) e a simultânea (art. 14-ter) é o fato de que a primeira é assíncrona e a segunda é síncrona. No primeiro, não há previsão de participação dos particulares interessados, o que ocorre apenas na segunda (art. 14-ter, n. 6).

No Brasil, não há essa diferenciação, portanto, o processo de decisão coordenada pode ser síncrono ou assíncrono e em ambos pode haver participação dos interessados. Mais ainda, em sendo síncrono, não há exigência de que todo o debate seja finalizado em uma reunião. O art. 49-F da Lei 9.784/1999 chega a mencionar *reuniões* ao exigir a manifestação do dissenso, o que reforça a possibilidade de várias reuniões.

Em princípio, esse processo decisório deverá respeitar o prazo do art. 49 da Lei 9.784/1999, que é de 30 dias, podendo ser

13. MODESTO, Paulo. Decisão coordenada: experimentação administrativa processual. *Revista Consultor Jurídico*, 2 de dezembro de 2021.

prorrogado por igual período. No entanto, como se trata de prazo impróprio, tendo em vista a ausência de qualquer penalidade por seu descumprimento, como vem decidindo o STJ,[14] é diminuída qualquer preocupação com o seu respeito.

6.2 Participantes do processo decisório

Um primeiro possível não participante é o que foi vetado. Havia a previsão no art. 49-A, §3º, de que "Da decisão coordenada participarão representantes dos órgãos de consultoria ou assessoramento jurídico, no âmbito de cada Poder". O fundamento para o veto foi o de que "suscitar-se-iam dúvidas sobre a necessidade do assessoramento jurídico no âmbito de cada Poder na tomada das decisões coordenadas, porquanto a aplicação do disposto na norma à função administrativa desempenhada pelos Poderes Legislativo e Judiciário já consta previsto no § 1º do art. 1º da Lei nº 9.784, de 1999".

Aponte-se que, de acordo com o art. 1º, §1º, da Lei 9.784/1999, "Os preceitos desta Lei também se aplicam aos órgãos dos Poderes Legislativo e Judiciário da União, quando no desempenho de função administrativa".

O veto é de difícil compreensão. No entanto, não parece ter por objetivo impedir a atuação de órgãos de consultoria ou de assessoramento jurídico, o que seria um absurdo. Partindo-se da constatação de que a decisão coordenada é prevista apenas para a Administração Federal, a tendência é a de que essa assessoria seja realizada pela Advocacia Geral da União e suas diversas carreiras.

Por mais que não haja mais a previsão de participação obrigatória do assessoramento jurídico, esta é essencial. Não se pode

14. STJ, 2ª T., REsp 1.682.605/CE, Rel. Min. Herman Benjamin, j. 03/10/2017, DJe 16/10/2017; STJ, 2ª T., AgRg no AREsp 588.898/RJ, Rel. Min. Mauro Campbell Marques, j. 03/02/2015, DJe 06/02/2015.

esquecer que, para a simples instauração do processo exige-se a relevância da matéria, o que destaca a importância do órgão de assessoramento jurídico. A advocacia pública consiste em instância estatal com uma importante função de controle prévio dos atos e processos administrativos, mantendo a atuação dos entes públicos no quadro de juridicidade e para que tenham sustentabilidade jurídica.[15] Em resumo, não há obrigatoriedade de participação dos órgãos de assessoria jurídica, mas ela é desejável, como forma de ser exercido um controle prévio de juridicidade do ato.

Também poderão eventualmente participar, *na qualidade de ouvintes*, os seguintes interessados (art. 49-B, *caput*, da Lei 9.784/1999):

> Art. 9º São legitimados como interessados no processo administrativo:
>
> I – pessoas físicas ou jurídicas que o iniciem como titulares de direitos ou interesses individuais ou no exercício do direito de representação;
>
> II – aqueles que, sem terem iniciado o processo, têm direitos ou interesses que possam ser afetados pela decisão a ser adotada;
>
> III – as organizações e associações representativas, no tocante a direitos e interesses coletivos;
>
> IV – as pessoas ou as associações legalmente constituídas quanto a direitos ou interesses difusos.

De forma resumida, podem requerer a participação tanto os titulares dos direitos envolvidos no processo da decisão coordenada, como eventuais organizações ou associações que atuem

15. No mesmo sentido, embora focado na atuação no contexto das políticas públicas: BINENBOJM, Gustavo. A Advocacia Pública e o Estado Democrático de Direito. *Revista da Procuradoria Geral Município de Juiz de Fora – RPGMJF*, ano 1, n. 1, jan./dez. 2011, p. 223.

na tutela de direitos difusos e coletivos. Importa recordar que a própria instauração do processo de decisão coordenada depende da relevância da matéria, o que pode justificar a abertura à maior participação.

Esses interessados, no entanto, terão poderes limitados. De acordo com o art. 49-B, da Lei 9.784/1999, "A participação na reunião, que poderá incluir direito a voz, será deferida por decisão irrecorrível da autoridade responsável pela convocação da decisão coordenada". A participação, nesse sentido, pode ser meramente passiva ou com eventual poder de se manifestar.

Uma questão que pode trazer problemas é a de que, como visto anteriormente, há certa dificuldade na identificação da autoridade legitimada a iniciar o procedimento. Parte-se do pressuposto de que não é exigido, mas nada impede que várias autoridades solicitem a sua abertura, o que acaba tornando como necessária a necessidade de prolação de uma decisão colegiada para identificação dos poderes desses participantes. Afinal, se a competência decisória é da autoridade que convocou a decisão coordenada, se mais de uma autoridade a convocou, todas devem decidir.

Ainda nesse item, nada impede que seja dada voz a um participante, mas não a outro. Por exemplo, pode ser concedida voz ao interessado direito, mas não aos representantes de direitos difusos e coletivos.

Obviamente também participarão do processo, os órgãos ou entidades com poder decisório. O participante específico da reunião deve ter poderes decisórios, para que o processo possa ter sucesso. Além disso, é importante, além de tudo, para que o diálogo travado entre os participantes possa ter alguma margem de negociação, que o seu participante tenha poder de mudar a decisão originária do seu órgão. Do contrário, se, para a instauração do processo de decisão coordenada impõe-se a divergência, não haverá qualquer possibilidade de decisão coordenada. Será um procedimento com final necessariamente infeliz, apenas atrasando a prolação de uma decisão final.

6.3 O processo decisório

Uma primeira fase é a de preparação do processo decisório.

Para a participação no processo decisório, de acordo com o art. 49-E da Lei n. 9.784/1999, deve ser elaborado "documento específico sobre o tema atinente à respectiva competência, a fim de subsidiar os trabalhos e integrar o processo da decisão coordenada". Além disso, o parágrafo único exige, por motivos óbvios, que esse documento aborde a questão da decisão coordenada e eventuais precedentes que o envolvam.

Para a devida participação da eventual reunião em que será discutido o objeto da decisão coordenada, todos os seus participantes devem ser intimados (art. 49-D da Lei m. 9.784/1999). Em relação à reunião em si, inexiste previsão do que deve ser feito no caso da ausência de participação de algum dos órgãos envolvidos.

No direito português, optou-se pela manutenção do funcionamento da conferência, presumindo-se que o órgão faltante nada teria a opor ao deferimento do pedido, permitindo-se, no entanto, invocação do justo impedimento no prazo de oito dias (art. 79, n. 6, do Código de Procedimento Administrativo). Algo semelhante não parece ser possível no Brasil, uma vez que na conclusão dos trabalhos exige-se que conste a decisão de cada órgão ou entidade sobre a matéria de sua competência (art. 49-G, VI, da Lei 9.784/1999). Assim, no caso de omissão, não pode haver decisão coordenada. Além disso, não seria aconselhável, porque quaisquer dos participantes ainda possui poder decisório, mesmo após finalizado o procedimento, podendo exercer o autocontrole, com eventual revogação ou anulação do ato.[16]

Havendo participação de todos, não há qualquer regulamentação do procedimento decisório. É importante, por exemplo, identificar o que pode ser tido como direito de voz dos participantes (art. 49-B, parágrafo único, da Lei n. 9.784/1999). Essa questão

---

16. Sobre o autocontrole: MEDAUAR, Odete. *Controle da administração pública*. 2ª ed. São Paulo: RT, 2012, p. 52-54.

pode ser dirimida no momento da concessão desse direito, que pode se limitar à manifestação no início da reunião, ou permitir que participe efetivamente do processo de diálogo entre os vários participantes.

O art. 49-G da Lei n. 9.784/1999 estabelece os requisitos da ata na qual serão relatadas as conclusões do processo de tomada de decisão. Os requisitos necessários são:

a) Relato sobre os itens da pauta, que pode identificar as diversas fases do processo decisório;

b) Síntese dos fundamentos aduzidos;

c) Síntese das orientações, diretrizes, soluções ou propostas de atos governamentais relativos ao objeto de convocação, que provavelmente terão por base o documento inicial a ser produzido por cada autoridade;

d) Posicionamento dos participantes para subsidiar futura atuação governamental em matéria idêntica ou similar. Esse requisito é basicamente o ponto em que deve constar a motivação de fato e de direito dos órgãos sobre a matéria de sua competência;

e) Decisão de cada órgão ou entidade relativa à matéria sujeita à sua competência.

Tem-se a autorização, no art. 49-G, §1º, da Lei n. 9.784/1999, de que até a assinatura da ata pode ocorrer complementação da decisão da autoridade ou agente a respeito da matéria de competência do órgão. Além disso, o art. 49-G, §3º, da Lei n. 9.784/1999, exige a publicação da ata por extrato no Diário Oficial.

A decisão deve ser unânime.[17] Essa exigência pode ser extraída tanto do art. 49-F, quanto do art. 49-G, ambos da Lei n. 9.784/1999.

---

17. Em sentido contrário: CABRAL, Antonio do Passo. Comitologia decisional no processo administrativo: novos arranjos de competências administrativas entre coordenação e divisão de atribuições. Texto constante da presente coletânea.

O primeiro aponta que o dissenso deve ser manifestado durante as reuniões, indicando as alterações necessárias para a resolução da questão e o segundo que a ata deve indicar *a decisão de cada órgão relativo à matéria de sua competência.* Ora, se houver qualquer discordância, estará registrado em ata. Além disso, se a decisão de qualquer dos participantes for de denegar o pedido, estará registrada na ata como negativa.

Não há, nesse caso, uma *decisão colegiada*, mas uma coordenação das competências, para que cada uma das autoridades que detenha uma parcela da competência profira decisão sobre o tema que lhe cabe. Em outros termos, não há manifestação decisória de todos os participantes em relação a parcela do mérito que não seja de sua competência. Assim, sequer há de se falar em decisão por maioria, pois não são contabilizados votos em relação às questões decisórias, mas há uma combinação de várias decisões para que se verifique, ao final, se houve aprovação do projeto.

A decisão não será necessariamente de procedência do pedido do particular. Nesse caso, tal como ocorre na legislação portuguesa (art. 81, n. 4, do Código de Procedimento Administrativo), o ente discordante deve, como apontado acima, indicar as razões de discordância e "as propostas de solução e de alteração necessárias para a resolução da questão" (art. 49-F, da Lei 9.784/1999).

Na Itália, a solução é claramente diferente. Isso porque a decisão da conferência decisória *substitui, para todos os efeitos, todos os atos de consentimento* (art. 14-quater, n. 1, Lei n. 241/1990). Além disso, há expressa previsão de aprovação com base na maioria (art. 14-quater, n. 3, Lei n. 241/1990), sendo possível que os dissidentes impugnem a decisão (art. 14-quinquies, Lei n. 241/1990).

Em Portugal, aparentemente, a solução é um meio termo. Em caso de acordo, pode haver, na conferência deliberativa, um único ato de conteúdo complexo, que substitui a prática por cada uma das autoridades de atos autônomos, ou, na conferência de coordenação, em que há o exercício individualizado, mas "simultâneo, das competências dos órgãos participantes, através da prática, por cada um deles, de atos administrativos autónomos", o que parece ser o modelo brasileiro (art. 77, n. 3, do Código de Procedimento Administrativo). Havendo dissenso, a pretensão é indeferida, o que indica a exigência de unanimidade, exceto se o órgão discordante realizar um acordo sobre as alterações necessárias a deferimento, caso em que *praticará individualmente o ato que lhe compete* (art. 81, n. 4 e 5, do Código de Procedimento Administrativo).[18]

6.4 Eficácias da decisão

Na redação original, havia a inserção do art. 49-A, §2º, bem como do art. 49-G, §2º, com os seguintes conteúdos:

> "§ 2º O órgão ou a entidade participante da decisão coordenada deverá ser representada por autoridade ou agente com legitimidade para celebrar acordos e tomar decisões com caráter vinculante para o órgão ou para a entidade representada."
>
> "§ 2º A ata terá efeito vinculante entre os órgãos e as entidades participantes da decisão coordenada no que tange a matérias idênticas ou repetitivas, observadas as peculiaridades de cada processo, e equivalerá a acordo formal."

São dois os principais fundamentos do veto:

> Entretanto, em que pese a boa intenção do legislador, a proposição legislativa incorre em óbice jurídico, na medida em que, ao fazer referência à expressão 'matérias idênticas', gera uma multiplicidade de interpretações a depender do contexto fático-jurídico do caso e deixa dúvidas se o instituto da decisão coordenada teria o poder de prejudicar ou mesmo de substituir eventuais decisões recursais. Desse modo, considerando que as decisões coordenadas seriam

---

18. Há quem fale em atenuação do princípio da unanimidade: CORREIA, José Manuel Sérvulo. A conferência procedimental: fontes e opções. In: SOUSA, Marcelo Rebelo de; PINTO, Eduardo Vera-Cruz. *Liber Amicorum Fausto de Quadros*. Lisboa: Almedina, 2016, t. II, p. 31.

> tomadas em deliberações colegiadas exaradas pelas autoridades que eventualmente fruíssem de legitimidade adequada para celebrar acordos e tomar decisões com caráter vinculante para o órgão ou para a entidade representada, geraria dúvida quanto à possível supressão de instâncias recursais na via administrativa, o que viola o princípio do contraditório e da ampla defesa, nos termos do disposto no inciso LV do caput do art. 5º da Constituição, combinado com o art. 2º da Lei nº 9.784, de 1999.
>
> Ademais, a proposição contraria interesse público tendo em vista que, ao tornar obrigatório tal efeito vinculante, limita a atuação dos órgãos e das entidades. Nesse sentido, observa-se que já há instrumentos por meio dos quais os órgãos podem aumentar a segurança jurídica, tais como: os regulamentos, as súmulas administrativas e as respostas a consultas, conforme previsto no art. 30 do Decreto-Lei nº 4.657, de 4 de setembro de 1942 – Lei de Introdução às Normas do Direito Brasileiro.

O primeiro fundamento estaria relacionado com o receio de, ao fazer menção a matérias idênticas, gerar substituição de possíveis decisões recursais. O segundo fundamento seria a violação do interesse público ao tornar obrigatório o efeito vinculante.

Uma primeira reflexão é o de que os vetos não alteram o fato de que, em relação ao projeto, atividade ou regulação que forem analisados, a sua aprovação pela decisão de coordenação já é suficiente. Não se exige que outra decisão seja proferida por cada uma das autoridades.

A vedação à vinculação mencionada nos textos normativos vetados está relacionada com a teoria dos precedentes.[19] A pretensão era a de que as decisões prolatadas no âmbito da decisão coordenada tivessem automaticamente efeito vinculante para outros casos. A única vedação é à *automaticidade* do efeito vinculante.

19. Sobre o tema dos precedentes, com as devidas referências: PEIXOTO, Ravi. *Superação do precedente e modulação de efeitos*. 5ª ed. Salvador: Juspodivm, 2022.

Nada impede que, a partir da decisão coordenada, seja utilizado um dos instrumentos destinados à concessão de efeito vinculante, como mencionado no próprio veto.

Por fim, o fato de não deter efeito vinculante não impede, de forma alguma, a eficácia persuasiva da decisão. Nessa situação, no contexto administrativo, como ressalta a doutrina, o administrador deve levar em consideração o precedente no momento de decidir, ainda que possa adotar outro entendimento, *desde que motive as razões de discordância.*[20]

6.5 **O problema recursal**

Um eventual problema que pode surgir no processo da decisão coordenada consiste na questão recursal. De acordo com o art. 49-G, VI, da Lei n. 9.784/1999, na ata deve estar presente a "decisão de cada órgão ou entidade relativa à matéria sujeita à sua competência". Ou seja, a decisão é coordenada, mas cada órgão ou entidade conserva sua competência, então há uma junção de várias decisões individuais.

Significa que eventual recurso, nos termos do art. 56, §1°, da Lei 9.784/1999, será dirigido não ao "colegiado" da decisão coordenada, mas *a cada órgão ou ente que tenha proferido decisão desfavorável ao interessado.* Note-se ainda que, embora a princípio isso torne a questão mais complexa, porque pode exigir mais de um recurso, não se pode esquecer que, não havendo reconsideração, o recurso deve ser encaminhado a autoridade superior. Qual seria a autoridade superior da decisão coordenada como uma decisão colegiada? Seria necessário subir na linha hierárquica até buscar um superior comum a todas elas, o que poderia trazer diversos problemas práticos.

---

20. OLIVEIRA, Rafael Carvalho Rezende. *Precedentes no direito administrativo.* Rio de Janeiro: Forense, 2018, p. 118.

Uma vantagem do recurso a ser interposto no caso da decisão coordenada é o de que, como o art. 49-F da n. Lei 9.784/1999 exige que o dissenso venha acompanhado "das propostas de solução e de alteração necessárias para a resolução da questão". Assim, o recorrente já terá os indicativos das soluções necessárias para a procedência do seu pedido, podendo adaptar o seu projeto com tal objetivo.

7. CONCLUSÃO

A inserção da possibilidade de decisões coordenadas no direito brasileiro possui um potencial de facilitar a coordenação das diversas competências pertencentes a vários órgãos e entes da estrutura federal brasileira. No entanto, vários serão os desafios – para além dos culturais – para sua implementação, dada as eventuais dificuldades geradas pelo texto normativo, geradas pelos termos jurídicos utilizados, omissões e vetos na nova legislação.

Foi possível identificar vários pontos de interesse a serem aprofundados na nova legislação:

1) em princípio, é possível a instauração da decisão coordenada não só para a decisão final, mas também para a instrução de uma eventual decisão. Dada certa maleabilidade do procedimento também se pode cogitar de uma decisão coordenada de caráter preliminar;

2) é importante maior densificação do que seria relevância da matéria para instauração do procedimento. Além disso, a exigência da divergência não deve ser exclusivamente daquela ocorrida no caso concreto, sob pena de violar o seu pressuposto básico que é o de aumentar a celeridade do procedimento;

3) existem vedações à sua utilização que geram tão apenas uma diminuição de sua enorme utilidade e que não parecem ter justificativas racionais, a exemplo da impossibilidade de utilização em licitações;

4) há certa dificuldade em identificar os responsáveis por dar início ao processo de decisão coordenada, gerada pelo veto. De qualquer forma, esse poder deve ser direcionado às autoridades que possuem alguma parcela decisória e que são potenciais participantes do processo;

5) o procedimento decisório é consideravelmente lacunoso, no entanto, pode ser síncrono ou assíncrono e, na medida do possível deve permitir a participação dos interessados. As discussões devem se direcionar à busca de um consenso entre os seus participantes, moldando seus posicionamentos para o efetivo exercício de um compartilhamento diálogo de competências;

6) eventual recurso será dirigido a cada autoridade em relação à sua parcela de competência e não em face da decisão coordenada, como se colegiado fosse.

REFERÊNCIAS

BINENBOJM, Gustavo. A Advocacia Pública e o Estado Democrático de Direito. *Revista da Procuradoria Geral Município de Juiz de Fora - RPG-MJF*, ano 1, n. 1, jan./dez. 2011.

CABRAL, Antonio do Passo. Comitologia decisional no processo administrativo: novos arranjos de competências administrativas entre coordenação e divisão de atribuições. Texto constante da presente coletânea.

CABRAL, Antonio do Passo. *Juiz natural e eficiência processual*: flexibilização, delegação e coordenação de competências no processo civil. São Paulo: RT, 2021.

CLARICH, Marcello. *Manuale di diritto amministrativo* . 3ª ed. Milão: Il Mulino, 2017.

CORREIA, José Manuel Sérvulo. A conferência procedimental: fontes e opções. In: SOUSA, Marcelo Rebelo de; PINTO, Eduardo Vera-Cruz. *Liber Amicorum Fausto de Quadros*. Lisboa: Almedina, 2016, t. II.

DUARTE, Clenício da Silva. Delegação de competência. *Revista de Serviços Públicos*. N. 108, jan./abr.-1973.

FERRAZ, Sérgio; DALLARI, Adilson Abreu. *Processo administrativo*. 3ª ed. São Paulo: Malheiros, 2012.

MACIEL, Caroline Stéphanie Francis dos Santos. Articulação administrativa: por uma reforma cultural da administração pública. *Revista de Direito Administrativo*, v. 280, n.1, mai./ago.-2021.

MEDAUAR, Odete. *Controle da administração pública*. 2ª ed. São Paulo: RT, 2012.

MENDONÇA, José Vicente Santos de. Decisão administrativa coordenada: tradeoffs, limites e impossibilidades. In: *Decisão administrativa coordenada*, evento realizado no dia 02/12/2021. Disponível em: https://www.youtube.com/watch?v=QY_RMO_b-Kg, acesso no dia 17/04/2022.

MODESTO, Paulo. Decisão coordenada: experimentação administrativa processual. *Revista Consultor Jurídico*, 2 de dezembro de 2021. Disponível em: https://www.conjur.com.br/2021-dez-02/interesse-publico-decisao-coordenada-experimentacao-administrativa-processual, acesso no dia 17/04/2022.

OLIVEIRA, Rafael Carvalho Rezende. *Precedentes no direito administrativo*. Rio de Janeiro: Forense, 2018.

PEIXOTO, Ravi. *Superação do precedente e modulação de efeitos*. 5ª ed. Salvador: Juspodivm, 2022.

SAAD, Amauri. As decisões coordenadas na Lei nº 14.210/2021. *Revista Consultor Jurídico*, 14 de outubro de 2021. Disponível em: https://www.conjur.com.br/2021-out-14/amauri-saad-decisoes-coordenadas-lei-142102021, acesso no dia 17/04/2022.

8

CONTRIBUIÇÕES DA DECISÃO ADMINISTRATIVA COORDENADA PARA O SISTEMA BRASILEIRO DE JUSTIÇA MULTIPORTAS[1]

FREDIE DIDIER JR.

Pós-Doutorado pela Universidade de Lisboa. Livre-Docente pela USP. Doutor em Direito pela PUC-SP. Mestre em Direito pela UFBA. Professor Titular da Universidade Federal da Bahia, nos cursos de Graduação, Mestrado e Doutorado. Membro da Associação Internacional de Direito Processual, do Instituto Ibero-Americano de Direito Processual, do Instituto Brasileiro de Direito Processual e da Associação Norte e Nordeste de Professores de Processo. Advogado. frediedidier@gmail.com

LEANDRO FERNANDEZ

Juiz do Trabalho no Tribunal Regional do Trabalho da Sexta Região. Doutor e Mestre em Direito pela Universidade Federal da Bahia. Segundo Vice-Presidente da Associação dos Magistrados da Justiça do Trabalho da Sexta Região – Amatra VI (gestão 2020/2022). Membro da Associação Norte e Nordeste de Professores de Processo, da Academia Pernambucana de Direito do Trabalho e do Instituto Baiano de Direito do Trabalho. fernandez.leandro@hotmail.com

1. Este artigo é também resultado do grupo de pesquisa "Transformações nas teorias sobre o processo e o Direito processual", vinculado à Universidade Federal da Bahia, cadastrado no Diretório Nacional de Grupos de Pesquisa do CNPq respectivamente nos endereços dgp.cnpq.br/dgp/espelhogrupo/7958378616800053. O grupo é membro fundador da "ProcNet – Rede Internacional de Pesquisa sobre Justiça Civil e Processo contemporâneo" (http://laprocon.ufes.br/rede-de-pesquisa).

1. A INTRODUÇÃO DA FIGURA DA DECISÃO ADMINISTRATIVA COORDENADA NO ORDENAMENTO JURÍDICO BRASILEIRO

A Lei n. 14.210/2021 criou, em âmbito federal, a decisão administrativa coordenada, inserindo-a na Lei n. 9.784/1999.

A figura é inspirada na conferência de serviços, prevista no ordenamento italiano (Lei n. 241, de 7 de agosto de 1990, art. 14), e na conferência procedimental, consagrada na legislação portuguesa (Código do Procedimento Administrativo, arts. 77-81).

No Brasil, a primeira iniciativa de previsão do instituto ocorreu em 2009, com a apresentação do Anteprojeto de Normas Gerais de Organização Administrativa da União[2], que, em seu art. 43, pretendia disciplinar o tema, importando a nomenclatura de conferência de serviço.

---

2. Disponível em: <https://www.academia.edu/1055240/ANTEPROJETO_DA_LEI_DE_NOVA_ORGANIZA%C3%87%C3%83O_ADMINISTRATIVA_RESULTADO_DA_COMISS%C3%83O>.

O insucesso na aprovação da proposta no plano federal não impediu o surgimento de providências similares em âmbito estadual. Na Bahia, o instituto está previsto há mais de uma década na Lei n. 12.209/2011, que utilizou a terminologia de conferência de serviço (art. 28). Em Minas Gerais, a Lei delegada n. 180/2011 também chegou a dispor sobre a figura, mas foi revogada em 2016, sem nova regulamentação a respeito da matéria.

Sua criação em âmbito federal apenas ocorreria a partir do Projeto de Lei do Senado n. 615/2015[3], de autoria do Senador Antonio Anastasia, proposta dedicada exclusivamente a dispor sobre o instituto.

A Lei n. 14.210/2021 está situada no contexto de um movimento legislativo caracterizado pela preocupação com o oferecimento de meios para a construção de soluções – não necessariamente com a apresentação de respostas previamente concebidas, portanto – para os inevitáveis problemas surgidos em uma realidade social complexa e em constante modificação. Aspectos como a garantia de participação de grupos potencialmente afetados, o reconhecimento da transversalidade da disciplina normativa (e da atividade decisória) sobre diversas áreas, a criação de condições para o aproveitamento de capacidades institucionais, a racionalização da atuação administrativa, o estímulo à inovação e a preocupação com a fixação de métodos destinados a assegurar a observância da coerência e da integridade na interpretação do ordenamento jurídico estão presentes também, por exemplo, no Código de Processo Civil, na Lei n. 13.655/2018 (reforma da LINDB), na Lei n. 13.848/2019 (Lei das Agências Reguladoras), na Lei n. 13.874/2019 (Lei de Liberdade Econômica) e na Lei n. 14.129/2021 (Lei do Governo Digital).

O art. 49-A, § 1º, da Lei n. 9.784/1999 define a decisão administrativa coordenada como a

3. Disponível em: <https://legis.senado.leg.br/sdleg-getter/documento?dm=3452819&ts=1633114457205&disposition=inline>.

> instância de natureza interinstitucional ou intersetorial que atua de forma compartilhada com a finalidade de simplificar o processo administrativo mediante participação concomitante de todas as autoridades e agentes decisórios e dos responsáveis pela instrução técnico-jurídica, observada a natureza do objeto e a compatibilidade do procedimento e de sua formalização com a legislação pertinente.

Trata-se de técnica processual, de adoção discricionária, que permite a reunião de agentes decisórios para a deliberação concomitante a respeito de matérias que envolvam a sobreposição (total ou parcial) de competências de três ou mais setores, órgãos ou entidades. Ela pode ser utilizada quando justificável em razão da relevância do tema ou diante da existência de divergência que prejudique a celeridade do processo administrativo (art. 49-A, incisos I e II).

O legislador optou por estabelecer duas vedações em razão da matéria e uma em razão do sujeito quanto à utilização da decisão coordenada: ela não será cabível em processos administrativos de licitação ou que estejam relacionados ao exercício do poder sancionador, bem como quando estejam envolvidas autoridades de Poderes distintos (art. 49-A, § 6º).

A proposta deste trabalho não é apresentar o regime jurídico aplicável à decisão coordenada, mas destacar seu potencial na dinâmica da concorrência de centros decisórios estatais no sistema de justiça multiportas.

Como será detalhado a seguir, o instituto pode cumprir duplo papel no sistema:

a) No âmbito interno do Judiciário, como instrumento para a concretização da boa administração da justiça;

b) Em relação aos entes que desempenham a função de tribunal administrativo, como técnica de aperfeiçoamento do processo decisório, permitindo o aproveitamento recíproco de capacidades institucionais.

2. A DECISÃO ADMINISTRATIVA COORDENADA NO ÂMBITO INTERNO DO PODER JUDICIÁRIO

2.1 O direito à boa administração da justiça e a decisão administrativa coordenada

A figura da decisão administrativa coordenada não foi originalmente pensada para utilização no âmbito do Poder Judiciário, que sequer é mencionado no Anteprojeto de Normas Gerais de Organização Administrativa da União e no Projeto de Lei do Senado n. 615/2015.

Essa constatação, no entanto, não impede o aproveitamento das potencialidades do instituto para além das perspectivas inicialmente imaginadas, com o emprego da decisão coordenada como um novo e interessante mecanismo para a concretização do direito à boa administração da justiça[4].

A boa administração da justiça, como observado por Cadiet, é noção que deve ser compreendida em seu sentido *judicial*, relativo à condução dos processos com observância das regras legais e em tempo razoável para o oferecimento de uma solução compatível com o Direito, e, também, em seu sentido *administrativo*, alusivo à gestão dos recursos de que dispõe o Judiciário para o desempenho das suas funções, o que pode ser traduzida pela ideia de qualidade da justiça ou qualidade dos processos judiciais. O importante é perceber que essas duas perspectivas se interpenetram e são indissociáveis[5].

---

4. Sobre o tema do direito à boa administração da justiça, cf: DIDIER JR., Fredie; FERNANDEZ, Leandro. *O Conselho Nacional de Justiça e o Direito Processual: administração judiciária, boas práticas e competência normativa*. Salvador, Juspodivm, 2022, p. 21-25.

5. CADIET, Loïc. *Perspectiva Sobre a Justiça do Sistema Civil Francês*. Livro eletrônico. São Paulo: RT, 2017, segundo capítulo, sem paginação. Confira-se, ainda: CABRAL, Antonio do Passo. *Juiz natural e eficiência: flexibilização, delegação e coordenação de competências no Processo Civil*. São Paulo: RT, 2021, p. 218-224.

A correlação é evidente: um processo estruturado com características (procedimentais, de competência ou de conformação institucional) que tornem inviável ou injustificadamente difícil a concretização de garantias processuais representa um desperdício dos recursos do Judiciário; da mesma maneira, a prestação jurisdicional desenvolvida sem a preocupação com o aproveitamento racional do pessoal e das estruturas materiais e tecnológicas do Poder Judiciário também é inadequada à sua finalidade.

A decisão coordenada pode oferecer importantes contribuições para a concretização da perspectiva administrativa da boa administração da justiça, aperfeiçoando o processo de formulação de políticas públicas do Poder Judiciário.

2.2 A decisão administrativa coordenada no contexto dos novos instrumentos de administração judiciária

Até recentemente, a dinâmica da tomada de decisões em matéria de administração *judiciária* da justiça dividia-se essencialmente em três modelos: *decisões baseadas na competência exclusiva dos tribunais* (art. 96, I, "a", CF), *decisões baseadas na competência exclusiva do Conselho Nacional de Justiça* (art. 103-B, § 4º, CF) e *decisões baseadas na competência geral do CNJ, com desenvolvimento a partir da competência complementar dos tribunais* (técnica frequentemente utilizada nas Resoluções do Conselho, como mecanismo de preservação da autonomia administrativa das cortes).

Os arts. 67 a 69 do CPC confirmam e, de algum modo, inauguram um *quarto* modelo: *decisões baseadas em competências coordenadas*. A dimensão administrativa da cooperação judiciária fica evidente na Resolução n. 350/2020 do Conselho Nacional de Justiça, notadamente em seu art. 6º, incisos III, XVIII e XX.

A figura criada pela Lei n. 14.210/2021 insere-se no âmbito desse quarto modelo, como método destinado à coordenação de competências *do CNJ com tribunais ou entre tribunais ou seus setores.*

Esse novo formato de deliberação administrativa no âmbito do Judiciário colabora para a racionalização, a coerência e a eficiência da concepção e implementação de políticas judiciárias, sem comprometer a autonomia dos tribunais, partícipes diretos da elaboração da decisão.

A utilização da decisão coordenada pelo Poder Judiciário está em consonância com a Resolução n. 395/2021 do CNJ, que estimula a adoção de técnicas inovadoras e a coordenação de esforços para o aperfeiçoamento do serviço judicial, inclusive sob perspectiva administrativa (arts. 1º e 3º, incisos I e IV). Sem dúvida, a abertura à experimentação é uma das marcas do Direito Administrativo contemporâneo[6], e isso não é ignorado pelo Conselho Nacional de Justiça, que reconhece a importância do desenvolvimento de um Direito Administrativo Judiciário também com caráter inovador e experimental.

2.3 Possibilidade de utilização pelos tribunais de justiça

Embora a Lei n. 14.210/2021 dirija-se à Administração Pública federal, não deve haver dúvidas quanto à possibilidade de adoção da decisão coordenada não apenas por tribunais federais, como também por tribunais de justiça.

A aplicação subsidiária da legislação federal de processo administrativo aos Estados é questão pacífica na jurisprudência, compreensão refletida inclusive em recente Enunciado da Súmula de Jurisprudência do Superior Tribunal de Justiça[7].

---

6. MODESTO, Paulo. *Direito Administrativo da experimentação: uma introdução*. Disponível em: <https://www.conjur.com.br/2021-out-14/interesse-publico-direito-administrativo-experimentacao-introducao>.

7. 633. A Lei n. 9.784/1999, especialmente no que diz respeito ao prazo decadencial para a revisão de atos administrativos no âmbito da Administração Pública federal, pode ser aplicada, de forma subsidiária, aos estados e municípios, se inexistente norma local e específica que regule a matéria.

Naturalmente, o critério da subsidiariedade exigirá o exame dos contornos estabelecidos quanto à matéria na legislação local, quando existente. No momento em que este texto é escrito, ao que se saiba, apenas o Estado da Bahia conta com regramento específico acerca da decisão administrativa coordenada (Lei estadual n. 12.209/2011, art. 28).

O caso baiano é interessante e pode auxiliar a construção de uma diretriz interpretativa para outras eventuais futuras legislações estaduais. A lei da Bahia prevê que a *conferência de serviço* será convocada pelo Chefe do Executivo, a indicar que o tema foi disciplinado apenas no âmbito de um dos Poderes. Nada impede, portanto, em relação ao Judiciário, a incidência do modelo previsto na Lei federal n. 14.210/2021.

Novas legislações estaduais podem dispor de maneira mais pormenorizada a respeito do tema, funcionando como espécie de laboratórios legislativos[8], propícios à experimentação de novas técnicas e arranjos institucionais para o desenvolvimento da decisão coordenada, inclusive em relação ao Judiciário. As soluções construídas a partir do diálogo entre as leis locais e a lei federal pode contribuir para o surgimento de uma perspectiva judiciária do federalismo cooperativo existente no Brasil.

Sendo, ainda, inegável a relação entre a decisão administrativa coordenada e o princípio da eficiência, a aplicação desta técnica no âmbito do Poder Judiciário também encontra respaldo no art. 37, *caput*, da CF/1988, que expressamente refere todos os poderes republicanos como submetidos àquele princípio.

8. A possibilidade de atuação dos Estados como laboratórios legislativos é, aliás, uma das virtudes do federalismo, como destacado pelo Supremo Tribunal Federal na decisão da ADI 2.922, sob a relatoria do Ministro Gilmar Mendes (STF, Pleno, ADI n. 2.922, rel. Min. Gilmar Mendes, j. em 03/04/2014, publicado em 30/10/2014).

2.4 Legitimidade para instauração

Diferentemente da legislação baiana e do Anteprojeto de Normas Gerais de Organização Administrativa da União, a Lei n. 14.210/2021 não define o sujeito legitimado para instaurar o processo destinado à elaboração da decisão administrativa coordenada.

Na redação aprovada pelo Congresso Nacional, o *caput* daquele que seria o novo art. 49-C da Lei n. 9.784/1999 pretendia estabelecer que a convocação seria realizada pela autoridade máxima do órgão ou da entidade detentora de maior responsabilidade na condução da matéria a ser examinada ou, na impossibilidade de sua definição, pela autoridade de mais alto nível hierárquico entre os órgãos e as entidades que participarão da decisão. O dispositivo, todavia, foi vetado pelo Presidente da República, sob a justificativa da existência de insegurança jurídica provocada pela utilização de um conceito indeterminado para a identificação da autoridade competente.

O § 2º do art. 49-C, igualmente vetado, admitia a convocação da decisão coordenada, de ofício ou por provocação de qualquer dos órgãos, das entidades ou das autoridades responsáveis pela edição ou pela aprovação do ato, de concessionário ou permissionário de serviço público que demonstrasse interesse legítimo na decisão a ser adotada ou de qualquer dos interessados previstos no art. 9º da Lei n. 9.784/1999. A fundamentação do veto centrou-se no risco de ingerência sobre o funcionamento de órgãos e entidades da Administração.

Se o emprego de um conceito indeterminado para a definição da autoridade competente para a convocação da decisão coordenada pode causar insegurança jurídica, a completa ausência de disciplina específica a respeito da matéria também não colabora, evidentemente, para a solução desse problema.

No entanto, talvez a parte final da justificativa do último veto mencionado possa auxiliar na interpretação quanto à legitimidade para a deflagração do uso da técnica. Nas razões do veto, consta que essa iniciativa deveria ser restrita "às autoridades públicas envolvidas diretamente na matéria".

É possível, então, concluir – seja em razão do silêncio normativo, seja diante do histórico do processo legislativo – pela legitimidade de instauração da instância (na linguagem da lei) por qualquer das autoridades responsáveis pela decisão de parcela das matérias. Assim, no caso do Judiciário, a iniciativa poderá partir dos agentes decisórios situados em qualquer dos seus órgãos ou setores.

Mas não parece haver obstáculo à possibilidade de provocação, por sujeito interessado, para a adoção do novo instituto – como previsto, aliás, em termos gerais, no art. 14.1 da lei italiana n. 241, de 7 de agosto de 1990. Conquanto discricionária a adoção da decisão coordenada, garantir à sociedade a oportunidade de sugerir sua utilização acentua o caráter democrático da Administração Pública contemporânea.

O novo art. 49-B da Lei n. 9.784/1999 prevê a possibilidade de habilitação de interessados indicados em seu art. 9º para participação na decisão coordenada, na condição de ouvintes, admitindo-se a concessão de direito a voz por decisão irrecorrível da autoridade responsável pela convocação. Se interessados podem participar ativamente do processo, não há sentido em simplesmente excluir a hipótese de formulação de requerimento de utilização do novo instituto – posição jurídica que, de resto, poderia ser extraída a partir do direito constitucional de petição perante entes públicos (art. 5º, XXXIV, alínea "a", CF/1988).

Em verdade, no âmbito do Judiciário, nem mesmo se trata propriamente de uma novidade em matéria de atuação coordenada, uma vez que a Resolução n. 350/2020 do CNJ assegura, em seu art. 8º, § 4º, às partes e às pessoas naturais ou jurídicas, órgãos ou entidades especializadas, com representatividade adequada, a possibilidade de requerer a realização de atos de cooperação judiciária. Raciocínio idêntico pode ser aplicado em relação à decisão administrativa coordenada.

2.5 Decisão administrativa coordenada intersetorial no Poder Judiciário

Se no passado as decisões relevantes a respeito da administração da justiça estavam, em cada tribunal, resumidas essencialmente à respectiva presidência, ao Pleno ou Órgão Especial e, de modo específico, aos juízes responsáveis por cada unidade judiciária, a realidade atual é muito mais complexa.

Para além da necessidade de observância das diretrizes gerais fixadas pelo CNJ e, de acordo com o caso, por outros Conselhos (arts. 105, parágrafo único, II, e 111-A, § 2º, II, CF/1988), há uma multiplicidade de núcleos decisórios dispersos por cada corte, frequentemente encarregados da concepção e execução de algumas questões relativas a políticas judiciárias mais amplas.

Três exemplos podem auxiliar a compreensão do desafio de coerência enfrentado pelos tribunais.

Os *Centros de Inteligência do Poder Judiciário (CIPJ)*, previstos na Resolução n. 349/2020 do CNJ, são unidades auxiliares de planejamento da administração da justiça. Além do CIPJ em funcionamento junto ao CNJ, também devem ser constituídos Centros de Inteligência específicos pelos tribunais (de justiça, federais e do trabalho), bem como pelo Conselho da Justiça Federal e pelo Conselho Superior da Justiça do Trabalho (Resolução n. 349/2020, art. 4º)[9].

O Centro de Inteligência ocupa-se de vários dos principais temas estratégicos para o adequado funcionamento do sistema de justiça: precedentes vinculantes, litigância de massa, justiça multiportas e cooperação judiciária.

Em um primeiro momento, compete ao Centro de Inteligência identificar a existência de litígios repetitivos e as suas causas

9. Os Centros de Inteligência do Poder Judiciário são detalhadamente examinados em DIDIER JR., Fredie; FERNANDEZ, Leandro. *O Conselho Nacional de Justiça e o Direito Processual: administração judiciária, boas práticas e competência normativa*. Cit., p. 131-134.

geradoras. A partir desse mapeamento, o CIPJ deve adotar um amplo conjunto de providências:

a) conceber meios para prevenir o ajuizamento de processos repetitivos, que permitam a criação de incentivos para a autocomposição ou, quando pertinente, para a solução dos casos em âmbito administrativo;

b) encaminhar aos tribunais superiores diagnósticos relativos a repercussões econômicas, políticas, sociais ou jurídicas de questões legais ou constitucionais repetitivas;

c) apresentar ao CNJ notas técnicas com estudos direcionados ao aperfeiçoamento da legislação envolvendo o tema objeto de repetição;

d) propor ao CNJ recomendações para a uniformização de procedimentos e rotinas cartorárias em processos repetitivos, bem como para a padronização da gestão dos processos suspensos em razão da admissão de incidentes de resolução de demandas repetitivas ou afetação de processos ao regime de julgamento dos recursos repetitivos ou de recursos extraordinários com repercussão geral. É relevante perceber que essas sugestões podem ser originadas, por exemplo, de estudos e testes desenvolvidos por laboratórios de inovação no Poder Judiciário ou de boas práticas construídas pelos atores do sistema de justiça;

e) oferecer apoio para a internalização da norma jurídica construída em precedente qualificado relativo à prestação de serviço concedido, permitido ou autorizado por órgão, ente ou agência reguladora competente para sua fiscalização (CPC, art. 985, § 2º, e art. 1.040, IV);

f) articular a celebração de atos de cooperação judiciária para a concepção de políticas e ações de conciliação e mediação. Com sua expertise, o CIPJ pode atuar como uma espécie de catalisador da cooperação judiciária, aproximando diferentes sujeitos e instituições (no âmbito do Judiciário, no mesmo ramo ou entre ramos distintos, ou fora dele), assim como oferecendo modelos estruturados a partir de situações identificadas no passado ou em outras localidades. É possível, ilustrativamente, o incentivo à celebração de protocolos institucionais com litigantes habituais, inclusive entes públicos, para o aproveitamento das câmaras de prevenção e resolução administrativa de conflitos (Lei n. 13.140/2015, art. 32), e com instituições responsáveis pela manutenção de ODR's.

O Centro de Inteligência conta ainda com outros instrumentos para contribuir para a qualificação da gestão do Judiciário e do conteúdo das suas decisões: a realização de consultas, pesquisas de opinião e audiências públicas (Resolução n. 349/2020, art. 6º) e a manutenção de banco de dados contendo currículos de especialistas, entidades especializadas ou pessoas diretamente afetadas em temas específicos de interesse do Poder Judiciário (Resolução n. 349/2020, art. 5º).

O segundo exemplo é o dos *laboratórios de inovação*[10], cuja criação, prevista como faculdade para os entes públicos na Lei n. 14.129/2021 (art. 44), tornou-se, com a Resolução n. 395/2021 do Conselho Nacional de Justiça, política judiciária obrigatória para os tribunais (arts. 4º e 5º) e para o próprio CNJ (arts. 6º a 8º).

As competências dos laboratórios de inovação abrangem, por exemplo, o desenvolvimento de soluções – a partir de pesquisa, exploração, ideação, realização de pilotos, prototipagem e testes estruturados – para problemas ou necessidades relacionadas às atividades do Poder Judiciário, a realização de parcerias com outros laboratórios de inovação e o estímulo à participação da sociedade na concepção de projetos inovadores no Judiciário (Resolução n. 395/2021, art. 7º).

10. A respeito dos laboratórios de inovação, vide: DIDIER JR., Fredie; FERNANDEZ, Leandro. *O Conselho Nacional de Justiça e o Direito Processual: administração judiciária, boas práticas e competência normativa*. Cit., p. 83-84.

Por fim, o *setor de tecnologia da informação* de cada tribunal possui múltiplas atribuições em um cenário de acentuada digitalização do Poder Judiciário, desde a solução de tradicionais dificuldades operacionais até a criação de sistemas adaptados à realidade local, inclusive com o incentivo do Conselho Nacional de Justiça. Vide, ilustrativamente, o caso dos projetos de desenvolvimento de ferramentas de inteligência artificial (Resolução CNJ n. 332/2020, art. 22), da plataforma para disponibilização de arquivos de audiências virtuais (Resolução CNJ n. 354/2020, art. 7º, IV), da disponibilização de sistemas informatizados para a resolução de conflitos por meio da conciliação e mediação – SIREC (Resolução CNJ n. 358/2020, art. 1º) e do "Balcão Virtual" (Resolução CNJ n. 372/2021, art. 2º).

A sobreposição de atribuições entre os três setores será, em vários contextos, evidente. Não necessariamente, porém, haverá harmonia de objetivos e projetos entre os respectivos agentes decisórios.

A adoção da decisão administrativa coordenada pode oferecer relevante contribuição para solucionar esse problema, colaborando para a coerência interna da atuação do tribunal.

É possível, ainda, combinar o modelo intersetorial com o interorgânico, de modo a viabilizar, por exemplo, a atuação conjunta dos mencionados setores de alguns diferentes tribunais para a uniformização de respostas administrativas em temas relativos à tecnologia e à inovação, no contexto de políticas públicas regionais do Judiciário, destinadas a enfrentar problemas comuns.

2.6 Decisão administrativa coordenada e cooperação judiciária

A decisão administrativa coordenada e a cooperação judiciária inserem-se na mesma lógica de atuação integrada do Poder Judiciário, com a reunião de esforços para a solução de questões comuns.

É inevitável questionar, então, a real necessidade de utilização do novo instituto criado pela Lei n. 14.210/2021, que impõe etapas burocráticas ao processo decisório, diante da possibilidade de prática de atos de cooperação judiciária, que prescindem de forma específica (art. 69, *caput*, CPC). Em outros termos: a adoção da decisão administrativa coordenada não causaria uma indesejável elevação do grau de complexidade para a atuação colaborativa?

De modo geral, a suspeita parece ser procedente, tendo em vista a simplicidade e a flexibilidade das formas de cooperação judiciária. A generalização do uso da decisão administrativa coordenada poderia significar a desconsideração do potencial da cooperação judiciária em matéria administrativa[11].

É possível, porém, visualizar interessantes exceções[12].

O processo de decisão administrativa coordenada pode, em determinados casos, consistir em uma etapa prévia à cooperação judiciária.

Precisamente em razão da inexigibilidade de forma específica, o CPC e a Resolução n. 350/2020 do CNJ não estabelecem qualquer procedimento a ser adotado para os casos nos quais, por variados motivos, se revele conveniente a maior possibilidade de participação pública durante o processo decisório que culminará com a realização do ato de cooperação judiciária em matéria administrativa.

Aspectos como o nível de investimento de recursos financeiros, a repercussão social do ato e o envolvimento de interesses de determinados grupos ou sua capacidade de contribuição para a

11. Sobre a dimensão administrativa da cooperação judiciária, DIDIER Jr., Fredie. *Cooperação judiciária nacional.* 2ª ed. Salvador: Editora Juspodivm, 2021.

12. Em perspectiva mais ampla, Paulo Modesto alerta que a "decisão coordenada é um instrumento de experimentação administrativa, facultativo, especial, ágil para algumas situações e desnecessariamente burocrático para outras" (MODESTO, Paulo. *Decisão coordenada: experimentação administrativa processual.* Disponível em: <https://www.conjur.com.br/2021-dez-02/interesse-publico-decisao-coordenada-experimentacao-administrativa-processual#_ftnref>).

solução de certas questões, por exemplo, podem tornar recomendável a utilização do modelo da decisão administrativa coordenada.

Perceba-se que sempre haverá processo decisório prévio ao ato de cooperação judiciária, ainda que informal. Determinadas circunstâncias podem tornar altamente conveniente sua submissão a maior escrutínio público ou a participação de sujeitos cujas manifestações possam colaborar para o aperfeiçoamento da compreensão (e da resposta, por consequência) em relação a dado tema.

Uma última observação é relevante.

Não há impedimento a que, mesmo na cooperação judiciária de natureza *processual*, os juízos cooperantes reputem conveniente, de acordo com as circunstâncias, a adoção da técnica prevista na Lei n. 14.210/2021, como um referencial para a prática de ato decisório em cooperação. Trata-se, aqui, de importação de técnica do processo administrativo para o processo judicial, a partir do postulado da integridade (art. 926, CPC).

Bem vistas as coisas, essa possibilidade consiste em uma expressão de um fenômeno mais amplo. Os arts. 3º, 15[13], 327, § 2º, 926 e 1.049, parágrafo único, do CPC, interpretados em conjunto, podem ser compreendidos como a base normativa para o trânsito de técnicas[14] entre diferentes "portas" de acesso à justiça.

Além do exemplo mencionado, é possível, ilustrativamente, a exportação para o processo judicial de técnicas previstas na Lei n. 13.140/2015 ou de técnicas disciplinadas no processo perante determinada agência reguladora, quando compatíveis com o caso.

---

13. Aqui aplicado na "contramão", por força do postulado da integridade decorrente do art. 926, CPC.

14. Sobre o tema do trânsito de técnicas processuais, vide: DIDIER Jr., Fredie; CABRAL, Antonio do Passo; CUNHA, Leonardo Carneiro da. *Por uma nova teoria dos procedimentos especiais: dos procedimentos às técnicas*. 2 ed. Salvador: Editora Juspodivm, 2021.

É possível buscar na disciplina regente de outra "porta" a técnica adequada para abordar determinado aspecto do caso, não necessariamente adotando o CPC como fonte preferencial para aplicação.

Essa compreensão *a)* reforça a percepção de que processo não é tema necessariamente vinculado ao Poder Judiciário; *b)* situa o CPC como uma espécie de norma de organização e articulação do sistema brasileiro de justiça multiportas.

2.7 **Decisão administrativa coordenada e protocolos institucionais**

A Lei n. 14.210/2021 veda a utilização da decisão administrativa coordenada em processos em que estejam envolvidas autoridades de Poderes distintos.

A restrição, ao menos sob a perspectiva da interação do Judiciário com os demais Poderes, não parece fazer sentido.

Desde 2019, a Lei n. 10.522/2002 prevê, em seu art. 19, § 12, a possibilidade de celebração de protocolos institucionais entre a Procuradoria-Geral da Fazenda Nacional (PGFN) e o Poder Judiciário para a realização de mutirões para análise do enquadramento de processos ou de recursos nas hipóteses previstas no caput do artigo (que abrangem, por exemplo, as situações de existência de precedentes judiciais ou administrativos sobre determinada matéria), com o propósito de dispensar, em tais casos, o oferecimento pela PGFN de contestação, de contrarrazões, a interposição de recurso, bem como autorizar a desistência de recurso já interposto. Tudo isso também é aplicável à Advocacia-Geral da União (art. 19-D da Lei n. 10.522/2002).

A Resolução n. 350/2020 do Conselho Nacional de Justiça consagrou, em termos amplos, a possibilidade de realização de atos de cooperação interinstitucional, dedicando-lhe capítulo específico. O art. 15 da Resolução incentiva a adoção de protocolos institucionais sobre questões relativas, por exemplo, à harmonização de procedimentos e rotinas administrativas, à gestão judiciária e à elaboração e adoção de estratégias para o tratamento adequado de processos coletivos e ou repetitivos, inclusive para a sua prevenção. Já o art. 16 da Resolução insere o Ministério Público, a Defensoria Pública, as Procuradorias Públicas e a Administração Pública no rol exemplificativo de legitimados à celebração de protocolos institucionais com o Judiciário.

Além da disciplina geral contida na Resolução n. 350/2020, a Resolução n. 420/2021 e a Recomendação n. 104/2021 preveem a celebração de protocolos institucionais com entidades integrantes do sistema de justiça com os objetivos, respectivamente, de realização da digitalização de processos em papel e de criação de condições para a ampliação da comunicação digital de atos processuais.

No âmbito do Direito Processual, protocolos institucionais[15] são uma modalidade de negócio jurídico, firmado com o propósito de fixar uma disciplina normativa aplicável aos integrantes dos órgãos, instituições ou pessoas convenentes, para fins de gestão coletiva de processos, regulando o respectivo procedimento, ou de concretização de uma política pública no âmbito da administração da justiça[16]. Esses objetivos podem ser alcançados a partir de

15. Ao que nos consta, "protocolo institucional" é designação cunhada, no Brasil, por Antonio do Passo Cabral (CABRAL, Antonio do Passo. *Convenções processuais*. Salvador: Editora Juspodivm, 2016, p. 84-85). O autor, no entanto, define o protocolo institucional como acordo coletivo celebrado por uma associação e uma entidade envolvida com a administração judiciária (p. 85). Neste texto, expandimos um tanto o conceito, como se verá.

16. Sobre o tema dos protocolos institucionais, cf: DIDIER JR., Fredie; FERNANDEZ, Leandro. "Cooperação judiciária e protocolos institucionais: o caso do 'Ato Trabalhista', ou plano especial de pagamento trabalhista, para a centralização de execuções contra entidades desportivas". In: *Revista de Direito do Trabalho*. vol. 219, set./out. 2021, p. 201-232. "No âmbito dos acordos coletivos, existem aqueles destinados a disciplinar o procedimento civil e os voltados à administração judicial, no primeiro caso funcionando tais acordos como um instrumento de gestão coletiva dos processos e, no segundo, como um instrumento de política pública da justiça" (BARREIROS, Lorena Miranda. *Convenções Processuais e Poder Público*. Salvador: Editora Juspodivm, 2017, p. 149). "Estes protocolos podem ser caracterizados como acordos plurilaterais institucionais, celebrados por pessoas jurídicas ou órgãos em nome de uma categoria ou grupo, vinculando todos seus membros"

providências de natureza processual ou administrativa – ou, ainda, híbrida.

Diante da possibilidade de celebração de atos de cooperação interinstitucional em matéria administrativa, a vedação à adoção do modelo da decisão administrativa coordenada como etapa prévia à cooperação consiste numa insinceridade institucional. Processo deliberativo anterior ao ato de cooperação, como visto, sempre existirá.

Possivelmente, nos casos nos quais se repute conveniente haver maior garantia de participação pública antes da concretização do ato de cooperação judiciária de natureza administrativa, os tribunais tenderão a adotar procedimento assemelhado ao da decisão administrativa coordenada, sem, todavia, a utilização dessa terminologia. Também aqui uma insinceridade, é certo, mas menos grave do que simplesmente descartar maiores possibilidades de contribuição (e de fiscalização) por grupos interessados.

2.8 Algumas hipóteses de utilização da decisão administrativa coordenada pelo Poder Judiciário

A decisão coordenada pode ser utilizada como mais um instrumento para a qualificação da administração da justiça, diante de circunstâncias que tornem aconselhável a possibilidade de maior participação e fiscalização pública, em cenários de atuação integrada de órgãos ou setores do Judiciário.

É possível apresentar alguns exemplos.

a) compartilhamento de recursos (humanos, orçamentários e tecnológicos) para a instalação de postos avançados para atendimento à advocacia e aos jurisdicionados, inclusive para a realização de atos por videoconferência, como espécies de postos avançados comuns aos tribunais. Essa

(CABRAL, Antonio do Passo. *Convenções processuais*. 3ª ed. Salvador: Editora Juspodivm, 2020, p. 105).

providência pode ser desenvolvida de forma complementar (ou, no futuro, alternativa) à previsão contida na Resolução n. 341/2020 do CNJ, que determina aos tribunais a disponibilização de salas, em todos os fóruns, para a prática de atos processuais, com a designação de servidores para acompanhamento do ato;

b) aquisição ou locação de espaços compartilhados para a instalação de Centros Judiciários de Solução de Conflitos e Cidadania ou para a realização de mutirões de conciliação ou mediação, inclusive com litigantes habituais, especialmente se envolvidos em conflitos multipolares;

c) colaboração para o desenvolvimento de ferramentas eletrônicas, notadamente com o uso da Plataforma de Governança Digital Colaborativa do Poder Judiciário, prevista na Recomendação n. 93/2021 do CNJ, que estimula o trabalho colaborativo para o intercâmbio de projetos e ações de tecnologia;

d) atuação integrada, de natureza administrativa, de centros de inteligência, laboratórios de inovação e setor de tecnologia da informação;

e) comunhão de esforços para a uniformização do tratamento de temas inseridos no âmbito da autonomia administrativa dos tribunais e atualmente abordados em Recomendações do CNJ, como a de n. 96/2021 (concursos públicos) e a de n. 117/2021 (contratação de serviços de segurança privada), observada a restrição prevista no art. 49-A, § 6º, I, da Lei n. 9.784/1999.

Em todas essas hipóteses, a adoção da decisão coordenada pode tornar-se recomendável diante da relevância para a sociedade da providência a ser adotada, da dimensão do investimento de recursos financeiros exigidos ou da possibilidade de colaboração de determinados grupos para o aperfeiçoamento do processo decisório.

3. A DECISÃO COORDENADA E OS ENTES QUE DESEMPENHAM FUNÇÃO DE TRIBUNAL ADMINISTRATIVO

3.1 O paradigma da articulação administrativa

Em uma realidade social complexa, a existência de sobreposição de competências administrativas quanto a um número crescente de matérias é inevitável. Frequentemente, distintos órgãos e entidades administrativos regulam, fiscalizam, executam políticas públicas e decidem sobre temas total ou parcialmente idênticos.

Os riscos vão além da possibilidade de submissão do administrado a comandos contraditórios. A ignorância ou a deliberada indiferença, por uma instituição, em relação à atuação das demais torna simplesmente impossível o cumprimento dos deveres de coerência, de respeito à isonomia e à segurança jurídica, bem como – perceba-se – de consideração das consequências práticas das próprias decisões (CPC, art. 926; LINDB, arts. 20, 21 e 30; Lei n. 13.874/2019, arts. 3º, IV, e 4º-A, I).

Daí a criação, progressiva e sem maior sistematização, de um conjunto normativo destinado a permitir a aproximação entre entes administrativos com o objetivo de uniformizar – ou, ao menos, reduzir assimetrias – em seu comportamento. Sem dúvida, a elaboração de uma teoria da articulação administrativa[17] é um desafio que a realidade atual impõe à doutrina.

Em termos amplos, é possível identificar que a *articulação administrativa* pode ser concretizada em três níveis:

a) normativo: a possibilidade de edição conjunta de atos normativos por agências reguladoras está prevista no art. 29 da Lei n. 13.848/2019, que também admite a interessante técnica de constituição de comitês para consulta quanto

17. Para um panorama do cenário normativo relativo à articulação administrativa, MACIEL, Caroline Stéphanie Francis dos Santos. Articulação administrativa: por uma reforma cultural da administração pública. In: *Revista de Direito Administrativo*. Rio de Janeiro, v. 280, n. 2, maio/ago. 2021, p. 201-225.

a impactos em outros setores decorrentes da criação de novas normas (art. 30). Em temas relativos à proteção de dados pessoais, a Lei n. 13.709/2018 estabelece o dever de articulação entre a Autoridade Nacional de Proteção de Dados e outros órgãos e entidades com competências normativas (art. 55-J, § 3º, e 55-K, parágrafo único);

b) *executivo e fiscalizatório*: a Constituição Federal prevê, em seu art. 241, a possibilidade de celebração de convênios e acordos de cooperação entre entes federados para a gestão associada de serviços públicos. No plano federal, o Decreto-Lei n. 200/1967 estabelece que a execução de planos e programas de governo será objeto de permanente coordenação. Relativamente às agências reguladoras, a Lei n. 13.848/2019 fixa regras para a interação entre agências e órgãos de defesa da concorrência (arts. 25 a 28), do consumidor e do meio ambiente (arts. 31 a 33), além da articulação operacional entre agências reguladoras federais, estaduais, distritais e municipais (arts. 34 e 35). É digna de registro, ainda, a criação de um dever de comunicação (art. 32, § 2º) à agência reguladora da celebração de compromisso de ajustamento de conduta pelos legitimados previstos na Lei n. 7.347/1985 e do resultado do julgamento de casos repetitivos sobre questão de direito relacionada a prestação de serviço concedido, permitido ou autorizado (art. 985, § 2º, CPC. Em matéria de proteção de dados pessoais, também é possível identificar comandos destinados à coordenação na atividade fiscalizatória (LGPD, art. 55-J, § 3º, e 55-K, parágrafo único);

c) *adjudicatório*: até recentemente, a articulação administrativa para fins decisórios desenvolvia-se essencialmente por meio de técnicas de participação nos respectivos processos administrativos[18]. A Lei n. 14.210/2021 cria o grau máximo

18. Ilustrativamente: "Agravo. Concessão de serviço público de abastecimento de água potável e esgotamento sanitário. Inserção de agência reguladora como interessada

de coordenação na atividade decisória, ao permitir o seu compartilhamento entre entidades, órgãos ou setores.

Neste tópico, interessa examinar o potencial da articulação administrativa decisória concebida pela nova legislação, notadamente na atuação de sujeitos que exercem a função de tribunal administrativo.

3.2 Tribunais administrativos como porta de acesso à justiça

Entes que desempenham a função de tribunal administrativo ocupam relevante espaço no sistema de justiça multiportas. Frequentemente dotados de alto nível de especialização, a capacidade institucional desses sujeitos para a solução de conflitos complexos de natureza técnica ou relativos a políticas públicas é notável.

É interessante observar que esses entes podem atuar, em diversas hipóteses, não apenas como uma "porta" de acesso à justiça adequada para a heterocomposição em determinados perfis de controvérsias, mas também como uma "porta" destinada à criação de condições e incentivos à autocomposição. Precisamente por isso, o CPC (art. 174) e a Lei n.º 13.140/2015 preveem a possibilidade de criação de câmaras para prevenção e solução consensual de conflitos que envolvam entes da Administração Pública (art. 32) ou particulares entre si, em temas submetidos à regulação ou supervisão de certo órgão ou instituição (art. 43).

A interação entre esses sujeitos e o Poder Judiciário é um dos temas mais instigantes no estudo do sistema de justiça.

---

no processo. Dever de prestar contas por parte do órgão público concessor. Admissão da agência como *amicus curiae*. Agravo conhecido. Provimento parcial" (Tribunal de Contas do Estado de São Paulo, Relator: Conselheiro Renato Martins Costa, Processo n.º 5747/989/19, julgado em 20/10/2020). Sobre a possibilidade de intervenção de *amicus curiae* em processo administrativo, DIDIER Jr., Fredie. "Intervenção de *amicus curiae* em processo apto à formação de precedente administrativo obrigatório". *Civil procedure review*, v. 11, n. 2, 2020, p. 209-218.

Juízes são *tendencialmente* menos deferentes em relação às manifestações de entes administrativos em matérias juridicamente sensíveis e, por outro lado, mais deferentes quanto a decisões de natureza política e pronunciamentos relativos a temas de alta especificidade e complexidade técnica[19].

É compreensível que seja assim.

O exame de teses jurídicas e a análise de compatibilidade de determinada orientação em relação ao ordenamento jurídico integram o âmbito de expertise dos juízes, uma vez que tais atividades consistem em pilares da sua formação acadêmica e do seu cotidiano profissional, conferindo ao Judiciário, ao menos em uma perspectiva *prima facie*, condições para uma apreciação dos temas mais abrangente, aprofundada e coerente com o sistema jurídico em geral quando em comparação com as autoridades administrativas[20].

Por sua vez, a maior deferência do Judiciário em relação a decisões administrativas em questões de natureza política decorre, de maneira geral, do reconhecimento da maior legitimidade democrática destas (decorrente especialmente da forma de recrutamento dos seus dirigentes e da sua investidura por mandato) e da necessidade de assegurar proteção ao espaço de regular exercício da discricionariedade administrativa por autoridades especializadas

---

19. JORDÃO, Eduardo. *Controle judicial de uma Administração Pública complexa: a experiência estrangeira na adaptação da intensidade do controle*. São Paulo: Malheiros, 2016, p. 57-166. Cf, ainda: FERNANDEZ, Leandro. *Proteção de dados pessoais no sistema de justiça multiportas: publicidade processual, cooperação judiciária e o papel do Conselho Nacional de Justiça e da Autoridade Nacional de Proteção de Dados*. Salvador: Universidade Federal da Bahia, Faculdade de Direito, 2021, p. 475-478. No caso do Supremo Tribunal Federal, pesquisa publicada em 2020 identificou que a corte adota postura deferente à orientação das agências reguladoras em 88,7% dos casos envolvendo as entidades (JORDÃO, Eduardo Ferreira; REIS, Vinícius Cardoso; CABRAL JÚNIOR, Renato Toledo. "O controle das agências reguladoras federais no STF como instância recursal: um estudo empírico". *Revista de Direito Econômico e Socioambiental*, Curitiba, v. 11, n. 1, jan./abr. 2020, p. 122-155).

20. JORDÃO, Eduardo. *Controle judicial de uma Administração Pública complexa: a experiência estrangeira na adaptação da intensidade do controle*, cit., p. 58.

em determinada área e submetidas a um rigoroso regime de responsabilidade por suas escolhas[21]. Em matéria de políticas públicas, a decisão sobre quem decide também pode ser a decisão sobre aquilo que se decide[22].

Quanto às questões de elevada complexidade técnica que não estão detalhadamente disciplinadas na legislação, dependendo de desenvolvimento analítico para a materialização dos comandos legais, a tendencial maior deferência do Judiciário justifica-se não apenas em razão da (habitual) ausência de formação e atuação específica na área pelos juízes e da insuficiência de recursos materiais apropriados pelos tribunais[23], como também pela percepção de que a revisão de determinadas orientações pelo Judiciário pode, na prática, convertê-lo no real órgão regulador ou ensejar graves incoerências no marco regulatório[24].

A relevância da atuação dos sujeitos que desempenham a função de tribunais administrativos vai além da expertise para o oferecimento de soluções adequadas a determinados perfis de questões. Em um sistema como o brasileiro, que consagra a obrigatoriedade de observância dos precedentes administrativos, suas decisões produzem efeitos determinantes para a orientação do comportamento da sociedade, como será visto a seguir.

---

21. JORDÃO, Eduardo. *Controle judicial de uma Administração Pública complexa: a experiência estrangeira na adaptação da intensidade do controle*, cit., p. 85.

22. KOMESAR, Neil. *Imperfect Alternatives: Choosing Institutions in Law, Economics, and Public Policy*. Chicago: University of Chicago Press, 1994, p. 3.

23. CABRAL, Antonio do Passo. *Juiz natural e eficiência processual: flexibilização, delegação e coordenação de competências no Processo Civil*. São Paulo: Thomson Reuters Brasil, 2021, p. 487.

24. JORDÃO, Eduardo. *Controle judicial de uma Administração Pública complexa: a experiência estrangeira na adaptação da intensidade do controle*. Cit., p. 130.

3.3 O sistema brasileiro de precedentes administrativos obrigatórios

A autovinculação é uma característica do Direito Administrativo brasileiro contemporâneo[25]. Acompanhando a lição de Paulo Modesto, é possível visualizá-la em duas perspectivas. A primeira, mais abrangente, refere-se à limitação da discricionariedade administrativa por meio do detalhamento, em atos unilaterais ou convencionais, da interpretação a ser adotada diante de textos legais dotados de imprecisão ou vagueza semântica, de maneira a estabelecer critérios específicos de padronização da atuação do Poder Público[26]. Em uma segunda perspectiva, diz respeito à impossibilidade de alteração injustificada dos parâmetros decisórios adotados pela Administração[27], diretriz refletida há tempos no art. 50, inciso VII, da Lei n.º 9.784/1999 e reforçada na LINDB (art. 30).

O caráter obrigatório do precedente administrativo[28] em relação ao próprio órgão administrativo julgador que o proferiu e àqueles que lhe são subordinados é, portanto, uma das manifestações do fenômeno mais amplo da autovinculação administrativa. Decorrência

---

25. A autovinculação da Administração Pública e o caráter obrigatório dos precedentes administrativos já foram objeto de reflexão dos autores: DIDIER JR., Fredie. "Intervenção de *amicus curiae* em processo apto à formação de precedente administrativo obrigatório". In: *Civil Procedure Review*, v. 11, n. 2, 2020, p. 209-218; FERNANDEZ, Leandro. *Proteção de dados pessoais no sistema de justiça multiportas: publicidade processual, cooperação judiciária e o papel do Conselho Nacional de Justiça e da Autoridade Nacional de Proteção de Dados*, cit., p. 504-506.

26. MODESTO, Paulo. "Autovinculação da Administração Pública". In: *Revista Eletrônica de Direito de Estado*. n.º 24, out./dez. 2010, p. 7. Disponível em: <http://www.direitodoestado.com.br/codrevista.asp?cod=466>.

27. MODESTO, Paulo. "Autovinculação da Administração Pública". In: *Revista Eletrônica de Direito de Estado*. Cit., p. 2. Disponível em: <http://www.direitodoestado.com.br/codrevista.asp?cod=466>.

28. "O precedente administrativo pode ser conceituado como a norma jurídica retirada de decisão administrativa anterior, válida e de acordo com o interesse público, que, após decidir determinado caso concreto, deve ser observada em casos futuros e semelhantes pela Administração Pública" (OLIVEIRA, Rafael Carvalho Rezende. *Precedentes no Direito Administrativo*. Rio de Janeiro: Forense, 2018, p. 96).

da igualdade[29] (na dimensão da isonomia na aplicação do Direito) e da proteção da confiança, o reconhecimento da eficácia vinculante do precedente administrativo acentua a complexidade da teoria das fontes do Direito Administrativo, ao identificar a *legalidade administrativa* não apenas às manifestações do legislador, mas também aos pronunciamentos da própria Administração.

A expansão e o fortalecimento dos tribunais administrativos (Tribunais de Contas, CADE, CVM, tribunais de contribuintes etc.), que resolvem conflitos de modo imparcial e por heterocomposição, é uma das principais causas que justificam a criação desse sistema de respeito aos precedentes administrativos. A cognoscibilidade do Direito, dimensão da segurança jurídica que garante a todos saber como o Direito é compreendido e aplicado, e a igualdade, que garante aos administrados o direito de ser tratado de modo semelhante pela Administração Pública, o que significa ser tratado de modo isonômico perante as decisões administrativas, impõem o desenvolvimento desse sistema de formação e aplicação de precedentes administrativos.

Há extenso rol de dispositivos que consagram a autovinculação da Administração Pública, inclusive por intermédio de precedentes obrigatórios: o art. 4º, incisos X, XI e XII, da Lei Complementar n.º 73/1993; os arts. 2º, parágrafo único, inciso XIII, e 50, inciso VII, da Lei n.º 9.784/1999; os arts. 18-A e 19, incisos II, IV e VII, da Lei n.º 10.522/2002; os arts. 23, 24 e 30 da LINDB; os arts. 19 a 24 do Decreto n.º 9.830/2019; o art. 3º, inciso IV, da Lei n.º 13.874/2019[30]. O próprio art. 926 do CPC é, aliás, um comando dirigido também aos tribunais administrativos, derivado da igualdade e da proteção da confiança[31].

29. SCHAUER, Frederick. "Precedente". Tradução por André Duarte de Carvalho e Lucas Buril de Macêdo. In: DIDIER JR., Fredie et al. (coord.). *Precedentes*. Coleção Grandes Temas do Novo CPC. v. 3. Salvador: Juspodivm, 2015, p. 76.

30. DIDIER JR., Fredie. "Intervenção de *amicus curiae* em processo apto à formação de precedente administrativo obrigatório". In: *Civil Procedure Review*, cit., p. 212-214.

31. MOREIRA, Egon Bockmann. "O novo Código de Processo Civil e sua aplicação no processo administrativo". In: *Revista de Direito Administrativo*. Rio de Janeiro, v. 273, set./dez. 2016, p. 322-323.

Esse complexo normativo torna desnecessária a criação, na esfera administrativa, de um dispositivo equivalente ao art. 927 do CPC. A eficácia vinculante dos precedentes administrativos já é uma característica do sistema jurídico brasileiro[32].

Há ainda um aspecto a ser destacado. É necessário perceber que, em órgãos ou entidades que cumulam funções decisórias, ao modo de um tribunal administrativo, e regulatórias, o processo de decisão de casos concretos integra a dinâmica do processo regulatório. A solução de lacunas nos atos administrativos de regulamentação do setor e a própria interpretação desses atos ocorrem a partir da via contenciosa ou de consultas, gerando decisões que vinculam o ente regulador.

Interessante exemplo pode ser extraído do Regimento Interno da Agência Nacional do Petróleo, Gás Natural e Biocombustíveis (ANP), que expressamente prevê que os casos solucionados pela agência serão usados como precedentes para novas decisões e como subsídio para futura regulamentação da matéria objeto do conflito.

3.4 Formação compartilhada de precedentes administrativos vinculantes

A decisão administrativa coordenada inaugurou uma nova modalidade de articulação administrativa. É possível, agora, não apenas a colaboração para a regulamentação de matérias e a execução de políticas públicas, como também para fins adjudicatórios.

Mesmo com a vedação à sua utilização em processos que envolvam a aplicação do poder sancionador (art. 49-A, § 6º, inciso II, Lei n. 9.784/1999) – questionável opção legislativa –, o espaço para sua adoção é amplíssimo, notadamente para a fixação de teses jurídicas no âmbito da Administração, inclusive pela via da consulta, prevista no art. 29 da LINDB.

---

32. BARREIROS, Lorena Miranda Santos. *Convenções processuais e Poder Público*. Salvador: Juspodivm, 2016, p. 330-331.

É certo que o dispositivo que previa a eficácia vinculante da decisão coordenada em relação a matérias idênticas foi objeto de veto presidencial, sob a justificativa de ocorrência de limitação da atuação de órgãos e entidades públicos contrária ao interesse público.

O veto, todavia, revela-se, neste ponto, inócuo. Como visto, o caráter vinculante dos precedentes administrativos é uma das marcas do ordenamento brasileiro contemporâneo. O dispositivo, didaticamente, apenas explicitaria de modo específico uma realidade geral do sistema.

É possível, então, que, a partir da decisão coordenada, surjam precedentes administrativos vinculantes.

Há uma série de vantagens na utilização dessa técnica:

a) concentração de atos, a exemplo de audiências públicas e manifestação, oral ou escrita, de interessados, contribuindo para a economia e a celeridade;

b) maior possibilidade de participação de representantes de grupos potencialmente afetados pela decisão, que, em outras circunstâncias, talvez sequer tivessem conhecimento do processo deliberativo instaurado em algum(s) dos entes envolvidos;

c) possibilidade de apresentação e de ampla consideração de argumentos relativos a variadas perspectivas a respeito do problema, podendo reduzir a influência de vieses cognitivos e contribuindo para a qualidade da decisão a ser proferida;

d) redução do risco de ocorrência de uma espécie de indevido *forum shopping* decorrente da tentativa de obtenção, por litigante habitual, de decisão por parte de entidade administrativa perante a qual, por motivos diversos, sua pretensão terá maior chance de acolhimento;

e) no caso de entes que cumulam função decisória e regulatória, a decisão contribui para a diretriz de articulação normativa na elaboração da disciplina aplicável a temas objeto de competências sobrepostas;

f) com a participação de todos os envolvidos e o amplo debate sobre diversas perspectivas de abordagem do problema, o Poder Judiciário, em eventual ação sobre a matéria, tende a ser mais deferente em relação à decisão adotada;

g) a decisão coordenada contribui para a concretização dos deveres de coerência estatal na interpretação do ordenamento jurídico e de consideração das consequências práticas das suas próprias decisões.

4. CONCLUSÕES

A figura da decisão administrativa coordenada, criada em âmbito federal pela Lei n. 14.210/2021, oferece interessantes e inovadoras possibilidades para o sistema brasileiro de justiça multiportas.

De um lado, apresenta-se como ferramenta de concretização da boa administração da justiça, ao expandir o modelo de decisões baseadas em competências coordenadas (CNJ com tribunais ou entre tribunais ou seus setores) no âmbito da administração judiciária da justiça. Sua adoção como etapa prévia – mas não obrigatória – à realização de atos de cooperação judiciária em matéria administrativa pode revelar-se conveniente diante de circunstâncias que tornem aconselhável a possibilidade de maior participação e fiscalização pública, como o nível de investimento de recursos financeiros, a repercussão social do ato e o envolvimento de interesses de determinados grupos ou sua capacidade de contribuição para a solução de certas questões, por exemplo.

De outro lado, pode funcionar como técnica de aperfeiçoamento do processo decisório perante entes que desempenham a função de tribunal administrativo, permitindo o aproveitamento recíproco de capacidades institucionais. Nesses casos, sua adoção concorre para a concretização dos deveres de coerência, de respeito à isonomia e à segurança jurídica, bem como de consideração das consequências práticas das próprias decisões.

A novidade, situada no contexto mais amplo do fenômeno da articulação administrativa, é bem-vinda. Adequadamente explorado o seu potencial, a decisão administrativa coordenada poderá ocupar espaço de destaque no sistema de justiça, como um instrumento criativo para a construção de soluções para problemas complexos.

REFERÊNCIAS BIBLIOGRÁFICAS

BARREIROS, Lorena Miranda Santos. *Convenções processuais e Poder Público*. Salvador: Juspodivm, 2016.

CABRAL, Antonio do Passo. *Juiz natural e eficiência: flexibilização, delegação e coordenação de competências no Processo Civil*. São Paulo: RT, 2021.

__________. *Convenções processuais*. Salvador: Editora Juspodivm, 2016.

__________ *Convenções processuais*. 3ª ed. Salvador: Editora Juspodivm, 2020.

CADIET, Loïc. *Perspectiva Sobre a Justiça do Sistema Civil Francês*. Livro eletrônico. São Paulo: RT, 2017.

DIDIER JR., Fredie. "Intervenção de *amicus curiae* em processo apto à formação de precedente administrativo obrigatório". In: *Civil Procedure Review*, v. 11, n. 2, 2020.

______________. *Cooperação judiciária nacional*. 2ª ed. Salvador: Editora Juspodivm, 2021.

______________; CABRAL, Antonio do Passo; CUNHA, Leonardo Carneiro da. *Por uma nova teoria dos procedimentos especiais: dos procedimentos às técnicas*. 2. ed. Salvador: Juspodivm, 2021.

______________; FERNANDEZ, Leandro. "Cooperação judiciária e protocolos institucionais: o caso do 'Ato Trabalhista', ou plano especial de pagamento trabalhista, para a centralização de execuções contra entidades desportivas". In: *Revista de Direito do Trabalho*. vol. 219, set./out. 2021, p. 201-232.

______________; ______________. *O Conselho Nacional de Justiça e o Direito Processual: administração judiciária, boas práticas e competência normativa*. Salvador, Juspodivm, 2022.

FERNANDEZ, Leandro. *Proteção de dados pessoais no sistema de justiça multiportas: publicidade processual, cooperação judiciária e o papel do Con-*

selho Nacional de Justiça e da Autoridade Nacional de Proteção de Dados. Salvador: Universidade Federal da Bahia, Faculdade de Direito, 2021.

JORDÃO, Eduardo. *Controle judicial de uma Administração Pública complexa: a experiência estrangeira na adaptação da intensidade do controle.* São Paulo: Malheiros, 2016.

______________; REIS, Vinícius Cardoso; CABRAL JÚNIOR, Renato Toledo. "O controle das agências reguladoras federais no STF como instância recursal: um estudo empírico". *Revista de Direito Econômico e Socioambiental,* Curitiba, v. 11, n. 1, jan./abr. 2020, p. 122-155

KOMESAR, Neil. *Imperfect Alternatives: Choosing Institutions in Law, Economics, and Public Policy.* Chicago: University of Chicago Press, 1994.

MACIEL, Caroline Stéphanie Francis dos Santos. Articulação administrativa: por uma reforma cultural da administração pública. In: *Revista de Direito Administrativo.* Rio de Janeiro, v. 280, n. 2, maio/ago. 2021, p. 201-225.

MODESTO, Paulo. "Autovinculação da Administração Pública". In: *Revista Eletrônica de Direito de Estado.* n.º 24, out./dez. 2010, p. 7. Disponível em: <http://www.direitodoestado.com.br/codrevista.asp?cod=466>.

______________. *Decisão coordenada: experimentação administrativa processual.* Disponível em: <https://www.conjur.com.br/2021-dez-02/interesse-publico-decisao-coordenada-experimentacao-administrativa-processual#_ftnref>.

______________. *Direito Administrativo da experimentação: uma introdução.* Disponível em: <https://www.conjur.com.br/2021-out-14/interesse-publico-direito-administrativo-experimentacao-introducao>.

MOREIRA, Egon Bockmann. "O novo Código de Processo Civil e sua aplicação no processo administrativo". In: *Revista de Direito Administrativo.* Rio de Janeiro, v. 273, set./dez. 2016.

OLIVEIRA, Rafael Carvalho Rezende. *Precedentes no Direito Administrativo.* Rio de Janeiro: Forense, 2018.

SCHAUER, Frederick. "Precedente". Tradução por André Duarte de Carvalho e Lucas Buril de Macêdo. In: DIDIER JR., Fredie et al. (coord.). *Precedentes.* Coleção Grandes Temas do Novo CPC. v. 3. Salvador: Juspodivm, 2015.

9

A DECISÃO COORDENADA COMO TÉCNICA DE NEGOCIAÇÕES PLURILATERAIS (OU: POR UMA NOVA VISÃO DO PROCESSO ADMINISTRATIVO)[1]

Egon Bockmann Moreira

Professor de Direito Econômico da UFPR. Mestre e Doutor em Direito do Estado (UFPR). Pós-Graduado em Regulação e Concorrência (Univ. de Coimbra) e em Mediação (Harvard e Pepperdine). Foi Professor Visitante nas Faculdades de Direito de Lisboa, USP e FGV-Rio. Advogado. Árbitro.

INTRODUÇÃO

Este breve ensaio traz perspectiva diferenciada acerca do fenômeno jurídico-processual, a fim de melhor compreenderemos

1. Agradeço o convite para a escrita deste artigo, feito pelos Professores José Vicente Santos de Mendonça e Antonio do Passo Cabral. Registro também minha especial gratidão a Leila Cuéllar e Elisa Schmidlin Cruz, pela revisão e sugestões (os erros e os desvarios persistem de minha exclusiva responsabilidade).

a decisão coordenada e também o processo administrativo em si mesmo.

O texto tem como eixo central os processos administrativos (muito embora boa parte do raciocínio se aplique aos judiciais), eis que a decisão coordenada consta da Lei 9.784/1999 (arts. 49-A a 49-G). Para tanto, e além desta introdução e das considerações finais, ele iniciará com a colocação do problema, seguido da pergunta essencial: do que estamos falando quando falamos de processo administrativo? Depois, desenvolverei a ideia do processo como técnica de negociações, a fim de desdobrá-las em bilaterais e plurilaterais, bem como meramente distributivas e criadoras de valor. Então, será brevemente explicada, sob essa perspectiva, a decisão coordenada.

Essas noções permitirão apresentar, ainda que de modo sucinto, a tese de que o processo administrativo pode ser estudado e ensinado como técnica de negociação criadora de valor, com vistas a decisões autocompositivas consensuais.

1. A COLOCAÇÃO DO PROBLEMA: O PROCESSO PRESTA-SE A RESOLVER CONFLITOS, NÃO A INCENTIVÁ-LOS

Existem várias formas de se examinar o processo administrativo, enquanto ordem de interações jurídicas desdobradas no tempo que visam a uma decisão final. A mais tradicional nele enxerga a sequência de atos e fatos oriunda de um conflito intransponível, estruturada por meio de relação jurídica típica, com o objetivo de ser proferida a decisão administrativa final que dê vitória a (só) uma das partes e, assim, ponha fim ao litígio. A decisão coordenada, nessa toada, subordinar-se-ia à ideia de ato administrativo (complexo), praticado no curso do processo administrativo, a fim de que a almejada decisão possa vir a ser proferida.

Outra visão, que aqui pretendo colocar a debate, é a análise do processo como técnica de negociação – e o que a decisão coordenada significaria sob esse ângulo. Isto é, o processo administrativo estudado como o modo por meio do qual as partes almejam negociar e chegar à decisão final autocompositiva (ou, caso não alcancem o acordo, delegam a solução a terceiro considerado imparcial pelo ordenamento jurídico).

O ponto de partida, portanto, não seria a institucionalização de um confronto, seguida de manifestações que implicam seu agravamento, em que há uma "pretensão resistida" insolúvel autonomamente e a respeito da qual os adversários não pensam em transacionar (mas submeter um ao outro à sua perspectiva egoísta). Nessa forma tradicional, a premissa é a de que o processo é o meio de se por fim a um litígio insolúvel, mediante decisão que estenderá no tempo o amargor da relação entre as partes.

Ao contrário, o que pretendo desenvolver é a visão do processo na condição de método de negociação, em que as partes apresentam propostas, nas quais estrategicamente compartilham sequência de informações e ofertas, visando a parametrizar o acordo (ou a decisão heterocompositiva, caso a transação resulte infrutífera). Não se estaria diante da intensificação processual da falta de entendimento material (o que hoje se passa), mas de meio jurídico imediatamente destinado a compor interesses em conflito. A premissa é a de que o processo é (mais um) meio de se negociar um litígio solúvel (como todos o são).

Qual a vantagem que enxergo nessa visão diferenciada e por que tenho que ela merece ser estudada? Numa só frase: alterar a racionalidade litigiosa que hoje impera. Mudar a chave mental do processo. De nada adianta falar em consensualidade, cooperação processual e conciliação, se o ponto de partida é adversarial. Hoje, o acordo pós-instalação do processo é visto como a exceção, mas pode ser o ponto de partida e o escopo dessa ordem de relação jurídica, desde que o seu objeto primário seja o de fazer as partes negociarem em ambiente institucional.

Com isso, pretendo colaborar para a atenuação do modo primariamente adversarial, hostil e litigioso, de se compreender o direito (especialmente o processual), e, na medida do possível, atenuar os custos inerentes a qualquer sequência formal de atos diferida no tempo. A vida fica mais leve se pensarmos no processo como forma de negociar e resolver conflitos – e não simplesmente como aquela técnica anciã de potencializar uma divergência de direito material por meio de outra, de direito processual.

Para que esse problema seja colocado com maior precisão, é necessário esclarecer do que estamos falando quando falamos de processo administrativo.

2. DO QUE ESTAMOS FALANDO QUANDO FALAMOS DE PROCESSO ADMINISTRATIVO?

O processo administrativo, reverente ao judicial, é usualmente descrito como a relação jurídica de direito público, desdobrada no tempo, por meio da qual as partes debatem uma pretensão resistida e submetem a decisão desse insolúvel conflito a um terceiro tido como imparcial pelo ordenamento jurídico.

Essa relação, que tem como uma das partes um órgão ou entidade da Administração Pública, possui direitos, deveres e ônus processuais em sentido estrito (diversos daqueles da questão material de fundo, mas cujo manejo nela pode impactar). Logo, a situação jurídica é bastante peculiar, eis que a instituição "Administração Pública" é, simultaneamente, parte e julgador (este, pessoa ou órgão colegiado distinto daquele que ocupa algum dos polos da relação processual). A imparcialidade é, portanto, *de jure*.

O objetivo tradicional do processo – a pacificação social – está na premissa de que as partes não conseguiram, por si sós, chegar a um acordo e o Estado assume a função de resolver o conflito. Por isso que, também no processo administrativo, ao menos uma delas necessita provar seu interesse de agir, calcado na insolubilidade autocompositiva do confronto. Partindo-se desse pressuposto, as manifestações frente ao terceiro imparcial trazem fatos e teses jurídicas adversariais, antagônicas, naturalmente no modo tudo-ou-nada, culminando no pedido a ser deferido em detrimento da pretensão da parte contrária. Todos os ataques e defesas precisam ser intensificados, pois feitos de forma concentrada, no momento processual exato, sob pena de preclusão.

Uma vez proferida a decisão (provisória ou final), ela deverá ser cumprida. Em princípio, *ex officio* pela Administração ou espontaneamente pela pessoa privada. Se não o for, o Estado pode constranger o perdedor, limitar o exercício de direitos, e mesmo expropriar seu patrimônio (atingindo direitos fundamentais, como a liberdade e a propriedade, de modo unilateral). O cenário é de conflitos materiais inconciliáveis, seguidos de processos marcados pela desigualdade e submissão das partes em face do terceiro imparcial. Daí a importância de analisarmos como tais relações se expressam, quais são os seus efeitos e como são classificadas, eis que talvez não se refiram exatamente a todos os processos administrativos. A premissa é a de que nem todos os processos administrativos são iguais entre si: o que torna a perspectiva negocial ainda mais alentada.

Tradicionalmente, o escopo do processo administrativo é tido como forma de inibir aquelas ações dos poderes públicos que possam gerar gravames indevidos aos direitos das pessoas privadas. Esse dado imediato da consciência advém da Magna Carta, de 1215, em que a cláusula *per legem terrae* (depois traduzida para *due process of law*) vedou agressões do soberano a bens e direitos individuais – vida, liberdade e propriedade – sem o devido processo. Este seria condição de legitimidade para a ação estatal: a prévia relação jurídico-processual como meio apto a resguardar a pessoa privada de agressões dantes indefensáveis.

Assim, o processo envolvendo os poderes públicos se tornou célebre por meio do devido processo legal, ampla defesa e contraditório. Em outras palavras, sua marca é o direito de defesa. O Estado não conseguiria privar as pessoas de seus direitos sem que tal ato fosse antecedido de processo atencioso às garantias constitucionais. Por meio do exercício de direitos processuais, os sujeitos privados poderiam impedir o Estado (soberano) de praticar certos atos que impactassem na sua esfera jurídico-subjetiva.

Constatação que se dá, inclusive, naqueles processos judiciais que abrigam conflitos de interesses entre sujeitos privados (cuja lógica repercute no processo administrativo). Uma vez que o Estado detém o privilégio do uso legítimo da força coercitiva, originalmente e salvo exceções, somente ele conseguiria impor tal ordem de medidas às pessoas (públicas e/ou privadas); eis que apenas os poderes públicos podem, coercitivamente, "dar a cada um o que é seu". O *cuique suum* depende de prévio processo adversarial, que, ao fim e ao cabo, para isso serve: impedir, bloquear, ações dos poderes públicos e, assim, prestigiar os direitos fundamentais detidos por seus titulares.

Mas, bem vistas as coisas, será que só dispomos dessa ordem de processos administrativos? Ele apenas se destina a bloquear ações públicas e assegurar o *non facere*? Os direitos fundamentais somente seriam prestigiados pela omissão estatal? Parece-me que não – o que impacta significativamente na forma de compreendermos essa ordem de relações jurídicas público-privadas disciplinadas pelo direito processual. Afinal de contas, não vivemos mais no alvorecer do constitucionalismo.

Sobretudo a partir do primeiro terço do século XX, as Constituições passaram a imputar ao Estado tarefas ativas instituidoras de benefícios, que trazem vantagens individuais e/ou coletivas às pessoas privadas (os direitos sociais). Todavia, fato é que nem sempre os poderes públicos adotam condutas ativas nesse sentido. Omitem-se e deixam os direitos fundamentais à deriva em razão de informação inadequada, ou mesmo por escolhas públicas. Ao seu tempo, a pessoa privada não detém título jurídico que a habilite a, unilateralmente, "dar a si o que é seu". Daí que muitas dessas prestações e auxílios dependem do processo administrativo, cuja instrução comprovará a obrigação de os poderes públicos fazerem o que é devido. O resultado do processo será a instalação do *facere quod debeatur*.

Desde então, institucionalizou-se o direito fundamental de as pessoas privadas deduzirem pleitos aos poderes públicos, nos quais se requer específico ato administrativo. Tais pedidos instalam determinada relação jurídica processual, desenvolvida na tradicional sequência de atos e fatos, com vistas à prática do ato pela própria Administração (que poderá resistir, mas, uma vez produzidas as provas, o seu dever de concretizar o direito pleiteado será indeclinável). Preste-se bem atenção nisso: ao contrário de buscar impedir a ação do Estado, o processo presta-se a fazer com que o ato seja efetivamente praticado para a concretização de direitos fundamentais. Pretende-se vencer a omissão, por meio da implementação de direitos subjetivos em condutas estatais positivas, as quais serão o objeto do pedido no processo administrativo.

Caso equivocadamente pensemos essa segunda ordem de processos administrativos apenas sob o panorama daquela primeira, a posição das partes, seus direitos, deveres e ônus processuais serão erroneamente compreendidos de modo equivalente. Tal estudo anacrônico compreenderia o exercício de direitos contemporâneos como se medievais fossem. Essa contrariedade à cronologia dos direitos fundamentais, materiais e processuais, está em desacordo ao que se pretende por meio da institucionalização de processos ampliativos de direitos. Isso máxime em Estados que se pretendam democráticos e de direito, nos quais os poderes públicos exercem função administrativa e agitam seus poderes apenas em cumprimento aos deveres que lhes foram prescritos em lei – dentre os quais especialmente os de concretizar ações positivas em favor de direitos fundamentais.

Ao nosso entorno há mais processos do que apenas aqueles em que a pessoa privada almeja impedir a ação dos poderes públicos, por meio de ampla defesa. Tais cogitações inovam as premissas cognitivas quanto à ideia de processo administrativo e não se encerram nos direitos sociais. A partir do último terço do século XX, e especialmente nesta alvorada do XXI, existem outros direitos fundamentais que afetam a noção de processo e geram relevante impacto nas ideias de participação, legitimidade e interesse, repercutindo nos direitos, deveres e ônus dessa relação jurídica.

Basta pensarmos no direito à informação (e seu acesso irrestrito) e no direito à participação (e legitimidade processual). Reflitamos a propósito das audiências e consultas públicas, estruturadas por meio de processos administrativos abertos, que visam a obter a colaboração para futuras decisões públicas de relevante interesse coletivo. Cogitemos da participação de pessoas privadas, individuais e coletivas, naqueles processos de controle concentrado de constitucionalidade desenvolvidos pelo STF – ou mesmo em processos estruturais. Essa ordem de direitos fundamentais processuais, coletivos e difusos, cuja promoção está continuamente à busca de interessados e legitimados que nem sempre têm a titularidade dos direitos materiais imediatamente afetados, mas buscam colaborar em temas que transcendem a própria subjetividade (pessoal, geográfica e cronológica), certamente não se submete às racionalidades processuais anteriores.

Em outras palavras, os direitos fundamentais da atualidade convivem e se integram àqueles de tempos pretéritos, mas não são por eles pautados nem se subordinam à sua racionalidade – material e processual –para serem exercitados. A sua fonte normativa é a atual Constituição brasileira. O seu eixo central é a participação ativa das pessoas na formação dos atos administrativos.

A toda evidência, essa ordem de relações jurídicas desdobradas no tempo em sequências de atos e fatos, com vistas a uma decisão final, dá substância a processos administrativos incomuns àqueles tradicionais. E o mesmo se diga quanto aos da segunda onda acima descrita, nos quais se deseja que a Administração pratique o ato que gerará benefícios sociais imediatos. Essas duas dimensões instalam foros de participação e consensualidade muito mais intensos do que os havidos nos processos administrativos originais. *Rectius*: foros de prestígio à participação como expressão do dever público de escuta ativa, com vistas ao diálogo eficiente que leve em conta tudo aquilo que foi dito por todas as partes e colaboradores da relação jurídico-processual.

Por conseguinte, fato é que essa multiplicidade de relações processuais demanda outra forma de se compreender e definir o processo administrativo, que congregue as diversas ordens de vínculos jurídico-processuais. Se no primeiro tipo o processo pode intensificar litígios, eis que pretende inibir ações ilegítimas, no segundo e no terceiro, ele é o meio institucional de assegurar direitos em harmonia público-privada. Assim, que tal pautarmos a primeira ordem de processos – a antiga – pelas novas dimensões de participação processual (e não o contrário)?

Pensemos no processo não como meio de ampliar e aprofundar desentendimentos, para aguardar a decisão coercitiva do terceiro imparcial, mas na condição de técnica jurídica estimuladora de que as pessoas colaborem reciprocamente na formação da decisão final (ainda que por ela não sejam, ou nem possam ser afetadas). Mais: imaginemos dar um passo avante e reflitamos a propósito da formação de decisões consensuais, sejam elas das próprias partes ou do próprio Estado.

Caso consigamos transcender o conflito como eixo central das relações jurídico-processuais – que, se bem realizarmos, é o que se passa em boa parte dos processos contemporâneos – creio que efetivaremos significativo avanço na forma de compreendermos não só o processo, mas o direito como um todo. Esta é a minha primeira provocação deste breve ensaio: o processo, especialmente o administrativo, precisa livrar-se das amarras do litígio como a única solução para as pretensões resistidas, e ver-se como meio de convencimento cooperativo, no qual as partes têm garantido o direito fundamental de participar e ser ativamente ouvidas.

Posta essa premissa, podemos falar da decisão coordenada e do processo administrativo como técnica de negociação.

3. PROCESSO ADMINISTRATIVO COMO TÉCNICA DE NEGOCIAÇÃO

A constatação de que há várias dimensões, ou ângulos de análise, desse poliedro que é o processo administrativo, nos permite dar um passo avante quanto à compreensão do que verdadeiramente significa essa relação jurídica. Não quero com isso dizer que as outras abordagens estejam equivocadas ou mereçam ser esquecidas. Nada disso: o que pretendo colocar à discussão é problema distinto, numa dimensão ampliativa.

Afinal de contas, se prestarmos bem atenção constataremos que boa parte dos debates está refém da dogmática cujo eixo central é a lógica da Magna Carta. O processo administrativo como remédio que impede abusos por parte dos poderes públicos. A lógica aqui é a de desintegrar as esferas intersubjetivas e fazer com que a decisão final impeça que haja determinadas condutas. Pouco importa se o processo se destina a outro fim, não adversarial de nascença.

Nada obstante essa realidade, há montanhas de papel e rios de tinta tratando da consensualidade administrativa, da nova Administração Pública, dos modos de integração público-privada, das parcerias, métodos adequados, audiências etc. Palavras e teses bonitas. Todavia, quando diagnosticamos o processo administrativo (e seu ensino), voltamos à litigiosidade e insistimos no respeito ao devido processo legal, ampla defesa e contraditório. Como sair dessa enrascada?

Tenho que está na hora de começar a pensar no processo administrativo (e o judicial também, mas dele aqui não tratarei) como *técnica de negociação*. Enxergando-o como uma das formas pelas quais o direito disponibiliza às pessoas – públicas e privadas – meios de negociar os interesses contrapostos, sob pena de, em não havendo acordo, um terceiro juridicamente imparcial, que acompanhou as tratativas, ser instado a proferir a decisão com efeitos vinculantes para as partes negociadoras. A *raison d'être* do processo, portanto, é a de instalar, disciplinar e facilitar acordos.

É preciso, para tanto, alterar a chave cognitiva do processo – de meio que institucionaliza conflitos os quais, de antemão, presumem-se insolúveis pelas próprias partes (daí o interesse de agir processual) para o que institucionaliza outra forma, juridicamente "oficial", de negociações, com o escopo de serem feitos acordos que se presumem possíveis, nada obstante alguns sejam difíceis. Assim, alcança-se a finalidade do processo como incentivo a se chegar à composição de interesses, por meio de fases pré-definidas em lei (ou mesmo em negócios processuais). Vejamos como isso pode ser analisado.

Como em todas as negociações, o processo administrativo tem início por meio da existência de interesses a ser transacionados, momentaneamente em conflito. As posições são contrapostas, mas o foco está nos interesses, tanto os imediatamente disponíveis (transaciona-se o seu conteúdo e uma das partes pode, inclusive, deles abdicar – *v.g.*, indenizações pecuniárias e em contratos) quanto os mediatamente disponíveis (transaciona-se apenas a forma pela qual tais interesses serão efetivados –*v.g.*, termos de ajuste de conduta ambientais). No caso brasileiro, e salvo o direito à vida e sua dignidade, hoje não tenho notícias de interesses cuja transação seja vedada pelo ordenamento jurídico: quando menos, é lícito negociar-se a forma pela qual tais direitos serão exercitados no mundo real.

Quem trata dessa capacidade para negociações é a lei: ela é a fonte primária, que pode reter para si tal disponibilidade (quem decide é o legislador, a escolha é só dele, que pode modular os interesses a ser negociados) ou transladá-la a níveis inferiores na escala de normatividade (a lei, expressamente ou por meio de conceitos indeterminados, outorga tal competência/capacidade aos agentes públicos e/ou pessoas privadas). Isso para efetivamente dispor de tais interesses, ou para disciplinar como eles serão postos em prática. Assim, quando o regulamento ou contrato administrativo *dispõem* a respeito de algo, nada mais fazem do que assumir a condição de fonte normativa primária e assim consagram a *disponibilidade dos interesses* em questão.

Como essa convivência de interesses negociáveis se expressa na relação jurídica que é o processo administrativo? No final das contas, trata-se de ver com outros olhos o que desde sempre nele se passou. Pensemos nas negociações: necessário se faz uma primeira proposta, a oferta que dá abertura ao caminho da transação. No processo administrativo, isso se dá quer em atos de ofício praticados pela Administração Pública, quer em pedidos deduzidos pela pessoa privada interessada. Não se trata de expressão de uma pretensão resistida, mas sim da proposta de abertura do acordo. A notificação administrativa ou o pedido privado compreendidos na condição de propostas, gerarão contrapostas dinâmicas, inclusive abrangendo negociações processuais que afastem – ou modulem/atenuem – os efeitos da preclusão. Em ambos os casos, as partes, de boa-fé, compartilharão informações fidedignas (fatos, representados em documentos), as quais podem instalar divergências.

Caso as partes necessitem esclarecer tais informações, ou se a respeito delas houver impasses, elas próprias demandarão o ingresso de terceiros que, legitimando as informações, as auxiliarão na negociação. As eventuais provas sustentam o ingresso de um terceiro, externo e imparcial, como técnica de legitimação de argumentos.

Uma vez sabedoras dos reais interesses da contraparte, bem como esclarecidas as informações disponíveis, as partes podem realmente negociar – e, assim, abdicar de certos interesses em favor de outros (ou do modo de exercício de tais interesses). O processo torna-se uma técnica de (re)conhecimento mútuo, que visa a equalizar as posições e, preferencialmente, gerar situações em que ambas as partes tenham ao menos parcela de seus interesses satisfeitos. Visa a criar valor para todos os envolvidos (inclusive terceiros que serão afetados pela negociação, mas dela não participaram).

Na justa medida em que se concebe o processo para o desenvolvimento de específica negociação, o acordo é o seu objetivo, como forma de compor os interesses postos à mesa de negociação. Caso infrutífero, será então necessário acionar o terceiro imparcial para proferir a decisão heterocompositiva.

Em assim sendo, tenho que, se vislumbrarmos o processo como técnica de negociação – bilateral ou plurilateral – fica bem mais fácil compreender a decisão coordenada.

4. NEGOCIAÇÕES BILATERAIS E PLURILATERAIS; DISTRIBUTIVAS E CRIADORAS DE VALOR: PRIMEIRA APROXIMAÇÃO À DECISÃO COORDENADA

Assim como os processos administrativos, de usual as negociações são bilaterais, reveladoras de interesses internos a cada uma das partes (o que eu quero) e exteriorizadas nas posições externas, contrapostas e assim formalizadas nas peças processuais (o que eu digo que quero). Tradicionalmente, processos e negociações tendem a ser estudados como se (só) bilaterais fossem.

Porém, se prestarmos bem atenção, estamos cercados de negociações plurilaterais – inclusive em processos administrativos: basta pensar na legitimidade de "interessados" (Lei 9.784/1999, art. 9º), ou refletir a respeito das consultas e audiências públicas. São vários sujeitos coordenando os seus interesses, com vistas a serem ouvidos e, na medida do possível, a gerar uma decisão que congregue tais perspectivas.

Ao seu tempo, e como será minudenciado no item seguinte, a decisão coordenada visa a congregar opiniões e argumentos de pessoas diversas, que devem apresentar suas compreensões a propósito de um mesmo assunto, a fim de gerar o entendimento decisório comum. Logo, por que não pensar na "decisão coordenada" como a institucionalização de uma metodologia oficial de negociações plurilaterais? A decisão será combinada, estruturada harmonicamente, conjugando – e não opondo – interesses, em detrimento das eventuais posições das partes.

A decisão coordenada, nos termos dos arts. 49-A a 49-G da Lei 9.784/1999, a culminar em acordo estampado em ato administrativo unitário de conteúdo complexo: unitário quanto à imputabilidade/vinculação subjetiva; complexo quanto à autoria colaborativa. O seu núcleo duro possui, portanto, caráter complexo, e os seus efeitos afetam a todos os envolvidos, bem como aqueles que poderão ser afetados pela decisão. A negociação plurilateral a ampliar as fronteiras informacionais e gerar consensos multilaterais.

Quais seriam as vantagens e os desafios? Tal como acima exposto quanto à ideia monolítica de processo, os desafios são a abdicação da lógica oitocentista do ato administrativo e suas características clássicas. Em contrapartida, as vantagens estão em que tais negociações podem criar valor. O que quero dizer com isso?

Lembremo-nos de que, frequentemente, o processo – judicial ou administrativo, tanto faz – funciona na lógica das negociações distributivas, em jogos de soma zero. O que eu ganho você perde, é a racionalidade dessa ordem de processos adversariais. O mesmo se diga quanto às relações hierárquicas da Administração Pública e aos processos que lhes são próprios. Idem, quanto aos atributos dos atos administrativos frente às pessoas privadas (ou nas relações hierárquicas).

Ocorre que a decisão coordenada – assim como outras negociações, privadas e administrativas – pode ser pautada pela ideia de "criar valor". Ou seja, negociações cuja premissa cognitiva e destino final é a geração de vantagens para ambas as partes, por meio de soluções criativas e inovadoras (submetidas, sempre, ao manto da lei). A racionalidade aqui transcende as fronteiras da contraposição e se insere na lógica da valorização recíproca dos interesses. O que envolve, sem dúvida alguma, a lealdade de compartilhar informações e respectiva blindagem às escolhas: o reforço à imunidade advinda dessa discricionariedade negocial coletiva.

Postas estas premissas, analisemos as decisões coordenadas como técnica de negociação plurilateral nos termos da legislação, e sob o ângulo de processo negocial apto a criar valor, interno e externo, às partes que dela participam.

5. DECISÃO COORDENADA: SUA COMPREENSÃO NA LEI 9.784/1999

Foi a Lei 14.210, de 30 de setembro de 2021, que acrescentou a possibilidade de haver decisões coordenadas na Administração federal. Não que isso fosse antes vedado, mas inexistia regramento geral a propósito do tema.

Em decorrência, a matéria passou integrar o Capítulo XI-A, arts. 49-A a 49-G, da Lei 9.784/1999. Examinemos melhor tais dispositivos, não sem antes apresentar o respectivo conceito normativo: "considera-se decisão coordenada a instância de natureza interinstitucional ou intersetorial que atua de forma compartilhada com a finalidade de simplificar o processo administrativo mediante participação concomitante de todas as autoridades e agentes decisórios e dos responsáveis pela instrução técnico-jurídica, observada a natureza do objeto e a compatibilidade do procedimento e de sua formalização com a legislação pertinente." Esse é, nos termos dos nossos dispositivos da Lei 9.784/1999, o que se pode entender por "decisão coordenada".

Nesse sentido, a "decisão coordenada" é uma das formas de simplificar a atuação cooperativa da Administração Pública. Os órgãos e entidades são incentivados a desenvolver esforços colaborativos, a fim de negociar soluções multipartes – inclusive, com incidência unitária em seus polos ativos (os sujeitos administrativos a quem se imputam os atos) e passivos (as pessoas privadas que experimentarão, direta ou indiretamente, os efeitos do ato).

A possibilidade de se instalar a técnica da decisão coordenada pode se dar desde que a matéria seja relevante e essa importância demande a articulação, ou se "houver discordância que prejudique a celeridade do processo administrativo decisório" (art. 49-A, incs. I e II). Em contrapartida, é proibida a sua instalação em processos licitatórios, ou que envolvam "poder sancionador" – ou mesmo que envolvam autoridades de Poderes distintos (art. 49-A, § 6º, incs. I, II e III). Dessa ordem de processo decisório coletivo poderão participar não só os órgãos e entidades imediatamente envolvidos, mas também aqueles interessados que atendam aos requisitos do art. 9º da Lei 9.784/1999.

Todos os órgãos e entidades deverão apresentar "documento específico sobre o tema atinente à respectiva competência" (art. 49-E), que subsidiará os debates e haverá de ser levado em conta nas respectivas deliberações. Estamos diante de revelações de informação, que possibilitam o conhecimento recíproco e o desenvolvimento de propostas. O processo de deliberação colegiada culminará, em prazo razoável, em ata a ser assinada por todos os órgãos e entidades participantes, da qual constarão, para além do relatório e síntese, especialmente: (i) o registro "das orientações, das diretrizes, das soluções ou das propostas de atos governamentais relativos ao objeto da convocação"; (ii) posicionamento expresso dos participantes "para subsidiar futura atuação governamental em matéria idêntica ou similar" e (iii) "decisão de cada órgão ou entidade relativa à matéria sujeita à sua competência" (art. 49-G, incs. IV, V e VI).

Ou seja, haverá uma decisão positiva coletiva, em dois níveis materiais de normatividade intersubjetiva: (i) os temas gerais, que promovam uniformização sobranceira às partes, e (ii) os temas especiais, relativos à competência privativa de cada órgão ou entidade. Existirá, portanto, ato administrativo plurissubjetivo e complexo, consensualmente produzido através de negociação cujo rito é institucionalizado, eis que emana de várias pessoas e pode conter múltiplos assuntos, todos enfeixados e uniformizados numa só ata-decisão, a "decisão coordenada".

Como se constata, portanto, a decisão coordenada tem a finalidade de permitir a participação/integração de todos os interessados/legitimados na futura decisão administrativa, a fim de instalar audiência recíproca, bem como acelerar e conferir unidade a processos decisórios complexos, que digam respeito a mais de um órgão ou entidade administrativa federal. Por um lado, incrementa o diálogo e a participação democrática na formação dos atos administrativos; por outro, diminui os conflitos (e respectivos custos), harmonizando perspectivas e soluções consensuais.

6. CONSIDERAÇÕES FINAIS

Foi Anton Tchékhov quem distinguiu, dentre as exigências que podem ser feitas ao artista-escritor e sua atitude consciente para com o seu trabalho, dentre "a solução do problema e a colocação do problema. Só o segundo é obrigação do artista."[2] Essa foi a humilde intenção deste texto: o enfoque do problema na perspectiva deste autor, que espera tê-lo colocado adequadamente.

2. "Carta n19", in A. Tchékhov, *Cartas a Suvórin (1886-1891)*. Trad. A. F. Bernardini e H. F. Andrade. São Paulo: EDUSP, 2002, p. 91.

10

DECISÃO COORDENADA: PRESSUPOSTOS, DIREITO COMPARADO E PRIMEIRAS ANÁLISES

RAFAEL WALLBACH SCHWIND

FCIArb. Doutor e Mestre em Direito do Estado pela USP. *Visiting scholar* na Universidade de Nottingham. Advogado, árbitro e consultor.

Sumário: 1. Introdução. 2. Pressupostos epistemológicos para a instituição da decisão coordenada como mecanismo de resolução consensual de controvérsias administrativas. 2.1 O Estado (e a Administração Pública) como realidades multifacetadas. 2.2 A multiplicidade de centros de poder e de decisão. 2.3 A multiplicidade de interesses públicos. 2.4 A necessidade de eficiência e celeridade. 2.5 Os princípios da transparência e da publicidade. 2.6 A consensualidade no interior da Administração Pública. 2.7 A resolução consensual de conflitos administrativos. 3. Exemplos da experiência estrangeira na resolução consensual de divergências administrativas. 3.1 A experiência italiana da *conferenza di servizi*. 3.2. A experiência alemã do "procedimento estrela" e das reuniões conjuntas. 4. A identificação de elementos precedentes para a resolução de conflitos administrativos na experiência brasileira. 4.1 A "coordenação" no Decreto-Lei nº 200 de 1967. 4.2 O artigo 35 da Lei nº 9.784. 4.3 A Câmara de Conciliação e Arbitragem da Administração Federal – CCAF. 5. A decisão coordenada introduzida pela Lei nº 14.210. 5.1 Conceito de decisão coordenada. 5.2 A decisão coordenada como mecanismo de articulação administrativa. 5.3 Requisitos para instauração da decisão coordenada. 5.3.1 Necessidade de decisões administrativas com a participação de mais de três setores, órgãos ou entidades. 5.3.2 Relevância da matéria. 5.3.3 Existência de discordância que prejudique a celeridade do processo administrativo decisório. 5.4 Casos de não aplicação da decisão coordenada. 5.5 Procedimento da decisão coordenada: instauração, participação dos particulares e atos finais. 5.6 Responsabilidades dos envolvidos na decisão coordenada. 6. Encerramento: possíveis dificuldades e visões para o futuro. Referências bibliográficas.

1. INTRODUÇÃO

Costuma-se pensar na Administração Pública como uma realidade única, que pratica seus atos sempre de modo direcionado a uma finalidade específica, definida segundo critérios racionais e que foram objeto de prévias reflexões.

Podemos denominar essa Administração Pública de "teórica". "A" Administração Pública (invariavelmente no singular) é o ente orientador, que sopesa os vários interesses em conflito e toma suas decisões sempre de forma consciente e ponderada.

Contudo, a Administração Pública "real" é bem diversa. São vários os conflitos entre as Administrações Públicas (aqui propositalmente no plural). E não se está a referir somente às questões federativas. Há pontos de discordância entre diversos órgãos da Administração, que muitas vezes não apresentam um posicionamento convergente a respeito da mesma questão. Mesmo setores dentro de um mesmo órgão comumente entram em controvérsias insanáveis.

Um exemplo muito claro desse tipo de situação diz respeito à implantação de grandes empreendimentos, notadamente de infraestrutura (rodovias, ferrovias, terminais portuários, usinas de geração de energia, entre outros), que passam pelo crivo não só de órgãos de controle externo (Tribunais de Contas e Ministério Público), mas também por agências reguladoras e órgãos municipais, estaduais e federais das mais diversas competências (urbanística, ambiental, de defesa da concorrência, entre outros). Não raro, a tomada de decisão por determinado órgão depende do posicionamento adotado por outra esfera, ou influencia diretamente as decisões dos demais órgãos envolvidos. São frequentes os posicionamentos divergentes a respeito da mesma questão, ainda que vista sob distintos ângulos de análise.

Nesse contexto, o administrado tem uma enorme dificuldade em obter a aprovação do empreendimento que pretende implantar, o que o coloca numa situação de evidente insegurança jurídica diante da incerteza quanto ao atendimento de todas as exigências cabíveis. Isso provoca perdas econômicas ao particular, encarece os custos do projeto e priva o país de empreendimentos socialmente relevantes.

Para situações como essas, foi editada a Lei 14.210, de 30 de setembro de 2021, que criou a figura da "decisão coordenada".

Basicamente, a lei em questão introduziu um novo capítulo na Lei 9.784 (Lei Federal de Processo Administrativo), estabelecendo um mecanismo procedimental para a adoção de decisões de forma coordenada entre órgãos, entidades e setores da Administração Pública. Diante de uma discordância, instaura-se um procedimento que resultará num ato final complexo.

Na realidade, a preocupação com a coordenação de decisões estatais não é uma novidade. Há muitas décadas o ordenamento brasileiro já contém regras gerais sobre o tema, conforme será melhor exposto ao longo desse estudo. No entanto, é inegável que a criação da figura da "decisão coordenada" reflete uma renovação dessas preocupações e uma tentativa de evoluir no tratamento do tema. Afinal, se já existiam regras sobre o assunto antes e o que se via (e a inda se vê) é uma grande falta de articulação entre as diferentes esferas estatais, alguma evolução era necessária.

O objetivo deste ensaio é fazer uma análise do contexto em que se insere a decisão coordenada e tecer alguns comentários iniciais sobre a figura, tal como introduzida no ordenamento brasileiro pela Lei 14.210.

Inicialmente, pretendemos expor alguns pressupostos epistemológicos da decisão coordenada, que envolve a superação do mito da Administração Pública monolítica, articulada, que sabe exatamente o que quer e qual o meio de obter os seus objetivos. Em seguida, serão expostas algumas experiências de direito comparado. Tratar-se-á em linhas gerais da regulação da lei italiana de processo administrativo sobre a *conferenza di servizi*, por apresentar elementos de grande valia para a compreensão da decisão coordenada. Será feita também uma menção ao "procedimento estrela" e às reuniões conjuntas a pedido do solicitante, previstos na lei alemã de processo administrativo (*Verwaltungsverfahrensgesetz, VwVfG*), que têm objetivos semelhantes.

Na sequência, trataremos de alguns elementos que já estavam presentes na legislação e na prática brasileira e que constituem (no mínimo) verdadeiros rudimentos para a efetiva aplicação da decisão coordenada. Daremos especial destaque à Câmara de Conciliação e Arbitragem da Administração Federal – CCAF, que adota uma prática bastante coerente com o racional da decisão coordenada.

Por fim, analisaremos algumas previsões introduzidas pela Lei 14.210.

2. PRESSUPOSTOS EPISTEMOLÓGICOS PARA A INSTITUIÇÃO DA DECISÃO COORDENADA COMO MECANISMO DE RESOLUÇÃO CONSENSUAL DE CONTROVÉRSIAS ADMINISTRATIVAS

A instituição da decisão coordenada como um procedimento destinado à resolução consensual de controvérsias administrativas envolve a admissão de alguns pressupostos e a superação de determinados mitos.[1]

2.1 O Estado (e a Administração Pública) como realidades multifacetadas

Normalmente, pensa-se na Administração Pública (e no Estado em geral) como uma realidade única, responsável pela condução coordenada de atividades destinadas à satisfação do interesse público. Daí a referência a esses entes invariavelmente no singular: "o" Estado, "a" Administração Pública.

1. Boa parte das ideias expostas neste ensaio são uma evolução do que já tivemos a oportunidade de desenvolver em outra oportunidade: SCHWIND, Rafael Wallbach. Resolução consensual de controvérsias administrativas: elementos para a instituição da "conferência de serviço" no direito brasileiro. In: MARQUES NETO, Floriano de Azevedo; ALMEIDA, Fernando Dias Menezes de; NOHARA, Irene Patrícia; MARRARA, Thiago (org.). *Direito e Administração Pública*: estudos em homenagem a Maria Sylvia Zanella Di Pietro. São Paulo: Atlas, 2013, p. 831-846.

Esse Estado e essa Administração Pública seriam verdadeiras realidades monolíticas. Definem os objetivos a serem alcançados e desenvolvem atividades destinadas à consecução de tais fins. Todos os atos seriam o produto de ponderações prévias e absolutamente conscientes.

Mais do que isso: não haveria nenhum espaço para o conflito no interior da Administração Pública. A hierarquia e a distribuição de competências não dariam margem para controvérsias. Consistiriam na forma pela qual o próprio Estado controla os seus atos. O produto final seria, assim, uma atuação sempre coesa do Estado frente a terceiros.

Entretanto, é necessário superar esse mito do Estado e da Administração Pública monolíticos.

O Estado como um todo, e a Administração Pública em particular, são realidades multifacetadas.

Não há uma absoluta articulação de todas as atividades do Estado. Existem conflitos de entendimentos entre os diversos órgãos e entidades estatais a respeito da mesma questão. Pense-se, por exemplo, nos entendimentos diversos, por vezes incompatíveis, que podem existir entre um órgão ambiental e uma agência reguladora acerca do mesmo empreendimento de infraestrutura. Ou ainda, entre uma agência reguladora, um órgão de defesa da concorrência e os órgãos de defesa dos consumidores acerca do mesmo ato de concentração empresarial.

O conflito é uma realidade no interior do Estado. Não pode ser resolvido simplesmente por critérios de hierarquia ou de distribuição de competências. Na verdade, o Estado e a Administração Pública são realidades conflituosas.

Fechar os olhos a essa circunstância seria ignorar uma complexidade real, que gera efeitos concretos perante os particulares.

2.2 A multiplicidade de centros de poder e de decisão

Em consonância com o exposto no tópico acima, é necessário admitir que o Estado e a Administração Pública apresentam uma multiplicidade de centros de poder e de decisão.

Os atos estatais não são emanados de uma única forma, por um único centro decisório. Há diversos centros de decisão, muitas vezes dotados de competências sobrepostas, que produzem decisões independentes entre si, mas que por vezes se contradizem ou até mesmo se anulam mutuamente.

Tais centros de poder comumente "não conversam" entre si. Desenvolvem suas atividades em paralelo, produzem atos simultâneos.

A existência de diversos centros de poder e de decisão no interior do Estado (e da Administração Pública em particular) também é uma realidade. Não há como escapar disso nem como ignorar essa circunstância.

2.3 A multiplicidade de interesses públicos

O caráter multifacetado do Estado e da Administração Pública decorre sob certo ângulo da existência de uma multiplicidade de interesses públicos legítimos.

Não existe apenas um único interesse público legítimo, eventualmente oponível aos interesses privados. Há, na realidade, uma fragmentação de interesses (públicos) no interior do Estado. Basta pensar, por exemplo, na defesa dos consumidores, do meio ambiente, da concorrência, e assim por diante. Todos os interesses relacionados à defesa de valores assegurados constitucionalmente são dotados de forte coeficiente social. Constituem, por assim dizer, interesses igual e verdadeiramente públicos.

Entretanto, esses vários interesses públicos podem ser conflitantes entre si. Isso significa que não se pode admitir a existência de conflitos apenas da ordem "interesse público *versus* interesse privado". Há conflitos de outra natureza, tais como: "interesse público na defesa da economia *versus* interesse público na defesa do meio ambiente"; ou "interesse público na defesa da concorrência *versus* interesse público na defesa dos consumidores", entre outras situações.

O Estado e a Administração Pública, portanto, tutelam interesses (públicos) muitas vezes conflitantes entre si, embora igualmente relevantes e protegidos pelo ordenamento. É inegável a necessidade de composição desses interesses.

Conforme ensina Floriano de Azevedo Marques Neto: "la pluralidad de intereses públicos, muchas veces opuestos, se hace explícita; la necesidad de arbitraje entre intereses públicos conflictivos hace imposible mantener el mito de su autonomía frente a los intereses privados"[2].

2.4 A necessidade de eficiência e celeridade

Contudo, a admissão de uma realidade conflituosa no âmbito estatal não pode levar a uma paralisia da Administração Pública. É imprescindível que o Estado, por meio de seus diversos centros decisórios, atue de modo eficiente e célere. A atuação ineficiente é incompatível com a proteção dos interesses tutelados pelo Estado.

O Estado de Direito exige que os procedimentos administrativos se concluam em tempo razoável. Schimidt-Assmann, citando Kirchhof, ensina que a "vinculação da Administração à realidade" limita a possibilidade de a própria Administração dispor sobre o tempo e impõe a ela limites mesmo quando a lei não fixa prazos[3].

---

2. MARQUES NETO, Floriano de Azevedo. La moderna regulación: la búsqueda de un equilibrio entre lo público y lo privado. In: CUÉTERA MARTINEZ, Juan Miguel de la; LÓPEZ-MUNIZ, José Luis Martinez; VILLAR ROJAS, Francisco J.. (org.). Derecho administrativo y regulación económica – *liber amicorum* Gaspar Ariño Ortiz. Madrid: La Ley, 2011, p. 1090.
3. SCHIMIDT-ASSMANN, Eberhard. *La teoría general del derecho administrativo como sistema*. Madrid: Marcial Pons, 2003, p. 69-70.

Evidentemente, não se ignoram as dificuldades envolvidas na tomada de decisões pelo Estado quando estão em discussão interesses (inclusive públicos) conflitantes. Mas é fato que o Estado deve buscar sempre uma atuação eficiente, o que demanda o desenvolvimento de mecanismos aptos a proporcionar a indispensável celeridade em um ambiente de conflito.

2.5 Os princípios da transparência e da publicidade

Por outro lado, a solução de conflitos administrativos deve ocorrer da forma mais transparente possível, em acordo o princípio da publicidade.

Não se admite que os conflitos sejam resolvidos de acordo com sistemáticas não republicanas. Os critérios para a tomada de decisão devem ser objetivos. As decisões precisam ser públicas e procedimentalizadas (ainda que destituídas de formalismo excessivo). Nesse contexto, a participação de terceiros, que não integram a estrutura estatal, poderá ser imprescindível não só para contribuir com a tomada da decisão, mas também para lançar luzes sobre todo o processo decisório. É o caso, por exemplo, do particular diretamente interessado na decisão a ser tomada.

2.6 A consensualidade no interior da Administração Pública

É necessário também reconhecer a importância da consensualidade no interior da Administração Pública.

Não cabe aqui teorizar acerca do papel da consensualidade na atuação do Estado. Neste breve ensaio, basta ter em mente que admitir a atuação consensual da Administração não significa ignorar as suas competências nem vilipendiar os interesses públicos indisponíveis. Trata-se, na realidade, de admitir soluções que *componham* da melhor forma *possível* todos os interesses públicos envolvidos.

Desde a introdução de alterações na Lei de Introdução às Normas do Direito Brasileiro pela Lei 13.655 de 2018, aliás, pode-se dizer que há uma regra de sobredireito que admite a resolução consensual de conflitos envolvendo a Administração Pública. Trata-se do artigo 26 da LINDB.[4]

2.7 A resolução consensual de conflitos administrativos

No contexto de uma Administração Pública multifacetada, dotada de diversos centros de poder e de decisão, todos responsáveis pela consecução de interesses públicos relevantes, ainda que possivelmente contraditórios, faz-se necessária a instituição de uma sistemática de resolução (possivelmente consensual) de conflitos administrativos. Busca-se com isso que o próprio Estado, valendo-se de um procedimento público, transparente, concentrado e tanto quanto possível informal, componha os seus conflitos internos e adote uma solução que melhor componha os interesses envolvidos, de modo célere e eficiente.

A decisão coordenada é precisamente um procedimento voltado a essas finalidades. Daí a necessidade de se estudar essa figura, iniciando-se pela experiência italiana da *conferenza di servizi*, exposta no tópico seguinte.

4. O dispositivo tem a seguinte redação: "Art. 26. Para eliminar irregularidade, incerteza jurídica ou situação contenciosa na aplicação do direito público, inclusive no caso de expedição de licença, a autoridade administrativa poderá, após oitiva do órgão jurídico e, quando for o caso, após realização de consulta pública, e presentes razões de relevante interesse geral, celebrar compromisso com os interessados, observada a legislação aplicável, o qual só produzirá efeitos a partir de sua publicação oficial. § 1º O compromisso referido no *caput* deste artigo: I – buscará solução jurídica proporcional, equânime, eficiente e compatível com os interesses gerais; II – (VETADO); III – não poderá conferir desoneração permanente de dever ou condicionamento de direito reconhecidos por orientação geral; IV – deverá prever com clareza as obrigações das partes, o prazo para seu cumprimento e as sanções aplicáveis em caso de descumprimento".

3. EXEMPLOS DA EXPERIÊNCIA ESTRANGEIRA NA RESOLUÇÃO CONSENSUAL DE DIVERGÊNCIAS ADMINISTRATIVAS

Há experiências estrangeiras bastante interessantes a propósito de mecanismos de resolução consensual de conflitos administrativos que possuem grande similaridade com a decisão coordenada. Para os fins deste ensaio, exporemos brevemente a regulação italiana e a alemã sobre o tema.

3.1 A experiência italiana da *conferenza di servizi*

A lei italiana de processo administrativo (Lei 241/90) estabelece de modo bem detalhado como se dá a *conferenza di servizi*, entre os artigos 14 e 14-*quinquies*.

O artigo 14.1 estabelece que, quando fosse necessário efetuar um exame contextual de vários interesses públicos envolvidos em um procedimento administrativo, poderia ser realizada uma conferência de serviço. Trata-se de uma reunião entre as Administrações Públicas envolvidas, na qual, atendidas determinadas formalidades, seria ao final celebrado um acordo que fixaria uma orientação a ser adotada pelos diversos entes sobre os assuntos discutidos.

O artigo 14.2 prevê a realização de conferência de serviço também nos casos em que haja dissenso entre uma ou mais Administrações Públicas.

Há inclusive a possibilidade de o particular diretamente interessado na resolução da controvérsia convocar a celebração de uma conferência de serviço nos casos em que a sua atividade depende do consenso das várias Administrações Públicas envolvidas. Nesse caso, contudo, o particular participa sem direito a voto.

Na conferência de serviço, as entidades ou os órgãos envolvidos se reúnem por meio de seus representantes. Após as necessárias discussões, que podem se estender por vários dias, a conferência define quais as ações a serem tomadas. O resultado final da conferência de serviço, portanto, não era propriamente uma decisão, e sim um acordo, preferencialmente unânime, de modo a resolver uma divergência no âmbito do próprio Estado.

Como se vê, a conferência de serviço é um importante mecanismo de resolução consensual de divergências administrativas e inspirou fortemente a figura da decisão coordenada do direito brasileiro. Não se trata de um órgão permanente, e sim de um procedimento em que as entidades envolvidas se reúnem, discutem o problema surgido e procuram entrar em um acordo para a sua resolução. O objetivo de se realizar as reuniões entre os diversos entes consiste em definir uma solução uniforme para o conflito surgido. Busca-se a formação consensual de uma decisão por meio de uma sistemática de adoção de acordos[5]. A conferência de serviços atinge resultados efetivos porque concentra todas as discussões em um único ato, no qual todos os interessados estarão devidamente representados. Caso não houvesse essa reunião, as divergências continuariam existindo e o particular não teria condições de definir a sua atuação justamente em virtude dessa indefinição estatal.

Por envolver uma pluralidade de intenções negociais, possivelmente relacionadas a vários entes privados, Sabino Cassese destaca a importância da participação dos particulares na conferência de serviço[6].

É importante notar que a Lei nº 124, de 7 de agosto de 2015, delegou ao Poder Executivo diversos poderes de reorganização da Administração Pública italiana, inclusive quanto à conferência de serviço. A Lei estabeleceu que, em até doze meses, deveria ser editado um Decreto Legislativo para reordenar a disciplina da

---

5. FERNÁNDEZ SALMERÓN, Manuel. La "conferenza di servizi" en la reforma "Bassanini". Un intento de modernización de las administraciones públicas italianas. In: SOSA WAGNER, Francisco (coord.). *El derecho administrativo en el umbral del siglo XXI*: homenaje as profesor Dr. D. Ramón Martín Mateo. Valencia: Tirant to Blanch, 2000, t. 2, p. 1.669-1.671.

6. CASSESE, Sabino. La arena pública: nuevos paradigmas para el Estado. In: ______. *La crisis del Estado*. Buenos Aires: Abeledo Perrot, 2003, p. 114-124.

conferencia de serviço em relação aos seguintes princípios e critérios diretivos (dentre outros): (1) redefinição e redução dos casos em que a convocação da conferência de serviço é obrigatória, inclusive por causa da complexidade do procedimento; (2) redefinição dos tipos de conferência de serviço, inclusive para o fim de introduzir modelos de instrução pública que garantam a participação telemática dos interessados, limitadamente às hipóteses de adoção de provimentos de interesse geral e em respeito aos princípios da economicidade, proporcionalidade e celeridade da ação administrativa; (3) necessidade de que haja uma duração certa da conferência, com a imposição de ônus de clareza aos interessados aos expressarem suas conclusões; (4) disciplina voltada a prever a participação na conferência de um único representante da Administração, (5) disciplina sobre presença e definição de maioria para assegurar a celeridade dos trabalhos da conferência; (6) incentivo à utilização de meios de reunião não presenciais, ficando estas restritas a questões de maior complexidade; (7) diferenciação das modalidades de desenvolvimento dos trabalhos das conferências de serviço segundo o princípio da proporcionalidade; e (8) revisão dos mecanismos de tomada de decisão, com a previsão do princípio da prevalência das posições expressas em sede de conferência no caso de conferência decisória.

Essas diretrizes foram adotadas pelo Decreto Legislativo nº 127, de 30 de junho de 2016, que estabeleceu uma ampla revisão das previsões sobre a conferência de serviço. Atualmente, há regras muito mais detalhadas estabelecendo (1) normas gerais sobre conferência de serviço, (2) normas específicas sobre a "conferência simplificada", (3) normas específicas sobre "conferência simultânea", (4) normas sobre as decisões tomadas em conferência de serviço e (5) normas sobre os remédios adotados pelas administrações públicas dissidentes.

Não cabe aqui aprofundar o exame da conferência de serviço no direito italiano, o que poderia ser objeto de um amplo estudo em separado. De todo modo, é relevante notar que houve, nos últimos anos, uma revisão completa da figura que era tratada pela lei de 1990 justamente como uma tentativa de evoluir com a disciplina do tema. Ou seja, reconheceu-se que a conferência de serviço não é uma solução eficiente para todo e qualquer tipo de controvérsia e que sua disciplina precisava evoluir para enfrentar as dificuldades existentes.

3.2. A experiência alemã do "procedimento estrela" e das reuniões conjuntas

Outra experiência interessante é contemplada no direito alemão.

Em 1996, na Alemanha, foram editadas as chamadas leis de aceleração dos procedimentos administrativos, com grande enfoque nos processos de autorização para projetos de empresas de caráter econômico, sob o fundamento de que a demora na outorga de autorizações prejudica a competitividade das empresas alemãs no mercado internacional.

Com nítida inspiração nas conferências de serviço italianas, foram previstos o chamado "procedimento estrela" e as "reuniões conjuntas a pedido do solicitante" (§§ 71d e 71e da lei de processo administrativo – *Verwaltungsverfahrensgesetz, VwVfG*).

O "procedimento estrela" envolve manifestações concomitantes de todos os órgãos envolvidos na autorização. Já na conferência a pedido, o requerente pode solicitar a realização de um debate oral entre os órgãos interessados.

Tal como a conferência de serviço, o "procedimento estrela" e as reuniões conjuntas a pedido do solicitante constituem inovações procedimentais destinadas a acelerar o trabalho conjunto de distintos órgãos e entidades administrativas[7]. O objetivo é fazer com que todas as entidades relacionadas à questão se pronunciem e discutam uma solução. Esse suporte mútuo (*Gegenseitige Unterstützung*) tem por finalidade acelerar a decisão final e viabilizar um resultado

7. SCHIMIDT-ASSMANN, Eberhard. *La teoría general del derecho administrativo como sistema*. Madrid: Marcial Pons, 2003, p. 365-366.

satisfatório (por exemplo, a realização de um grande empreendimento de infraestrutura).

As experiências italiana e alemã demonstram que a resolução consensual de divergências internas ao Estado, em um procedimento público e concentrado, consiste num mecanismo célere e eficaz de solução de pendências. Essas experiências suplantam o mito da Administração Pública monolítica para, ao reconhecer a existência de divergências no âmbito do Estado, proporcionar uma resolução mais célere e eficiente desses conflitos.

4. A IDENTIFICAÇÃO DE ELEMENTOS PRECEDENTES PARA A RESOLUÇÃO DE CONFLITOS ADMINISTRATIVOS NA EXPERIÊNCIA BRASILEIRA

A preocupação do direito brasileiro com a necessidade de adoção de decisões coordenadas não surgiu apenas com a Lei 14.210. Diversas previsões anteriores, que continuam em vigor, já tinham normas a respeito do assunto

4.1 A "coordenação" no Decreto-Lei nº 200 de 1967

Muito antes da criação da figura da decisão coordenada, o Decreto-Lei nº 200, de 1967, já contemplava regras sobre coordenação no âmbito da Administração Pública.

Um capítulo inteiro do Decreto-Lei (Capítulo II – "Da Coordenação) tratava (e ainda trata) do assunto.

O artigo 8º do Decreto-Lei nº 200 estabelece que as atividades da Administração Pública Federal e, especialmente, a execução dos planos e programas de governo, serão objeto de "permanente coordenação". Estabelece ainda que a coordenação será exercida "em todos os níveis da Administração", mediante a atuação das chefias individuais, a realização sistemática de reuniões com a participação das chefias subordinadas e a instituição e funcionamento de comissões de coordenação em cada nível administrativo.

O § 2º do artigo 8º do Decreto-Lei estabelece ainda que, no nível superior da Administração Federal, a coordenação será assegurada "através de reuniões do Ministério, reuniões de Ministros de Estado responsáveis por áreas afins, atribuição de incumbência coordenadora a um dos Ministros de Estado (art. 36), funcionamento das Secretarias Gerais (art. 23, § 1º) e coordenação central dos sistemas de atividades auxiliares (art. 31)".

O § 3º estabelece quem quando submetidos ao Presidente da República, os assuntos "deverão ter sido previamente coordenados com todos os setores neles interessados", inclusive no que respeita aos aspectos administrativos pertinentes, através de consultas e entendimentos, de modo a sempre compreenderem soluções integradas e que se harmonizem com a política geral e setorial do Governo. O dispositivo ainda estabelece que "Idêntico procedimento será adotado nos demais níveis da Administração Federal, antes da submissão dos assuntos à decisão da autoridade competente".

O artigo 9º do Decreto-Lei prevê que os órgãos que operam na mesma área geográfica serão submetidos a coordenação com o objetivo de assegurar a programação e execução integrada dos serviços federais.

O parágrafo único do artigo 9º, por fim, estabelece que, quando ficar demonstrada a inviabilidade de celebração de convênio com os órgãos estaduais e municipais que exerçam atividades idênticas, os órgãos federais "buscarão com eles coordenar-se, para evitar dispersão de esforços e de investimentos na mesma área geográfica".

Como se vê, trata-se de regras bastante genéricas. Elas, basicamente, estabelecem o dever geral de que haja esforços conjuntos no sentido de que as diferentes esferas da Administração Pública tenham uma atuação coordenada.

As previsões sobre coordenação no âmbito do Decreto-Lei nº 200 (1) não chegam a estabelecer um procedimento específico para que haja essa coordenação, (2) não dispõem sobre a possível participação de particulares e (3) não preveem qual será o produto final da coordenação. Trata-se de regras quase que apenas principiológicas, que manifestam um desejo de que haja uma coordenação adequada entre as diferentes esferas da Administração Pública, mas sem detalhar os instrumentos para tanto. Talvez esse caráter meramente genérico tenha contribuído para a realidade que se vê hoje, de ausência (ou insuficiência) de coordenação no âmbito das Administrações Públicas.

4.2 O artigo 35 da Lei nº 9.784

O artigo 35 da Lei nº 9.784 (lei de processo administrativo) estabelece o seguinte: "Quando necessária à instrução do processo, a audiência de outros órgãos ou entidades administrativas poderá ser realizada em reunião conjunta, com a participação de titulares ou representantes dos órgãos competentes, lavrando-se a respectiva ata, a ser juntada aos autos".

A previsão não se confunde com uma decisão coordenada. Trata-se apenas da possibilidade de realização de uma reunião conjunta entre diversos órgãos competentes, para fins de instrução de determinado processo administrativo. Não se pretende a resolução de possíveis divergências entre órgãos ou entidades que compõem a Administração.

Até se poderia dizer que a aplicação do previsto no artigo 35 da Lei nº 9.784 poderia resultar num procedimento de decisão coordenada. Basta pensar, por exemplo, num procedimento administrativo de obtenção de licença para a construção de um grande empreendimento de infraestrutura em que o órgão instrutor do requerimento decide ouvir outros órgãos ou entidades para decidir o pleito. No entanto, o resultado final da "reunião conjunta" não seria um ato complexo envolvendo todos os entes competentes. Seria apenas a tomada de elementos para o prosseguimento do processo administrativo em questão.

Assim, é inegável que a previsão do artigo 35 da Lei nº 9.784/99 se relaciona com o tema da decisão coordenada ao prever a possibilidade de reunião conjunta entre órgãos diversos para a solução de uma questão. Mas seus efeitos se restringem à instrução de um processo administrativo. O resultado final não é uma decisão coordenada ou algo similar, que efetivamente gere uma resolução consensual de uma controvérsia administrativa.

4.3 A Câmara de Conciliação e Arbitragem da Administração Federal - CCAF

Outra experiência bastante interessante, que merece algumas considerações adicionais, diz respeito à atuação da Câmara de Conciliação e Arbitragem da Administração Federal - CCAF.

A CCAF foi criada em 27 de setembro de 2007 pelo Ato Regimental AGU nº 05. Trata-se de uma unidade da Consultoria-Geral da União - CGU, que é o órgão de direção superior da estrutura da Advocacia Geral da União - AGU. Sua atuação é regulada ainda pela Portaria AGU nº 1.281, também de 27 de setembro de 2007.

O objetivo da CCAF é prevenir e reduzir o número de litígios judiciais entre a União, suas autarquias, fundações, sociedades de economia mista e empresas públicas federais. Posteriormente, o seu objetivo foi ampliado para resolver também conflitos entre entes da Administração Pública Federal e entre estes e a Administração Pública dos Estados, do Distrito Federal e dos Municípios que são capitais ou que possuem mais de duzentos mil habitantes (Portaria AGU nº 1.099, de 28 de julho de 2008 e Portaria AGU nº 481, de 6 de abril de 2009).

Depois, foi editado o Decreto nº 7.392, de 13 de dezembro de 2010, que ampliou ainda mais a competência da CCAF para prever a possibilidade de resolução de conflitos judicializados e de controvérsias administrativas também com as Administrações dos Municípios em geral, sem o limitador do número de habitantes.

Portanto, a CCAF é um foro de resolução consensual de conflitos entre os órgãos e entidades que integram as diversas Administrações Públicas[8].

---

8. Embora tecnicamente não integrem a Administração Pública, os órgãos ou entes que compõem o Poder Legislativo Federal, o Judiciário e o Ministério Público da

O procedimento conciliatório desenvolvido pela CCAF é iniciado por solicitação escrita do representante da entidade ou do órgão interessado. No requerimento, é relatada a questão controvertida, são indicados os demais órgãos envolvidos, e apresentados os documentos necessários para o deslinde do problema.

Se a iniciativa for de órgão ou ente da Administração Pública Federal, podem solicitar a instauração Ministros de Estado, dirigentes de entidades da Administração indireta, o Consultor-Geral da União, o Procurador-Geral da União, o Procurador-Geral da Fazenda Nacional, o Procurador-Geral Federal e Secretários-Gerais de Contencioso e de Consultoria. Caso a iniciativa seja de ente da Administração Pública Estadual, Governadores ou Procuradores-Gerais dos Estados e do Distrito Federal poderão apresentar o pedido. No âmbito municipal, os Prefeitos ou Procuradores-Gerais dos Municípios poderão fazê-lo. Já se o conflito estiver judicializado, os Ministros dos Tribunais Superiores e demais membros do Judiciário poderão remeter a questão à CCAF, ou poderá haver proposta nesse sentido por parte dos órgãos de direção superior que atuam no contencioso judicial.

Em princípio, qualquer tipo de controvérsia, sobre diversas matérias, poderá ser submetida à CCAF, desde que ao menos um dos interessados seja órgão ou entidade da Administração Pública Federal.

São legitimados a participar do procedimento de conciliação junto à CCAF os agentes públicos que representam os órgãos ou entidades públicas em conflito. Outros órgãos ou entidades, entretanto, podem ser chamados a contribuir para a solução da controvérsia.

Com relação aos particulares interessados no acompanhamento da questão submetida ao procedimento conciliatório, deverão observar as exigências da Portaria AGU nº 910/2008. Há um

União também podem encaminhar à CCAF suas controvérsias com entes ou órgãos da Administração Pública Federal.

procedimento específico para a concessão de audiências a particulares no âmbito da Advocacia-Geral da União e dos órgãos a ela vinculados. Caso um particular deseje participar do procedimento, deverá haver uma aprovação prévia em reunião de conciliação por todos os representantes presentes. Neste ponto, entendemos que poderia haver maior maleabilidade na admissão de particulares, especialmente se forem diretamente interessados na solução da controvérsia, inclusive para que tragam elementos úteis à definição de um acordo que efetivamente resolva as dificuldades identificadas.

Em regra, o procedimento é desenvolvido em Brasília, na sede da CCAF. Entretanto, pode haver a sua descentralização para as unidades das Consultorias Jurídicas da União em cada Estado. Mesmo que ocorra essa descentralização, entretanto, as atividades conciliatórias serão supervisionadas pela CCAF.

O procedimento conciliatório da CCAF deve ser simples. Feito o exame de admissibilidade da solicitação, o conciliador designa uma primeira Reunião de Conciliação. Em qualquer fase, contudo, ele poderá solicitar documentos complementares e informações adicionais. Não havendo conciliação na primeira reunião, e dependendo dos encaminhamentos dados à questão, poderão ser realizadas outras reuniões, ou eventualmente poderá se concluir pela inviabilidade de acordo.

Em todo o procedimento, o conciliador deverá se portar como um facilitador do consenso, de forma imparcial.

Ao final de cada reunião, sempre será redigido um Termo de Reunião. Chegando-se a um consenso, será firmado um Termo de Conciliação. É possível inclusive que seja firmado um Termo de Ajustamento de Conduta (TAC) quando couber, e nas matérias previamente submetidas ao procedimento conciliatório, cabendo ao Advogado-Geral da União a decisão final sobre a celebração do instrumento.

Como se vê, o procedimento conciliatório desenvolvido no âmbito da CCAF apresenta natureza e forma muito semelhantes à da decisão coordenada. Identificada uma controvérsia entre órgãos ou entes da Administração, inclusive de diferentes esferas, promove-se um procedimento concentrado no qual se buscará uma solução consensual. Trata-se de um mecanismo que identifica a Administração como uma realidade conflituosa e procura resolver essas divergências mediante a realização de um procedimento informal e transparente.

5. A DECISÃO COORDENADA INTRODUZIDA PELA LEI Nº 14.210

O mecanismo da decisão coordenada, tal como introduzido pela Lei nº 14.210, é uma evolução do histórico exposto acima.

5.1 Conceito de decisão coordenada

O § 1º do artigo 49-A da Lei nº 9.784, introduzido pela Lei nº 14.210, conceitua decisão coordenada como sendo "a instância de natureza interinstitucional ou intersetorial que atua de forma compartilhada com a finalidade de simplificar o processo administrativo mediante participação concomitante de todas as autoridades e agentes decisórios e dos responsáveis pela instrução técnico-jurídica, observada a natureza do objeto e a compatibilidade do procedimento e de sua formalização com a legislação vigente".

Decisão coordenada, portanto, não é o resultado da atuação articulada das esferas envolvidas, como poderia parecer a partir da denominação legal. É, na verdade, uma instância não permanente, de natureza intersetorial ou interinstitucional, que atuará de forma articulada para examinar a questão colocada em discussão.

O resultado da atuação de uma decisão coordenada pode, aliás, nem ser a tomada de uma decisão única com a qual todos os envolvidos estão de acordo, como será visto adiante. Embora deva haver uma ata única consolidando os trabalhos, haverá a prolação de uma decisão por cada órgão ou entidade relativa à matéria sujeita à sua competência (artigo 49-G, inciso V).

5.2 A decisão coordenada como mecanismo de articulação administrativa

A decisão coordenada consagra a preocupação com a articulação administrativa. Essa articulação visa à eficácia, à eficiência e à compatibilização da atuação dos agentes, órgãos e entidades estatais com as políticas públicas, o planejamento e as diretrizes governamentais.

A decisão coordenada, portanto, deriva da compreensão da Administração Pública como um ente possivelmente conflituoso, em que os diversos centros decisórios precisam agir de forma articulada. A coordenação e a supervisão objetivam assegurar a uniformidade, a racionalidade e a coesão política no exercício das competências dos diversos órgãos e entidades estatais, inclusive no seu relacionamento com entidades paraestatais e não estatais.

A coordenação, sendo um dos suportes da articulação administrativa, destina-se a simplificar, integrar e unificar a ação administrativa. Deve haver o compartilhamento de informações, a racionalização no uso de recursos e a unificação de procedimentos, evitando-se a sobreposição de competências e a duplicação de níveis decisórios.

As previsões legais sobre a decisão coordenada constituem uma evolução muito significativa em comparação, por exemplo, com as regras sobre coordenação administrativa previstas no Decreto-Lei nº 200, de 1967. Isso porque a Lei nº 14.210 previu um procedimento para a adoção de decisões coordenadas, com a previsão de regras sobre o seu cabimento, sobre como pode se dar a participação de particulares interessados e sobre como será em linhas gerais o procedimento *strictu sensu* (com a previsão do que cada órgão ou entidade será responsável por produzir, de como devem ser manifestados os dissensos e qual o produto final do procedimento).[9]

---

9. Para uma visão bastante crítica sobre as evoluções da Lei nº 14.210 em comparação com as previsões do Decreto-Lei nº 200, confira-se o posicionamento de Amauri

5.3 Requisitos para instauração da decisão coordenada

Alguns requisitos devem estar presentes para que se instaure uma decisão coordenada.

5.3.1 *Necessidade de decisões administrativas com a participação de mais de três setores, órgãos ou entidades*

Em primeiro lugar, deve ser necessária a prolação de decisões administrativas que exijam a participação de três ou mais setores, órgãos ou entidades.

A menção a órgãos e entidades é comum na legislação. Já a menção a "setores" é muito menos usual. Como sustenta Fabrício Motta, "a referência a setor traz consigo a necessária correlação com intersetorialidade, presente na definição da decisão coordenada. Intersetorialidade, como se intui, envolve relação entre diferentes setores de uma mesma Administração Pública".[10]

Portanto, é possível que se instaure uma decisão coordenada até mesmo quando três setores de um mesmo órgão ou entidade estão em conflito a respeito de algum entendimento. Não se exige que haja a participação necessariamente de três ou mais órgãos ou entidades diferentes. Não se pode interpretar os dispositivos como exigindo a participação necessariamente de órgãos ou entidades diversos.

Saad disponível em *https://www.conjur.com.br/2021-out-14/amauri-saad-decisoes-coordenadas-lei-142102021#:~:text=A%20decis%C3%A3o%20coordenada%20tem%20cabimento,prejudique%20a%20celeridade%20do%20processo*, acesso em 25.4.2022. Embora nossa visão seja mais otimista, é necessário reconhecer que as preocupações do doutrinador são pertinentes e que o instituto parece até o momento de difícil aplicação. Talvez se tenha perdido a oportunidade, por exemplo, de levar em conta as preocupações que levaram à revisão da conferência de serviço no direito italiano, já mencionadas acima.

10. MOTTA, Fabrício. Decisão coordenada: a boa novidade. Disponível em: *https://www.conjur.com.br/2021-out-21/interesse-publico-decisao-coordenada-boa-novidade*, acesso em 25.4.2022.

5.3.2 *Relevância da matéria*

Em segundo lugar, a decisão coordenada exige que a sua instauração seja "justificável pela relevância da matéria" (artigo 49-A, inciso I, da Lei nº 9.784).

Trata-se de requisito bastante impreciso. O próprio conceito de "relevância" de uma matéria é de complicada aplicação. A matéria pode ser altamente relevante para o particular e pouco relevante para a Administração Pública, por exemplo. Isso sem falar que pode haver uma controvérsia entre os participantes a respeito da relevância em questão.

Parece impossível estabelecer critérios em tese sobre "relevância da matéria" para fins de cabimento da decisão coordenada. A previsão, extremamente aberta, acaba dando espaço a decisões discricionárias a respeito do tema. De todo modo, parece que a pretensão de se prever esse requisito acaba sendo a de não vulgarizar o instrumento. Isso porque é impossível na prática que toda e qualquer controvérsia administrativa que envolva uma pluralidade de órgãos, entidades ou setores da Administração Pública seja resolvida por um procedimento de decisão coordenada. Assim, criou-se um filtro baseado no conceito indeterminado da relevância da matéria. Ainda que se reconheçam as dificuldades práticas - incontestáveis - de instauração de uma decisão coordenada, o problema é que esse filtro gere decisões não devidamente fundamentadas ou mesmo ofensa à isonomia. Espera-se que a prática administrativa estabeleça critérios mais precisos e que eles sejam aplicados com consistência.

5.3.3 *Existência de discordância que prejudique a celeridade do processo administrativo decisório*

Em terceiro lugar, a decisão coordenada exige que haja uma discordância entre os órgãos, entidades ou setores envolvidos que prejudique a celeridade do processo administrativo decisório (artigo 49-A, inciso II).

Entende-se que esse critério busca afastar situações normais de processos administrativos que já envolvam possíveis manifestações diversas de autoridades envolvidas. Em outras palavras, é comum que haja certas discordâncias no âmbito da Administração Pública e que elas sejam resolvidas naturalmente com a evolução do processo administrativo e o amadurecimento da instrução sobre a questão examinada. Se for essa a situação, em princípio não será o caso de instauração de uma decisão coordenada. A decisão coordenada fica restrita a situações mais complexas, em que a discordância efetivamente prejudique a celeridade do processo administrativo e eventualmente comprometa o seu próprio resultado.

Logicamente, contudo, a aplicação desse critério também comporta interpretações. Trata-se de mais um requisito genérico e um tanto impreciso.

5.4 Casos de não aplicação da decisão coordenada

A decisão coordenada não se aplica aos processos administrativos (1) de licitação, (2) relacionados ao poder sancionador ou (3) em que estejam envolvidas autoridades de Poderes distintos (artigo 49-A, § 6º).

O terceiro caso é o de mais fácil aplicação. Não deve haver decisão coordenada em situações de discordância entre autoridades de Poderes distintos (Legislativo, Executivo e Judiciário). A ideia é garantir a harmonia teórica entre os Poderes, de modo que um deles não se sobressaia em relação aos demais – muito embora, em nossa opinião, fosse possível haver um procedimento de decisão coordenada uma vez que ele não resulta numa decisão única final adotada por todos os participantes.

Os demais casos podem levar a algumas dúvidas. Isso porque certos assuntos podem estar indiretamente relacionados a licitações e ao exercício de um poder sancionador. Imagine-se, por exemplo, um empreendimento de infraestrutura de grande porte que deriva de uma licitação e que envolva a execução de investimentos sob pena de aplicação de sanções. Certamente não foi a intenção da Lei vedar a aplicação da decisão coordenada a esse tipo de situação. Por isso, parece-nos que é o caso de interpretar de forma restritiva os casos de não aplicação da decisão coordenada previstos no § 6º do artigo 49-A. Se houver relação meramente indireta a um processo de licitação ou ao exercício de um poder sancionador por parte do Estado, não será caso de aplicar as vedações previstas no dispositivo.

5.5 Procedimento da decisão coordenada: instauração, participação dos particulares e atos finais

Apesar de inovarem na criação de regras procedimentais, os dispositivos que tratam da decisão coordenada não estabelecem um procedimento absolutamente detalhado.

Do previsto nos artigos 49-A a 49-G, depreende-se que deve haver uma discordância entre três ou mais setores, órgãos ou entidades e que, nessa situação, sendo atendidos os demais requisitos, poderá ser instaurada uma decisão coordenada.

Não há nenhuma previsão sobre quem poderá convocar a instauração de uma decisão coordenada nem como essa convocação poderá ocorrer. É interessante notar que o § 2º do artigo 49-C iria prever que a decisão coordenada seria convocada "de ofício" ou "por provocação" e que os legitimados a provocar sua instauração seriam (1) qualquer dos órgãos, das entidades ou das autoridades responsáveis pela edição ou pela aprovação do ato, (2) concessionário ou permissionário de serviço público que demonstre interesse legítimo na decisão a ser adotada, ou (3) qualquer dos interessados previstos no art. 9º da Lei nº 9.784. Contudo, tal dispositivo foi vetado sob a alegação de que "ampliar o rol de competentes para convocar a decisão coordenada" seria "uma ingerência no funcionamento dos órgãos e das entidades ao permitir a adoção do procedimento da decisão coordenada por convocação deles, o que deveria ser restrito às autoridades públicas envolvidas diretamente na matéria".

Ocorre que o veto não tem efeito normativo, servindo no máximo como um vetor interpretativo das regras em vigor. Assim, parece-nos que, embora caiba às autoridades públicas envolvidas diretamente na matéria convocar a instauração de uma decisão coordenada, elas poderão fazê-lo também quando devidamente provocadas por terceiros – por exemplo, um particular interessado na sua instauração. Afinal, o direito de petição é um direito constitucional fundamental e qualquer pleito nesse sentido deverá ao menos ser examinado e decidido de modo fundamentado nos requisitos legais aplicáveis.

Os particulares interessados poderão participar da decisão coordenada, ainda que apenas com direito a voz (artigo 49-B, *caput* e parágrafo único).

Em relação a isso, é evidente que o particular não pode participar das decisões finais propriamente ditas nem da elaboração dos documentos que cabem a cada órgão, entidade ou setor emitir. Afinal, trata-se de atos privativos da Administração Pública. No entanto, é necessário compreender que o direito a voz deve ser efetivo. Deve-se permitir que o particular realmente tenha condições de trazer elementos úteis para a tomada das decisões finais. O direito a voz que a legislação assegura ao particular não é uma mera formalidade, e sim um instrumento para proporcionar uma decisão de maior qualidade. Por evidente, os particulares terão a obrigação de exercer esse direito com responsabilidade.

Instaurada a decisão coordenada, não há regras detalhadas sobre como funcionará o procedimento. A lei não definiu prazos de manifestação, nem mesmo um prazo para decisão final, tampouco fixou quóruns de votação ou critérios do gênero – mesmo porque não haverá propriamente uma única decisão final, e sim decisões adotadas por cada um dos participantes da decisão coordenada. Há apenas as previsões a respeito da necessidade de intimação dos envolvidos, sendo que cada órgão ou entidade deverá elaborar um documento específico (sem forma previamente estabelecida) para subsidiar os trabalhos.

Além disso, estabeleceu-se que eventuais dissensos deverão ser manifestados durante as reuniões – o que, aliás, é evidente, sob pena de frustração da própria decisão coordenada.

Ao final, haverá uma ata única que consolidará uma série de informações: (1) relato sobre os itens da pauta, (2) síntese dos fundamentos aduzidos, (3) síntese das teses pertinentes ao objeto da convocação, (4) registro das orientações, das diretrizes, das soluções ou das propostas de atos governamentais relativos ao objeto da convocação, (5) posicionamento dos participantes para subsidiar futura atuação governamental em matéria idêntica ou similar e (6) decisão de cada órgão ou entidade relativa à matéria sujeita à sua competência.

Um extrato da ata final deverá ser publicado no Diário Oficial da União para conhecimento dos interessados.

A elaboração de uma ata final é um ato de grande importância. Isso porque o controle posterior e a verificação das medidas adotadas deverão levar em conta o que foi efetivamente discutido e examinado no procedimento da decisão coordenada. Fatos novos ou desconhecidos, por exemplo, poderão eventualmente ser motivo de revisão dos atos praticados com base na decisão coordenada.

Por fim, é importante reconhecer que a decisão coordenada não resultará numa única decisão final. Isso porque a ata deverá conter a "decisão de cada órgão ou entidade relativa à matéria sujeita à sua competência" (artigo 49-G, inciso VI). Assim, cada participante da decisão coordenada emite uma decisão que será produto da instância interinstitucional ou intersetorial instaurada. Não haverá uma única decisão adotada por todos os envolvidos. Cada autoridade emite uma decisão dentro de sua esfera de competência. A questão é que essas decisões deverão ser coordenadas entre si.

É possível, entretanto, que não haja na prática um entendimento uniforme entre os participantes da decisão coordenada. Aliás, isso é evidente. A decisão coordenada é uma instância de facilitação da tomada de decisões ao envolver um procedimento articulado e idealmente simplificado, com atos praticados de forma concentrada. Mas a sua simples instauração não significa a criação de uma obrigatoriedade de adoção de um entendimento uniforme e compatível entre todos os interessados. Embora possa ser esse o objetivo buscado, nem sempre isso será possível. Nesse caso, os controles cabíveis, inclusive judiciais, continuam à disposição dos interessados.

5.6 Responsabilidades dos envolvidos na decisão coordenada

Justamente por não haver uma única decisão final - ao contrário do que a denominação poderia sugerir –, não haverá uma responsabilidade solidária entre todos os participantes pelos atos adotados numa decisão coordenada. Cada participante responde pela sua decisão e o fato de haver a instauração de uma decisão coordenada não exclui a responsabilidade originária de cada órgão, entidade, setor ou autoridade envolvida. A previsão do § 4º do artigo 49-A é uma decorrência da previsão contida no inciso Vi do artigo 49-G.

6. ENCERRAMENTO: POSSÍVEIS DIFICULDADES E VISÕES PARA O FUTURO

A decisão coordenada mostra-se um instituto bastante útil para a solução de divergências no interior da Administração Pública.

As previsões introduzidas pela Lei nº 14.210 são relativamente simples e "minimalistas", tal como, aliás, a integralidade da Lei nº 9.784, o que em tese poderá facilitar a instituição da figura. Regras muito detalhadas poderiam dificultar a sua utilização e burocratizar um procedimento que, por essência, deve ser informal e concentrado.

Entretanto, muitas dificuldades poderão ser enfrentadas na prática da decisão coordenada. Se uma autoridade interessada na solução não for chamada a participar do procedimento, as decisões tomadas serão inválidas mesmo considerando que cada participante emitiu sua decisão dentro de sua esfera de competências? As decisões tomadas poderão ser revistas a qualquer tempo com base no poder de autotutela da Administração contemplado nas Súmulas nº 346 e 473 do STF[11]? Essa revisão posterior seria vedada pela proibição do *venire contra factum proprium*? Tais questões, em nosso sentir, demandarão estudos mais detidos.

Por outro lado, a prática do instituto poderá propiciar o seu desenvolvimento.

Entendemos, por exemplo, que seria possível ao particular diretamente interessado na controvérsia solicitar a instauração de uma decisão coordenada e que essa possibilidade não ficou afastada em razão do veto ao artigo 49-C, conforme exposto acima. Aliás, a própria participação do particular no procedimento, expondo suas razões, consistirá num mecanismo democrático e necessário[12].

Seria interessante, também, a previsão de prazos máximos para a finalização do procedimento. É claro que a qualidade das decisões deve ser buscada em qualquer caso, mas é necessário que

---

11. Segundo Maria Sylvia Zanella Di Pietro, enquanto "pela tutela a Administração exerce controle sobre outra pessoa jurídica por ela mesma instituída, pela autotutela o controle se exerce sobre os próprios atos, com a possibilidade de anular os ilegais e revogar os inconvenientes ou inoportunos, independentemente de recurso ao Poder Judiciário" (*Direito administrativo*. 24.ed. São Paulo: Atlas, 2011, p. 70). A Súmula nº 346 do STF prevê que "a administração pública pode declarar a nulidade dos seus próprios atos". Se acordo com a Súmula nº 473 do STF, "a Administração pode anular seus próprios atos, quando eivados de vícios que os tornem ilegais, porque deles não se originam direitos; ou revogá-los, por motivo de conveniência ou oportunidade, respeitados os direitos adquiridos, e ressalvada, em todos os casos, a apreciação judicial".

12. A questão não deixa de guardar estreita relação com o tema da participação popular na Administração Pública, que é objeto de detidas considerações por parte da Professora Maria Sylvia Zanella Di Pietro (*v. Direito administrativo*. 24.ed. São Paulo: Atlas, 2011, p. 636-638; Participação popular na Administração Pública. *Revista Trimestral de Direito Público – RTDP*, v. 1, p. 127-139).

haja um prazo máximo, sob pena de frustração dos interesses envolvidos.

Outra possibilidade interessante seria a previsão de decisões coordenadas mais simplificadas, com um procedimento bastante simples e prazo mais curto para sua conclusão.

Ademais, seria conveniente que houvesse maior clareza sobre como dar início a um procedimento de decisão coordenada. Por exemplo, se dois órgãos entendem como necessário o procedimento e o terceiro discorda, como se resolve a questão? Ainda que todos estejam de acordo com a instauração, como ela é feita? Qual autoridade dentre de cada entidade, órgão ou setor decide por isso? Como se vê, existem dúvidas a respeito da própria instauração do procedimento, o que é um fator que dificulta a sua aplicação prática.

No momento em que se redige este breve ensaio, recebe-se a decisão coordenada com um otimismo moderado. É sem dúvida uma evolução em relação às previsões que antecediam a Lei nº 14.210. Contudo, as hipóteses de cabimento ou não são muito abertas e, sem um procedimento mais detalhado e com prazos a serem cumpridos, talvez seja difícil que a figura da decisão coordenada saia efetivamente do papel.

Isso nos lembra a célebre lição de Henry Louis Mencken de que "para todo problema complexo sempre existe uma solução simples, elegante e completamente errada". Existe uma tendência no comportamento humano em procurar soluções fáceis para problemas complexos. Espera-se que não seja esse o caso da decisão coordenada, mas, para que a figura realmente seja aplicada na prática, será necessário um enorme esforço por parte das Administrações Públicas, das autoridades e dos particulares. O fato é que o instrumento é positivo e os seus objetivos são nobres, além de altamente necessários.

REFERÊNCIAS BIBLIOGRÁFICAS

CASSESE, Sabino. La arena pública: nuevos paradigmas para el Estado. In: ______. *La crisis del Estado*. Buenos Aires: Abeledo Perrot, 2003, p. 114-124.

DI PIETRO, Maria Sylvia Zanella. Participação popular na Administração Pública. *Revista Trimestral de Direito Público – RTDP*, v. 1, p. 127-139.

DI PIETRO, Maria Sylvia. *Direito administrativo*. 24.ed. São Paulo: Atlas, 2011.

FERNÁNDEZ SALMERÓN, Manuel. La "conferenza di servizi" en la reforma "Bassanini". Un intento de modernización de las administraciones públicas italianas. In: SOSA WAGNER, Francisco (coord.). *El derecho administrativo en el umbral del siglo XXI*: homenaje as profesor Dr. D. Ramón Martín Mateo. Valencia: Tirant to Blanch, 2000, t. 2, p. 1.669-1.671.

MARQUES NETO, Floriano de Azevedo. La moderna regulación: la búsqueda de un equilibrio entre lo público y lo privado. In: CUÉTERA MARTINEZ, Juan Miguel de la; LÓPEZ-MUNIZ, José Luis Martinez; VILLAR ROJAS, Francisco J.. (org.). Derecho administrativo y regulación económica – *liber amicorum* Gaspar Ariño Ortiz. Madrid: La Ley, 2011, p. 1077-1103.

MOTTA, Fabrício. Decisão coordenada: a boa novidade. Disponível em: *https://www.conjur.com.br/2021-out-21/interesse-publico-decisao-coordenada-boa-novidade*, acesso em 25.4.2022.

SAAD, Amauri. As decisões coordenadas na Lei nº 14.210/2021. Disponível em: *https://www.conjur.com.br/2021-out-14/amauri-saad-decisoes-coordenadas-lei-142102021#:~:text=A%20decis%C3%A3o%20coordenada%20tem%20cabimento,prejudique%20a%20celeridade%20do%20processo*, acesso em 25.4.2022.

SCHIMIDT-ASSMANN, Eberhard. *La teoría general del derecho administrativo como sistema*. Madrid: Marcial Pons, 2003.

SCHWIND, Rafael Wallbach. Resolução consensual de controvérsias administrativas: elementos para a instituição da "conferência de serviço" no direito brasileiro. In: MARQUES NETO, Floriano de Azevedo; ALMEIDA, Fernando Dias Menezes de; NOHARA, Irene Patrícia; MARRARA, Thiago (org.). *Direito e Administração Pública*: estudos em homenagem a Maria Sylvia Zanella Di Pietro. São Paulo: Atlas, 2013, p. 831-846.

11

A APLICABILIDADE DA DECISÃO COORDENADA NOS PROCESSOS ADMINISTRATIVOS SANCIONADORES. POR QUE NÃO?

Paulo André Espirito Santo

Doutorando em Direito Público na Universidade do Estado do Rio de Janeiro (UERJ). Mestre em Justiça Administrativa pela Universidade Federal Fluminense (UFF). Juiz Federal. Ex-Procurador do Estado do Rio de Janeiro.

1. INTRODUÇÃO

Se administrar não é fácil, coordenar posicionamentos diversos de órgãos da Administração é mais difícil ainda. E pior é a existência dessas divergências em processos sancionadores deflagrados por mais de um órgão administrativo.

A gradativa complexidade da vida em sociedade, das atividades econômicas e da tecnologia são alguns dos fenômenos que exigem da Administração Pública contemporânea uma atuação mais ampla do que a simplesmente descrita em lei.

A Administração de hoje passa a ter uma postura mais criativa para garantir direitos dos cidadãos e atua com o objetivo de entregar os melhores resultados a uma sociedade cada vez mais complexa.

Atividades econômicas tocam uma multiplicidade de interesses e direitos: desde a concorrência, passando pelo meio ambiente, até chegar no patrimônio jurídico de consumidores e trabalhadores. Nessa multiplicidade de atividades atingindo variados interesses, diversas infrações administrativas acabam sendo praticadas. Como consequência, vários órgãos estatais são chamados a agir para tutelar esses interesses e a punir eventuais infrações cometidas.

Empreendimentos disruptivos e tecnologias inovadoras são alguns exemplos que, não raras vezes, levam mais de um órgão administrativo a se arvorar na prerrogativa de investigar e punir eventuais excessos ou infrações por quem os desenvolve (empresas e pessoas físicas).

Nesse cenário de insegurança jurídica, surge a necessidade de se impedir que empresas e pessoas respondam a mais de dois processos administrativos sancionadores. Ou que sejam punidas mais de uma vez.

Na literalidade do art. 22, §3º, da Lei de Introdução às Normas do Direito Brasileiro (LINDB – Decreto-Lei nº 4.657/1942), modificada pela Lei nº 13.655/2018, "*[a]s sanções aplicadas ao agente serão levadas em conta na dosimetria das demais sanções de mesma natureza e relativas ao mesmo fato*". A sanção deverá ser sempre a exceção e, quando cabível, deve-se evitar a sua aplicação dúplice.

Nesse contexto, a criação de uma decisão administrativa coordenada capaz de criar uma solução única feita por órgãos estatais diversos ou, pelo menos, permitir decisões individuais concertadas, vem em boa hora.

O presente artigo tem por fim analisar o instituto da decisão coordenada trazido pela Lei nº 14.210, de 30 de setembro de 2021, notadamente quanto à sua inaplicabilidade aos processos administrativos sancionadores (art. 49-A, §6º, inciso II, da Lei nº 9.784/1999, modificado pela acima citada lei). Mas não sem antes fazer as devidas críticas a esse afastamento da decisão coordenada aos processos de viés punitivo.

O trabalho começa por uma rápida estruturação dogmática do princípio da segurança jurídica e sua relevância para a aplicação das leis que envolvem a Administração Pública.

Em seguida, o trabalho abordará, exemplificativamente, algumas situações em que Conselho Administrativo de Defesa Econômica (CADE) e agências reguladoras disputaram a competência exclusiva (e, portanto, excludente do outro órgão) para analisar e eventualmente punir questões concorrenciais surgidas em setor econômico regulado. Veremos o embate sobre a competência prevalente para a investigação de questões concorrenciais em setor regulado (CADE ou órgão regulador do referido setor).

E, sem a pretensão de esgotar todos os possíveis argumentos, o artigo se encerra com a defesa da ideia de que o instituto da decisão coordenada deve se aplicar aos processos sancionadores. Principalmente depois dos exemplos trazidos de confusão entre o CADE e as agências sobre quem deve punir empresa ou pessoa física que infringiu alguma norma de direito concorrencial.

É o que se propõe neste artigo, esperando que o mesmo sirva mais como um começo de discussão para a ideia "decisão coordenada (também) nos processos sancionadores!"

2. A DECISÃO COORDENADA COMO INSTRUMENTO NECESSÁRIO PARA A SEGURANÇA JURÍDICA

Como se sabe, a segurança jurídica assume especial importância no Direito brasileiro e nas relações jurídicas entre particulares e a Administração Pública.

Tamanha é a sua relevância que aparece expressamente em algumas leis – para citar apenas dois exemplos – como a Lei de

Licitações (art. 5º da Lei nº 14.133, de 1º de abril de 2021[1]) e a Lei do processo administrativo federal (art. 2º da Lei nº 9.784/1999).

A LINDB (Lei de Introdução às Normas do Direito Brasileiro - DL nº 4.657/1942), modificada pela Lei nº 13.655/2018[2], não fica atrás. Do art. 20 ao art. 30 da LINDB, todos tocam a questão da segurança jurídica, uns mais explicitamente, outros menos.

Saber o caminho que a Administração deve tomar é essencial para se garantir maior segurança, transparência e previsibilidade nos seus atos e decisões. Com essa maior clareza, maior a confiança dos particulares na Administração.

Valter Shuenquener de Araújo[3] fala sobre a relevância da proteção da confiança em relação aos atos da Administração Pública, dotada de um poder contundente de interferir na vida privada das pessoas. Para o autor[4], os particulares devem conhecer as consequências dos atos estatais, bem como o comportamento que terá a Administração[5]. Sendo outro o caminho percorrido pela Ad-

---

1. Nesse sentido (licitações e segurança jurídica), conferir: BINENBOJM, Gustavo. A Lei nº 14.133/2021 e a segurança jurídica nos contratos administrativos. *JOTA*, São Paulo, 11 maio 2021. Disponível em: https://www.jota.info/opiniao-e-analise/colunas/publicistas/a-lei-n-14-133-2021-e-a-seguranca-juridica-nos-contratos-administrativos-11052021. Acesso em: 22 jan. 2022.
2. Nas palavras de Henrique Ribeiro Cardoso e Davi Barretto Dória, a segurança jurídica é o grande objetivo da LINDB: CARDOSO, Henrique Ribeiro; DÓRIA, Davi Barretto. A segurança jurídica dos atos administrativos e a objetivação das demandas refletidas no art. 30 da nova LINDB. *Revista Direito Administrativo – RDA*, Rio de Janeiro, v. 279, n. 3, p. 151, set./dez. 2020.
3. ARAÚJO, Valter Shuenquener de. *O princípio da proteção da confiança*: uma nova forma de tutela do cidadão diante do Estado. 2. ed. Rio de Janeiro: Impetus, 2016, p. 213-216. Ver também: BINENBOJM, Gustavo. *Uma teoria do direito administrativo*. Rio de Janeiro: Renovar, 2014, p. 186-195.
4. Op. cit., p. 214-216.
5. No mesmo sentido, HEINEN, Juliano. Precedente administrativo ou jurisprudência administrativa: a força normativa do art. 30 da Lei de Introdução às normas do Direito Brasileiro. *Revista da Faculdade de Direito UFPR*, Curitiba, v. 66, n. 1, p. 158-159, jan./abr. 2021. ISSN 2236-7284. Disponível em: https://revistas.ufpr.br/direito/article/view/73900. DOI: http://dx.doi.org/10.5380/rfdufpr.v66i1.73900. Acesso em: 23 fev. 2022.

ministração que não aquele previamente definido nas normas, o particular pode perder a confiança na mesma, o que é ruim para a economia[6] e para a vida em geral.

Alice Voronoff[7] chama a atenção para a importância de se definir claramente ao indivíduo o caminho a ser seguido pela Administração, não podendo o mesmo ser surpreendido indevidamente pelos órgãos estatais.

Guillermo O'Donnell[8], ao falar sobre o que considera "Estado de Direito", afirma o que se espera das instituições estatais em geral: regras claras quanto ao seu funcionamento.

Joseph Raz[9], citado por Alice Voronoff[10], diz que o Estado deve "*jogar limpo*" para ser definido como "Democrático de Direito". Deve ser capaz de criar regras claras o suficiente para guiar o comportamento das pessoas.

Todo esse raciocínio pode perfeitamente ser aplicado ao poder sancionador da Administração.

Saber de antemão qual órgão é o responsável por punir uma pessoa física e jurídica na seara econômica é essencial para o equilíbrio dos mercados. Ainda mais a economia sendo tão sujeita a mudanças, volatilidade, desenvolvimento tecnológico que, volta e meia, podem atingir outros interesses também protegidos pela chamada "*ordem econômica constitucional*" (art. 170 e seguintes da CF/1988). Se não é possível imaginar como se portará a economia, os mercados e a sociedade no futuro, ao menos se pode aprender

6. ROCHA, Bolívar Moura. Articulação entre regulação de infra-estrutura e defesa da concorrência. *Revista do IBRAC*, São Paulo, v. 5, n. 7, p. 47, jan. 1998.

7. VORONOFF, Alice. *Direito administrativo sancionador no Brasil*: justificação, interpretação e aplicação. Belo Horizonte: Fórum, 2019, p. 230.

8. O'DONNELL, Guillermo. Poliarquias e a (in)efetividade da lei na América Latina. *Novos estudos CEBRAP*, n. 51, p. 44, jul. 1998.

9. RAZ, Joseph. *The authority of law*: essays on law and morality. Oxford, UK: Oxford University Press, 2009, p. 213-214.

10. Op. cit., p. 260.

com o passado[11] e verificar como esses três fenômenos são voláteis e capazes de alterar comportamentos de pessoas e do próprio Estado (incluindo-se aí o Direito[12]).

Novas atividades econômicas (disruptivas) surgem no mercado atingindo ao mesmo tempo diversos interesses constitucionalmente protegidos: propriedade privada, livre-iniciativa, negócios empresariais, segurança jurídica das atividades comerciais etc. Mais de um órgão administrativo normalmente atua na defesa desses interesses.

Tecnologias mais modernas aparecem na sociedade tumultuando ainda mais a atividade regulatória do Estado (e de defesa da concorrência). A Administração tem de reinventar sua atividade sancionadora, criando departamentos e setores diversos para cuidar de novas atividades e novas formas de agir na economia e na sociedade.

Aplicativos de transporte público individual, plataformas de comunicação interpessoal de mensagens, *apps* de entregas de comida e *streamings* de filmes e seriados ("*over the tops - OTTs*") são os grandes exemplos do momento.

É muito importante saber de antemão o órgão administrativo competente para julgar (e eventualmente punir) uma possível infração contra a ordem econômica. Em caso *(i)* de competência concorrente de dois ou mais órgãos administrativos ou *(ii)* de dúvidas sobre quais deles deve julgar, mais essencial ainda é permitir que os mesmos atuem de modo coordenado, seja processando conjuntamente (inclusive com a produção de provas), seja julgando de maneira única ou concertada. A coordenação entre órgãos públicos é essencial para a segurança jurídica das relações

---

11. PIKETTY, Thomas. *O capital no século XXI*. Tradução Monica Baumgartem de Bolle. 1. ed. Rio de Janeiro: Intrínseca, 2014, p. 41.

12. NUSDEO, Fabio. *Curso de economia*. Introdução ao direito econômico. 10. ed. São Paulo: Thomson Reuters (Revista dos Tribunais), 2016, p. 168-187.

econômicas e para se evitar dúvidas sobre o poder sancionador de cada órgão do Estado.

O potencial de concorrência de um mercado e o setor econômico regulado são fenômenos que normalmente interessam a duas entidades públicas distintas: o CADE – a autoridade brasileira de defesa da concorrência (também chamada de "*autoridade antitruste*"[13]) – e a agência reguladora respectiva. Nesse contexto, muitas vezes as duas entidades atuam de forma descoordenada. E justamente em processos administrativos que podem gerar, em tese, uma sanção àquele que desempenha atividade empresarial, aqui chamado de "*agente econômico*"[14].

Não raras vezes, um órgão (CADE ou agência) decide de forma distinta do outro. Pior: eles decidem de forma descoordenada e um sem trocar informações um com o outro. O déficit informacional e a assimetria de dados entre as duas instituições comumente são a marca de seus processos sancionadores. Não se sabendo quem deve fiscalizar determinado ato (possivelmente) anticompetitivo, e não havendo troca de informações entre eles (cooperação interinstitucional), fica abalada a confiança (e a segurança) dos agentes econômicos para desenvolver seus negócios no Brasil.

O ideal seria não a atuação de uma ou de outra entidade, mas a atuação conjunta das duas, em sintonia institucional e com cooperação.

A especificidade que CADE e agência poderiam ter em um processo sancionador de infração contra a ordem econômica (artigos 36 e 69 da Lei 12.529/2011) não impediria a cooperação entre os dois órgãos envolvidos.

---

13. ROCHA, Bolívar Moura; OLIVEIRA, Hermes Nereu Cardoso. Balanço da articulação entre órgãos de defesa da concorrência e agências reguladoras de infra-estrutura. *In*: ROCHA, Bolívar Moura (org.). *A regulação da infra-estrutura no Brasil*: balanço e propostas. São Paulo: IOB – Thomson, p. 231-254.

14. FORGIONI, Paula A. *Os fundamentos do antitruste*. 8. ed. São Paulo: Revista dos Tribunais (Thomson Reuters), 2015, p. 33 e 144.

Nesse contexto, a Lei nº 14.210, de 30 de setembro de 2021, vem em boa hora ao instituir no âmbito da Administração Pública Federal brasileira o instituto da "*decisão coordenada*". Mas ela veio com alguns obstáculos, como veremos.

3. NÃO É DE HOJE A COORDENAÇÃO ADMINISTRATIVA

É de se registrar que não é nova a questão da decisão coordenada no Direito brasileiro. Ao menos o incentivo ao maior diálogo entre instituições públicas, a reunião entre elas, o fomento ao consenso interinstitucional etc.

Se formos bem distantes no tempo, podemos perceber que o Decreto-lei nº 200/1967, no seu art. 8º, já falava em "*permanente coordenação*" nas atividades dos órgãos estatais, sendo exercida "*em todos os níveis da administração*" e com "*realização sistemática de reuniões*". Um claro incentivo a uma atuação conjunta entre entidades da Administração, evitando-se decisões desconexas ou em sentidos diversos.

A Câmara de Conciliação e Arbitragem da Administração Federal (CCAF) – Ato Regimental AGU nº 5/2007, Decreto nº 7.392/2010 e art. 18 do Decreto nº 10.608/2021 – há tempos já intermedia negociação entre instituições públicas (exemplo: IBAMA e Receita Federal). A eficácia, contudo, nem sempre ocorre.

Mas é de se destacar o importante papel exercido pelo Departamento de Orientação e Coordenação de Órgãos Jurídicos – DECOR, da Advocacia-Geral da União, buscando orientar e coordenar os departamentos jurídicos dos órgãos da Administração federal. Tudo conforme descrito no art. 9º da Portaria Normativa AGU nº 24, de 27 de setembro de 2021.

Noutro giro, o art. 36 da Lei nº 13.140, já pregava em 2015 a mediação entre órgãos públicos para a solução de um conflito de competências administrativas.

A lei do marco regulatório do gás, por exemplo (Lei nº 14.134/2021), no seu art. 33, §2º, ao pregar a competição no setor, já dava margem a uma atuação conjunta da agência reguladora respectiva (Agência Nacional do Petróleo, do Gás Natural e Biocombustíveis – ANP) e da autoridade antitruste. Apesar de o *caput* do artigo indicar a atuação da ANP na defesa da competitividade do setor de gás, o parágrafo 2º do dispositivo reforça a necessidade de uma atuação coordenada com o CADE. Tudo reforçado com a aplicação conjunta do art. 9º, §3º, da Lei nº 12.529/2011, que determina a atuação do CADE na defesa da concorrência, seja qual for o mercado econômico, sob regulação específica ou não.

A lei do "*Programa de Parcerias de Investimentos – PPI*", Lei nº 13.334/2016, no seu art. 17, também fala na atuação "*em conjunto*" (coordenação) de órgãos da Administração para a "*liberação de investimentos*"[15]. Note-se que a referida lei coloca como "*dever*" a atuação conjunta de "*órgãos, entidades e autoridades estatais*", mesmo "*autônomas e independentes*" para a liberação de investimentos. Tendo por fundamento a atuação "*uniforme, econômica e em prazo compatível com o caráter prioritário do empreendimento*", a lei coloca a atuação conjunta de órgãos e entidades da Administração como algo a ser perseguido. E perceba que a lei não fala que essa coordenação só existirá quando houver pelo menos três órgãos ou entidades como faz o art.49-A, *caput*, da Lei nº 9.784/1999, modificado pela Lei nº 14.210/2021...

A coordenação entre órgãos públicos pode ser inspirada no Direito italiano com a chamada "conferência de serviços" (*conferenza dei servizi*, no original): no conflito positivo de competências entre dois ou mais órgãos públicos, a Administração Pública central os reúne para que decidam conjuntamente. É o que se observa na Lei italiana nº 241/1990, que não poderemos aprofundar neste singelo artigo.

15. Essa inspiração da lei do PPI é também lembrada por Patrícia Baptista em: BAPTISTA, Patrícia. *Decisão administrativa coordenada* (palestra). Rio de Janeiro, Universidade do Estado do Rio de Janeiro (UERJ). 2 dez. 2021. Palestra ao vivo pelo Zoom. Disponível em: https://www.youtube.com/watch?v=QY_RMO_b-Kg. Acesso em: 22 jan. 2022.

Pode-se afirmar que a Lei nº 14.210 carrega também uma nítida influência do Código de Processo Administrativo de Portugal (CPA), veiculado através do Decreto-lei nº 4/2015 de tal país. Parecido com o que ocorre na Itália, o CPA português (artigos 4º e 77º a 81º) trata a coordenação interinstitucional como "*Conferência Procedimental*", com o nítido objetivo de efetivar o "*exercício em comum ou conjugado das competências de diversos órgãos da Administração Pública*", com o escopo de "*promover a eficiência, a economicidade e a celeridade da atividade administrativa*" (art. 77º, item 1). Tal como na Itália, a ideia da dita "*conferência*" é agregar órgãos administrativos de posicionamentos institucionais dissonantes e fazerem sentar-se à mesa para que dali saia uma decisão conjunta e uniforme.

Nesse contexto, o item 2 do art. 77º do CPA português é claro ao propugnar a regra de que "*[a]s conferências procedimentais podem dizer respeito a um único procedimento ou a vários procedimentos conexos, e dirigir-se à tomada de uma única decisão ou de várias decisões conjugadas*".

Inspiração à Lei nº 14.210/2021 pode ser também – por que não? – a Lei estadual da Bahia nº 12.209/2011, que trata da decisão coordenada no âmbito da Administração daquele Estado.

No art. 28 da lei baiana, na linha do Direito italiano, há menção a uma "*conferência de serviço*" para a reunião com o escopo de emitir "*decisão célere*" sobre "*matéria que envolva diferentes interesses setoriais*".

E, ao contrário da Lei nº 14.210 (que silencia a respeito), a lei baiana de 2011 coloca o Chefe do Poder Executivo estadual (Governador) como "autoridade coordenadora maior", sendo capaz de estabelecer prazos para a decisão conjunta em caso de urgência (art. 28, §2º) e de avocar a competência em caso de omissão após o prazo estipulado (art. 28, §3º).

Como se disse, a questão não é nova no Direito brasileiro e no Direito estrangeiro. E também não é novidade na prática administrativa.

Regulamentos conjuntos das agências reguladoras existem desde o final da década de 1990. E isso é reforçado (e incentivado) pelo art. 29 da Lei nº 13.848/2019, a "lei-quadro" das agências brasileiras.

Aliás, os seus artigos 25 a 30 já propugnam a coordenação entre as agências reguladoras (e entre essas e o CADE), tudo com vistas a alinhar competências que se esbarram ou que atuam sobre mesmo campo administrativo.

Os memorandos de entendimento entre agências reguladoras ou entre essas e o CADE também têm sido adotados como forma de minorar esse conflito de atribuição entre órgãos autônomos da Administração e de mesma hierarquia. Um excelente exemplo a ser estudado é o Memorando de Entendimentos nº 1/2021, firmado entre a Agência Nacional de Águas (ANA) e o CADE.

O problema desses memorandos é que são feitos em casos concretos, sem uma sistematização para situações futuras similares. Além disso, não existe critério ou estímulo para que duas entidades cheguem a tal memorando de entendimentos, dependendo sempre da boa vontade dos gestores da ocasião da agência e do CADE.

4. A LEI Nº 14.210/2021 E SEUS OBSTÁCULOS À APLICAÇÃO DA DECISÃO COORDENADA

Com a ideia de sistematizar aquilo que denominou como "decisão administrativa coordenada", a Lei nº 14.210, de 30 de setembro de 2021, alterando a Lei nº 9.784/1999, que trata do processo administrativo federal, buscou incentivar a atuação e a decisão conjunta de órgãos administrativos naquelas ocasiões que, por ofício legal, possuem competência ou atribuição para fiscalizar atividades privadas, regular ou mesmo realizar a defesa da concorrência.

Porém, criou óbices à sua efetivação, dentre os quais a aplicação somente em casos de divergência de três ou mais instituições (art. 49-A, *caput*) e a inaplicabilidade a processos sancionares (art. 49-A, §6º, II), essa última objeto do presente artigo.

Essas duas restrições já são suficientes para dificultar o uso racional (e efetivo) da decisão coordenada nos processos administrativos sancionadores. Mas a busca pela cooperação interinstitucional pode (e deve) ser buscada por outros caminhos jurídicos.

É muito comum que mais de um órgão administrativo participe da fiscalização de uma atividade privada. Essa atividade pode, por exemplo, tocar ao mesmo tempo em questões relativas a mercado de combustíveis e a questões ambientais e isso gerar preocupação da Agência do Petróleo e do IBAMA (Instituto Brasileiro do Meio Ambiente e dos Recursos Naturais Renováveis), respectivamente. Ou a atividade de telecomunicação pode ensejar preocupações regulatórias e concorrenciais da Agência Nacional de Telecomunicações (ANATEL) e do CADE, por exemplo.

Nos dois exemplos acima, pinçados de milhões de outros possivelmente existentes, é salutar que, ao invés de se fixar a competência/atribuição sancionadora de um órgão administrativo com a exclusão do outro, sejam desenhadas possibilidades de ambos os órgãos atuarem conjuntamente. E mais que isso: atuarem de forma coordenada.

Segundo André Cyrino[16], é melhor ter uma única decisão (e coordenada) de todos os órgãos públicos envolvidos do que várias instâncias de decisões ao longo do tempo. É o que acontece, por exemplo, em uma obra de interesse público: uma decisão de secretaria municipal de obras, depois, uma decisão de secretaria de meio ambiente, posteriormente uma do IPHAN (Instituto de Patrimônio Histórico, Artístico e Nacional), e por aí vai. Para o autor, é mais rápido ter uma única decisão (coordenada), além de se conferir maior visibilidade (transparência) e celeridade, também

---

16. CYRINO, André. *Decisão coordenada* (palestra). Porto Alegre, Procuradoria-Geral do Município de Porto Alegre. 25 nov. 2021. Palestra ao vivo pelo Zoom. Disponível em: https://lnkd.in/dWAbZpSr. Acesso em: 21 jan. 2021.

princípios do processo administrativo (art. 5º, LXVIII, da CF/1988 e art. 2º da Lei nº 9.784/1999).

A Lei nº 14.210/2021 possui muitos problemas a resolver. Mas já é um início para a melhora do viés decisório na Administração Pública.

Se, por um lado, a citada lei *(i)* não elenca as hipóteses em que será implementada a decisão coordenada, *(ii)* se é obrigatória ou facultativa aos órgãos públicos envolvidos, *(iii)* não indica o momento em que será adotada num procedimento administrativo ou *(iv)* como será resolvido o dissenso dos órgãos envolvidos em caso de entendimentos diametralmente opostos, por outro, tem o mérito de *(i)* incentivar o diálogo, *(ii)* permitir maior consensualidade com o administrado, *(iii)* acelerar decisões administrativas em prol da estabilidade dos negócios e *(iv)* possibilitar maior participação de interessados na (co)construção de uma decisão mais aceita pelos destinatários da mesma.

CADE e órgãos reguladores, a despeito dos artigos 25 a 28 da Lei nº 13.848/2019 (conferem preponderância decisória ao CADE), podem perfeitamente utilizar a Lei nº 14.210/2021 para começar a desenhar institucionalmente mecanismos de atuação conjunta e coordenada nos seus processos sancionadores.

Problema é que a lei, injustificadamente (art. 49-A, *caput*), firmou o entendimento de que a decisão coordenada só seria cabível para mais de três órgãos administrativos. Não se entendeu o porquê da vedação do novel instituto para somente dois órgãos. Nas palavras de Antonio Cabral[17], o posicionamento diverso de dois órgãos públicos já é suficiente para gerar confusão institucional, sendo a coordenação decisória uma importante forma de coordenar a atuação das duas entidades e evitar insegurança jurídica.

---

17. CABRAL, Antonio do Passo. *Decisão administrativa coordenada* (palestra). Rio de Janeiro, Universidade do Estado do Rio de Janeiro (UERJ). 2 dez. 2021. Palestra ao vivo pelo Zoom. Disponível em: https://www.youtube.com/watch?v=QY_RMO_b-Kg. Acesso em: 22 jan. 2022.

Aliás, para o citado autor[18], a Lei nº 14.210/2021 reflete uma tendência já vista no processo civil judicial brasileiro, que é a flexibilização/relativização das competências de autoridades públicas. A lei parte da ideia de eficiência: se cada um órgão decidir, em vários momentos distintos, maior instabilidade institucional e maior insegurança jurídica haverá.

Segundo Cabral[19], a doutrina administrativista tende a pregar a ideia de que a competência decisória da autoridade administrativa segue a lógica do juiz natural do processo civil, devendo a atribuição para decidir ser previamente definida em lei ou outro ato normativo, firmando posições dogmáticas no sentido da impossibilidade de modificação de competência *pos-factum*. Observa, contudo, uma virada no Direito Administrativo *(i)* da competência definida e exclusiva *(ii)* para uma decisão coordenada, em que se procura flexibilizar a estrutura das competências. Com a complexidade da vida e com o gradativo fortalecimento da federação brasileira, cada vez mais há necessidades de articulação entre órgãos administrativos decisórios. E, como é normal atualmente haver mais de um órgão competente para tratar do mesmo assunto, necessário se faz a utilização do mecanismo de cooperação para simplificar os processos de decisão e para se garantir maior segurança jurídica às relações dos administrados com a Administração Pública.

De fato, nesse aspecto da articulação entre entidades estatais, a Lei nº 14.210/2021 não traz ineditismo, pois há muito a Administração Pública lida com a consensualidade[20], a horizontalidade, atos conjuntos, colegiados e complexos etc.

---

18. Idem à nota anterior. O autor também aprofunda a questão da flexibilização/relativização da competência em: CABRAL, Antonio do Passo. *Juiz natural e eficiência processual*: flexibilização, delegação e coordenação de competências no Processo Civil. São Paulo: Thomson Reuters Brasil (Revista dos Tribunais), 2021, p. 308-479.

19. Vide nota 18.

20. MOREIRA NETO, Diogo de Figueiredo. Novos institutos consensuais da ação administrativa: gestão pública e parcerias. *In*: MOREIRA NETO, Diogo de Figueiredo. *Mutações do direito público*. Rio de Janeiro: Renovar, 2006, p. 315-349.

Bernardo Guimarães[21], ao falar sobre a insegurança causada pela indefinição da competência ou atribuição (processante ou decisória) de cada órgão administrativo, afirma que a Lei nº 14.210/2021 deslocou competências administrativas de um órgão para outro, criando mais uma processualidade, um método, do que uma decisão propriamente dita. Isso se dá porque a lei não diz quando haverá a decisão coordenada. Quando não quer decidir, o órgão administrativo cria logo uma comissão, um grupo de trabalho, seja para atrasar a solução final de um conflito, seja para simplesmente não decidir. O autor alerta para o perigo de a decisão coordenada servir de pretexto para nada se decidir. Afirma que a lei criou um *fast track* para as decisões de vários órgãos, pois não os vincula a tomarem a decisão de forma conjunta ou coordenada. Como se fosse uma "*soft law*" dentro da Lei.

De fato, analisando a Lei nº 14.210, é possível observar diversos vácuos normativos no seu texto. Como será formada a instância decisória (exemplo: CADE + ANP)? Como será a votação? Se um órgão tiver 7 membros e o outro 5? Quando e em que momento do processo administrativo será formada a reunião que unirá órgãos administrativos distintos em prol de uma única decisão (coordenada)?

Gustavo Binenbojm[22] chama a atenção de que, apesar de certas limitações injustificadas, a Lei nº 14.210 possui claro intuito de simplificar o processo administrativo atual, buscando maior segurança jurídica ao incentivar a decisão coordenada (única) de órgãos da Administração ao invés das decisões isoladas de cada órgão, muitas vezes dissociada uma da outra.

---

21. GUIMARÃES, Bernardo. *Decisão coordenada* (palestra). Porto Alegre, Procuradoria-Geral do Município de Porto Alegre. 25 nov. 2021. Palestra ao vivo pelo Zoom. Disponível em: https://lnkd.in/dWAbZpSr. Acesso em: 21 jan. 2021.

22. BINENBOJM, Gustavo. *Decisão administrativa coordenada* (palestra). Rio de Janeiro, Universidade do Estado do Rio de Janeiro (UERJ). 2 dez. 2021. Palestra ao vivo pelo Zoom. Disponível em: https://www.youtube.com/watch?v=QY_RMO_b-Kg. Acesso em: 22 jan. 2022.

O autor[23] destaca que a lei já se inicia com restrições inexplicáveis, como a não aplicação a outras administrações (estadual, municipal, distrital), às licitações e (foco do presente trabalho), aos processos sancionadores.

Nesse último aspecto, é de se questionar como ficariam os conflitos entre o CADE e uma agência reguladora em caso de processo administrativo destinado a apurar infração contra a ordem econômica ou concorrencial. Note-se que a restrição do art. 49-A, §6º, II, inexiste nas leis italiana e portuguesa, também não se verificando na Lei estadual da Bahia nº 12.209/2011.

5. A INJUSTIFICADA INAPLICABILIDADE DA DECISÃO COORDENADA AOS PROCESSOS SANCIONADORES E OS DEVERES DE SIMPLIFICAÇÃO E EFICIÊNCIA

Vimos até aqui obstáculos injustificados da Lei nº 14.210/2021 para a aplicação da decisão coordenada aos processos desenvolvidos na Administração Pública. Mas o pior obstáculo, sem dúvidas, é não poder se aplicar aos processos sancionadores.

Dois dos objetivos da lei federal são a "*eficiência*" e a "*simplificação*" do processo administrativo (art. 49-A, §5º), além da segurança jurídica. Há de se questionar o porquê de a decisão coordenada não se prestar aos processos sancionadores (art. 49-A, § 6º, II). E justamente quando a grande maioria dos processos na Administração, notadamente os desenvolvidos nas esferas concorrencial (CADE) e regulatória (agências), podem ensejar algum tipo de punição ao administrado.

Gustavo Binenbojm[24] chama a atenção para o caráter pedagógico e prudencial da Lei nº 14.210 em prol da segurança jurídica.

23. Idem à nota anterior.

24. BINENBOJM, Gustavo. *Decisão administrativa coordenada* (palestra). Rio de Janeiro, Universidade do Estado do Rio de Janeiro (UERJ). 2 dez. 2021. Palestra ao vivo pelo Zoom. Disponível em: https://www.youtube.com/watch?v=QY_RMO_b-Kg. Acesso em: 22 jan. 2022.

Também lamenta não se aplicar aos processos sancionadores justamente quando o art. 22, §3º, da LINDB fala da insegurança existente no caso de processos desse tipo não se comunicarem ("*[a]s sanções aplicadas ao agente serão levadas em conta na dosimetria das demais sanções de mesma natureza e relativas ao mesmo fato*").

Ora, se o escopo maior da LINDB é a segurança jurídica e seu art. 22, §3º, aventa a possibilidade de mais de um processo sancionador desenvolvido por órgãos administrativos distintos, por que a decisão coordenada a eles não se aplica? Se justamente a LINDB busca evitar a dupla punição, reconhecendo a possibilidade de ao menos duas autoridades julgarem um administrado pelo mesmo fato, por que não se lhes aplicar o instituto da coordenação? Por que justamente nos processos sancionadores, em que há uma intervenção mais drástica do Estado no patrimônio jurídico do indivíduo ou da empresa, não é possível a decisão conjunta?

Esse é o grande desafio da atual quadra.

Se, por um lado, a atuação administrativa evoluiu com a positivação da decisão coordenada, que timidamente já era adotada, por outro, há o desafio de se lidar com a injustificada restrição da Lei nº 14.210 (art. 49-A, §6º, II), que praticamente esvazia o instituto em seu objetivo maior de garantir mais segurança jurídica, simplificação e eficiência nas relações entre Administração Pública e indivíduos/empresas.

E não podemos deixar de trazer alguns casos de atuação conflituosa entre CADE e agências reguladoras, justamente em processos administrativos que podem ensejar punição.

6. CASOS CONCRETOS DE DECISÕES ADMINISTRATIVAS CONFLITANTES

A ideia do presente capítulo é trazer alguns casos concretos envolvendo conflitos entre o CADE e uma agência reguladora sobre de qual órgão seria a competência administrativa para determinada decisão de cunho concorrencial. E esses conflitos trazidos se deram em processos administrativos que poderiam ensejar alguma punição à empresa ou indivíduo envolvido.

A enumeração de alguns poucos casos concretos serve para demonstrar a idiossincrasia de não permitir o instituto da decisão coordenada para processos administrativos sancionadores.

Como se sabe, inúmeros são os casos em que determinada agência reguladora e a autoridade antitruste brasileira (CADE) disputam quem é a competente para analisar atos lícitos (estruturas) e ilícitos (condutas) sobre a ordem concorrencial em setores regulados.

Pelo corte e foco do presente trabalho, fiquemos com a competência sobre análise de atos ilícitos (infrações contra a ordem econômica – condutas) e a disputa entre CADE e agência respectiva.

A atuação do CADE em questões concorrenciais surgidas no bojo de mercados regulados é feita caso a caso, o que causa bastante insegurança jurídica. Sem uma sistematização jurídica, principiológica e normativa, a atuação do CADE em tais assuntos assume diferentes comportamentos, ora afirmando a sua própria autoridade concorrencial, ora assumindo que a maior capacidade institucional está com a agência que regula aquela empresa investigada.

Autores como José Inácio Gonzaga Franceschini e Vicente Bagnoli[25] afirmam que o CADE, como "*instituição permanente*" e capaz de contrariar políticas governamentais de ocasião ou de "*plantão*", tem a exclusividade de atuação em qualquer mercado econômico, inclusive os regulados, não havendo legislação especial que se sobreponha à sua jurisdição. Isso não significa, contudo, o CADE afastar-se da troca de experiências e informações com os órgãos reguladores, dando os autores inúmeros exemplos de acordos de cooperação firmados.

25. FRANCESCHINI, José Inácio Gonzaga; BAGNOLI, Vicente. *Direito concorrencial*. 2. ed., v. VII. Coleção Tratado de Direito Empresarial. CARVALHOSA, Modesto (coord.). São Paulo: Thompson Reuters (Revista dos Tribunais), 2018, p. 351-353.

Os autores[26] chegam a afirmar que, por força do art. 2º, §1º da LINDB, a Lei 12.529/2011, ao instituir a exclusividade do CADE para questões concorrenciais, revogou as disposições das leis das agências que davam às mesmas o poder de intervir em questões concorrenciais. Alegam[27] ser violadora do art. 174 da CF/1988 lei de agência que assim estipulasse.

José Inácio Gonzaga Franceschini[28] especificamente menciona, contudo, que a despeito dessa prevalência do CADE, as legislações concorrenciais e regulatórias devem se complementar. Para ele, a autarquia não deve atuar no mercado regulado em caso de "*sobreposição inevitável*", ou seja, quando a norma de regulação for suficientemente substitutiva da legislação antitruste. Nesse caso, deve-se aplicar a norma especial (da regulação) em detrimento da norma geral (antitruste), devendo prevalecer a autoridade da agência em detrimento do CADE.

Os autores[29] trazem resumidamente posições jurisprudenciais do CADE em casos que *(i)* o mesmo assume sua competência exclusiva e *(ii)* casos em que a autarquia não interfere em setores regulados (imunidades concorrenciais).

Nesse aspecto, por exemplo, em sede de mercados eletrônicos (*e-commerce*), já existe estudo do Departamento de Estudos Econômicos (DEE) do CADE[30] recomendando a criação de órgão regulador específico para tal ramo, em razão de o CADE não dar

26. Op. cit., p. 354-355.

27. Op. cit., p. 356.

28. Op. cit., p. 360.

29. Op. cit., p. 364-365.

30. CADE – CONSELHO ADMINISTRATIVO DE DEFESA ECONÔMICA – Departamento de Estudos Econômicos – DEE. *Concorrência em mercados digitais*: uma revisão dos relatórios especializados. Documento nº 005/2020. LACIERI, Filippo Maria; SAKOWSKI, Patrícia Alessandra Morita (coords.). Brasília, agosto de 2020, p. 126. O mesmo defende Roberto TAUFICK em relação aos serviços *"Over the Top"* (*OTTs*), disruptivos por natureza e sem regulamentação, quando prega a necessidade de uma regulação específica, não havendo condições de a autoridade antitruste assumir o planejamento de tais atividades. Conferir em: TAUFICK, Roberto. *Over-the-top content and*

conta da situação (atuação lenta diante do rápido incremento das plataformas digitais e de suas condutas).

Carolina Moura Lebbos[31] cita um exemplo de recomendação feita pelo CADE à Agência Nacional de Telecomunicações (ANATEL), com base no art. 7º, inciso X, da antiga Lei nº 8884/94. No caso em comento, a ANATEL editou a Resolução nº 437/2006, cujo escopo era disciplinar o abuso da posição dominante de mercados de telecomunicação e determinar o poder de interferência da agência em tais questões que tocassem a concorrência das empresas desse ramo.

Levada a questão ao CADE por uma empresa de telefonia que se sentia prejudicada com a normatização regulatória, a autarquia não afirmou sua autoridade antitruste, mas encaminhou a questão à ANATEL, recomendando que a mesma revisasse os termos da resolução em razão da mesma ser potencialmente lesiva à ampla concorrência.

A autora[32] cita outros casos de interferência do CADE no setor regulado de telecomunicações. Destaca, por exemplo, a situação de uma repressão do CADE à prática anticompetitiva ("*price squeeze*") de uma empresa de telefonia, em que eleva o custo de acesso à sua rede de infraestrutura, discriminando as empresas concorrentes através do preço. No caso em si, o Conselheiro relator[33] reconheceu a complementariedade entre as funções judicantes do CADE e as funções regulatórias da ANATEL, cabendo ao primeiro uma atuação geral (todos os mercados) e sancionadora (*ex post*) e,

---

content regulation. Disponível em: https://ssrn.com/abstract=2708278. Acesso em: 12 jul. 2021.

31. LEBBOS, Carolina Moura. A atuação do CADE perante normas reguladoras setoriais anticoncorrenciais. *In*: MOREIRA, Egon Bockmann; MATTOS, Paulo Todescan Lessa (coord.). *Direito concorrencial e regulação econômica*. Belo Horizonte: Fórum, 2010, p. 450.

32. Op. cit., p. 444-446 e 449-450.

33. CADE, Processo Administrativo nº 08700.001496/2002-23.

à agência, uma atuação setorial (específica do mercado de telecomunicações) e preventiva (*ex ante*).

No âmbito do mercado financeiro, exemplos não faltam de conflitos de competência entre o CADE e o Banco Central do Brasil (BACEN).

Sobre o conflito "CADE *x* BACEN", vasta é a doutrina nesse sentido[34], havendo uma prevalência da tese que defende a atuação do órgão regulador. Em resumo, a tese da prevalência do BACEN na atuação antitruste e também regulatória se deve às peculiaridades do setor financeiro, ao risco sistêmico nele incidente[35] (a quebra de um banco pode comprometer não só o mercado regulado, mas toda economia de um país) e à regulação prudencial que deve imprimir o BACEN, evitando-se desequilíbrio em tal peculiar mercado[36].

---

34. ARCANJO NETO, Miguel. *Defesa da concorrência no sistema financeiro*: uma proposta de atribuições. Dissertação – Mestrado em Direito Econômico da Regulação Financeira – Universidade de Brasília, Brasília, 2006; CAMPILONGO, Celso Fernandes *et al* (coord.). *Concorrência e regulação no sistema financeiro*. São Paulo: Max Limonad, 2002; ERLING, Marlos Lopes Godinho. *Regulação do sistema financeiro*: desafios e propostas de aprimoramento institucional. São Paulo: Almedina, 2015; FRANCESCHINI, José Inácio Gonzaga; BAGNOLI, Vicente. *Direito concorrencial*. 2. ed., v. VII. Coleção Tratado de Direito Empresarial. CARVALHOSA, Modesto (coord.) São Paulo: Thompson Reuters (Revista dos Tribunais), 2018, p. 371-393; GRAU, Eros Roberto; FORGIONI, Paula A. CADE v. BACEN: conflitos de competência entre autarquias e a função da Advocacia Geral da União. *Revista de Direito Público da Economia – RDPE*, Belo Horizonte, a. 2, n. 8, 2004. Disponível em: http://www.bidforum.com.br/bid/PDI0006.aspx?pdiCntd=12786. Acesso em: 22 ago. 2021; LIMA, Liana Issa. *Conflito positivo de competências entre CADE e BACEN*. Disponível em: https://www.arcos.org.br/artigos/conflito-positivo-de-competencias-entre-cade-e-bacen/. Acesso em: 3 mar. 2021; SILVA, Leandro Novais e. Regulação, concorrência e o setor bancário: reflexões *Revista de Informação Legislativa*, Brasília, a. 40, n. 158, p. 171-193, abr./jun. 2003; UHDRE, Dayana de Carvalho. Regulação bancária: observações acerca de uma possível compatibilização entre preocupações concorrenciais e setoriais. *In*: MOREIRA, Egon Bockmann; MATTOS, Paulo Todescan Lessa (coord.). *Direito concorrencial e regulação econômica*. Belo Horizonte: Fórum, 2010, p. 283-299; dentre outros.
35. UHDRE, Dayana de Carvalho. Regulação bancária: observações acerca de uma possível compatibilização entre preocupações concorrenciais e setoriais. *In*: MOREIRA, Egon Bockmann; MATTOS, Paulo Todescan Lessa (coord.). *Direito concorrencial e regulação econômica*. Belo Horizonte: Fórum, 2010, p. 286-291.
36. UHDRE, Dayana de Carvalho. Op. cit., p. 283-286.

Contrariando um pouco essa tendência, existe posicionamento doutrinário[37] que defende a prevalência decisória do CADE, porém com a colaboração inafastável do BACEN.

Independentemente de cada posição doutrinária (se a prevalência é de uma ou outra autarquia), observa-se, em verdade, que pouco se explora a cooperação que o CADE pode dar ao BACEN no trato dessas questões concorrenciais surgidas no mercado financeiro ou vice-versa.

No âmbito do setor aquaviário, também se observam esses conflitos de competência e de prevalência decisória entre o CADE e a agência específica, no caso, a Agência Nacional dos Transportes Aquaviários (ANTAQ).

Um caso interessante envolveu a taxa de segregação (THC 2) exigida no Porto de Santos às empresas de navegação e de importação para fins de movimentação dos contêineres. A questão da THC 2 gerou procedimentos administrativos paralelos no CADE[38] e na ANTAQ[39]. E com decisões diametralmente opostas. O caso gerou problemas de concorrência: algumas empresas se viam afastadas do serviço portuário em razão do valor abusivo da taxa e por não terem outra opção para internar suas mercadorias. Enquanto a ANTAQ considerou legítima a taxa, como essencial à infraestrutura dos portos, o CADE visualizou prejuízos à concorrência. Mário Dittrich Bilieri[40] traz essas decisões opostas entre o CADE e a ANTAQ, fazendo um relato sobre tais julgados.

---

37. SCHNEIDER, Andressa Caroline. Repensando o conflito entre BACEN e CADE sob a perspectiva da interpretação conforme à Constituição e do diálogo das fontes. *Caderno do Programa de Pós-Graduação em Direito da UFRGS*, Rio Grande do Sul, v. 11, n. 2, p. 264-292, 2016. Disponível em: https://seer.ufrgs.br/ppgdir/article/view/58844/39956. Acesso em: 23 maio 2021.

38. CADE. Processo Administrativo nº 08012.007443/1999-17, relator Conselheiro Ricardo Villas Bôas Cueva, julgado em 27.04.2005.

39. ANTAQ. Processo Administrativo nº 50300.000159/2002.

40. BILIERI, Mário Dittrich. A taxa de segregação no porto de Santos e o conflito de competência entre autoridades administrativas. *In*: MOREIRA, Egon Bockmann; MATTOS,

José Inácio Gonzaga Franceschini e Vicente Bagnoli[41] também trazem à baila essa atuação do CADE no setor aquaviário. E destacam que, dada a confusão criada por decisões administrativas conflitantes, a questão foi judicializada, tendo a Justiça Federal em São Paulo[42] prestigiado a decisão da ANTAQ.

Observe-se o problema de definição estanque (e excludente) da competência de um órgão administrativo em detrimento de outro. Além de causar insegurança jurídica – a empresa de navegação é isenta pelo CADE de pagar a taxa portuária e depois sofre punição da ANTAQ estando de boa-fé –, a indefinição de competência e a falta de colaboração entre os órgãos ainda levam a questão para dentro do Judiciário. Esse, de uma hora para outra, se vê diante de um processo envolvendo assuntos como navegação, custos operacionais portuários, logística de contêineres e movimentação de mercadorias importadas, questões referentes a preços e concorrências e outros mais aspectos. O juiz desse processo acaba tendo de decidir esses assuntos quando sequer possui a capacidade institucional e a formação profissional para tanto. E com a demora natural dos processos judiciais no Brasil e a indefinição do caso, quem perde são os negócios, as empresas, o mercado, os consumidores finais, enfim, a economia em geral.

Os autores[43] acima trazem outro caso em que houve julgamento diverso por parte da ANTAQ[44]. Nesse caso concreto, a questão envolvia o Porto de Salvador e a ANTAQ, que, reconhecendo possível abuso na cobrança da taxa portuária, remeteu o processo ao

Paulo Todescan Lessa (coord.). *Direito concorrencial e regulação econômica*. Belo Horizonte: Fórum, 2010, p. 387-394.

41. Op. cit., p. 357-358.

42. JUSTIÇA FEDERAL EM SÃO PAULO. Processo nº 0014995-56.2005.4.03.6100 (sentença proferida em 29/08/2013, confirmada o seu teor principal pelo Tribunal Regional Federal-3ª Região em 16/03/2015 – modificada a sentença parcialmente em questões formais).

43. Op. cit., p. 358.

44. ANTAQ. Processo Administrativo nº 50300.000022/2002.

CADE. Relatam os autores que o caso em si teve uma peculiaridade inusitada: a Advocacia-Geral da União (AGU) proferiu parecer, posteriormente homologado pelo Presidente da República, admitindo a possibilidade de revisão dessa decisão da agência pelo então Ministério dos Transportes (hoje "Ministério da Infraestrutura" - Decreto nº 10.638/2020). Na visão dos autores, uma decisão ministerial descabida, em total afronta à autonomia das agências reguladoras.

No âmbito do setor regulado de energia elétrica, também vemos alguns casos de atuação do CADE.

Felipe de Oliveira Kersten[45] traz casos de sobreposição de competências (análise de estruturas e de condutas) entre a Agência Nacional de Energia Elétrica (ANEEL) e o CADE, afirmando que tanto a atuação regulatória, quanto a concorrencial, têm os vieses preventivo (*ex ante*) e repressivo (*ex post*). Desmistifica aquela ideia de que a agência atua *ex ante* e, a autoridade antitruste, *ex post*. Mas, como outros vários autores, Kersten afirma que a sobreposição de competências somente contribui para a ineficiência econômica e para a insegurança jurídica. Prega[46], portanto, uma articulação entre as autarquias (CADE e ANEEL).

Observa-se, por esses poucos casos acima, o quão danoso é fixar a competência sancionadora a um órgão e excluir o outro. Além disso, percebe-se a insegurança jurídica e fática existente pelo fato de, muitas vezes, não se saber quem efetivamente deve processar e julgar uma infração concorrencial (se CADE ou agência respectiva). A esses dois fatores negativos, soma-se a proibição de uso da decisão coordenada para esses casos de processos sancionadores.

---

45. KERSTEN, Felipe de Oliveira. Regulação pública da economia e defesa da concorrência no setor elétrico: repartição de competências e articulação entre a agência nacional de energia elétrica e o sistema de brasileiro de defesa da concorrência. *In*: MOREIRA, Egon Bockmann; MATTOS, Paulo Todescan Lessa (coord.). *Direito concorrencial e regulação econômica*. Belo Horizonte: Fórum, 2010, p. 351-352.

46. Op. cit., p. 353-356.

Note-se, portanto, o cenário do processo sancionador na seara concorrencial:

1) fixação de competência de um órgão (CADE ou agência) com a exclusão do outro;

2) dúvida sobre qual desses órgãos deve punir a empresa ou o indivíduo que, em tese, comete infração concorrencial;

3) art. 49-A, *caput*, da Lei nº 14.210/2021 impedindo (injustificadamente) a aplicação do instituto da decisão coordenada para dois órgãos administrativos (exige um mínimo de três); e

4) art. 49-A, §6º, inciso II, do citado diploma legal impedindo a aplicação do instituo da decisão coordenada para os processos administrativos sancionadores.

Os dois primeiros fatores negativos já são suficientes para causar insegurança no mercado regulado: o indivíduo ou empresa que desempenha atividade econômica regulada não sabem se seus eventuais atos lesivos à concorrência serão investigados pelo CADE ou pela agência respectiva.

O terceiro fator inviabiliza praticamente o instituto da decisão coordenada ao exigir um mínimo de "três órgãos conflituosos" quando, na maioria das vezes, o conflito envolve apenas dois órgãos, o suficiente para causar confusão institucional, sobreposição de competências e, principalmente, insegurança jurídica.

O quarto fator citado (inaplicabilidade da decisão coordenada aos processos sancionadores) vai de encontro à própria finalidade da lei de "*simplificação*" e "*eficiência*" dos processos decisórios da Administração (art. 49-A, §5º).

A aplicação do instituto da decisão coordenada a esse conflito de competência sancionatória entre CADE e agências é o que efetivamente garantiria maior segurança aos que realizam atividade econômica. As empresas e indivíduos saberiam, desde logo, que, em caso de cometimento de eventual ato lesivo à concorrência, teriam um único processo ou decisão (CADE + agência).

A aplicação da decisão coordenada entre as duas instituições públicas acabaria com a insegurança dessas empresas/indivíduos terem suas condutas avalizadas pelo CADE e reprovada pela agência (ou vice-versa), ou mesmo de serem punidas duplamente pelos dois órgãos administrativos.

7. POSSIBILIDADE DE APLICAÇÃO DA DECISÃO COORDENADA AOS PROCESSOS ADMINISTRATIVOS SANCIONADORES: UMA PROPOSTA DE MODIFICAÇÃO

Na seara da economia e dos mercados regulados, indivíduos e empresas (agentes econômicos) devem saber exatamente os caminhos que o Estado pode tomar na tutela da concorrência, princípio consagrado no art. 170, IV, da Constituição de 1988. Principalmente em se tratando de análise de condutas (investigação e punição de infrações contra a ordem econômica), os agentes econômicos devem saber: *(i)* quem vai investigá-los (CADE ou agência reguladora); *(ii)* quem pode puni-los; e *(iii)* como será o processo sancionador.

E esse mesmo Estado, segundo o art. 22, §3º, da LINDB deve impedir que os agentes econômicos respondam a mais de um processo sancionador ou que sejam punidos mais de uma vez. O poder sancionador da Administração deve levar em consideração "*as demais sanções de mesma natureza e relativas ao mesmo fato*".

Um sério problema decorrente da indefinição da competência entre órgãos reguladores e a autoridade antitruste brasileira é o risco de dupla punição aos que realizam atividade econômica regulada.

Em trabalho sobre o art. 21 da LINDB, José Vicente Santos de Mendonça[47], fala das desvantagens do duplo controle.

---

47. MENDONÇA, José Vicente Santos de. Art. 21 da LINDB: indicando consequências e regularizando atos e negócios. *Revista de Direito Administrativo – RDA*, Rio de Janeiro, edição especial: Direito Público na Lei de Introdução às Normas de Direito Brasileiro – LINDB (Lei nº 13.655/2018), p. 46, nota 9, nov. 2018.

Em outro momento acadêmico sobre o mesmo tema, mas sob outra ótica, o autor[48] chega a afirmar que o chamado "Direito Administrativo do Medo" é um outro fator que pode inibir a aplicação da decisão coordenada. Segundo o autor, os órgãos que desejam se eximir de responsabilidades institucionais, acabam não decidindo conjuntamente com outros órgãos, deixando apenas as suas discordâncias, e dando decisões não raras vezes descoordenadas. Para ele, talvez o melhor seria flexibilizar as competências ou então as deixar claras (de qual órgão é, mas com a participação do outro) do que insistir na decisão conjunta.

Francisco Gaetani[49] afirma que hoje o medo domina o administrador. Da falta de qualquer controle, partiu-se para um controle extremo a ponto de alguns administradores públicos fazerem contrato de seguro para assumir certos postos, já que não querem ficar sujeitos às mais possíveis e diversas interpretações de autoridades judiciais, administrativas e controladoras (tribunais de contas). Afinal, "o CPF está em jogo", costuma-se dizer.

Apesar de Gaetani[50] se referir aos agentes da Administração e de seu medo de errar e sofrer mais de uma punição (Judiciário, Tribunal de Contas e a própria Administração), o raciocínio pode ser aplicado perfeitamente aos agentes econômicos e aos seus medos com punições não só dos órgãos reguladores, mas também da autoridade antitruste.

O medo de o agente econômico sofrer dupla punição, do CADE e da agência que o regula, ou sofrer punição de um dos órgãos apesar de sua conduta ser legitimada pelo outro, é algo que

---

48. MENDONÇA, José Vicente Santos de. *Decisão administrativa coordenada* (palestra). Rio de Janeiro, Universidade do Estado do Rio de Janeiro (UERJ). 2 dez. 2021. Palestra ao vivo pelo Zoom. Disponível em: https://www.youtube.com/watch?v=QY_RMO_b-Kg. Acesso em: 22 jan. 2022.

49. GAETANI, Francisco. A governabilidade da Administração em jogo. *Valor Econômico*, São Paulo, 20 abr. 2018.

50. Idem à nota anterior.

paira sobre as gestões de empresas privadas nos mercados regulados.

E a Lei nº 14.210/2021 bem que poderia ter resolvido o problema...

Bastava permitir a aplicação da decisão coordenada aos processos sancionadores.

Note-se que o art. 49-F da lei não dá solução ao "dissenso" entre autoridades ("*[e]ventual dissenso na solução do objeto da decisão coordenada deverá ser manifestado durante as reuniões, de forma fundamentada, acompanhado das propostas de solução e de alteração necessárias para a resolução da questão*"). Talvez isso seja tão ou mais importante resolver do que simplesmente não se permitir a aplicação da decisão coordenada ao processo sancionador...

O que era mais grave (solucionar as eventuais divergências entre autoridades administrativas) a Lei nº 14.210 não resolveu; o que era mais simples (permitir a decisão coordenada nos processos punitivos) a referida lei burocratizou.

E ainda exigiu o instituto para, no mínimo, três órgãos (art. 49-A, *caput*), o que realmente é outro dificultador desnecessário criado pela lei para solucionar os impasses de poder sancionador existentes entre CADE e agências.

Aqui, é interessante citar as críticas de Antonio Cabral[51] para o instituto da decisão coordenada da forma como vem positivada na Lei nº 14.210. O autor não entende a inaplicabilidade da decisão coordenada quando envolver órgãos de Poderes distintos (Executivo, Legislativo ou Judiciário) – art. 49-A, §6º, III. Para ele, se, na cooperação judiciária descrita nos artigos 67 e 68 do CPC e no art. 15 da Resolução nº 350/2020 do Conselho Nacional de Justiça (CNJ), há possibilidade de cooperação do Judiciário com outras

51. CABRAL, Antonio do Passo. *Decisão administrativa coordenada* (palestra). Rio de Janeiro, Universidade do Estado do Rio de Janeiro (UERJ). 2 dez. 2021. Palestra ao vivo pelo Zoom. Disponível em: https://www.youtube.com/watch?v=QY_RMO_b-Kg. Acesso em: 22 jan. 2022.

autoridades não-judiciais como Ministérios Públicos, Polícias, organismos administrativos estrangeiros etc., por que a limitação do art. 49-A, §6º, III?

E, pegando carona nessa crítica de Antonio Cabral, reforçamos o questionamento no objeto deste trabalho: se Judiciário e autoridades de outros Poderes podem cooperar entre si, inclusive na esfera penal (a mais grave intervenção do Estado em um direito fundamental individual – a liberdade), por que não poderia haver cooperação entre CADE e agência reguladora em um processo administrativo sancionador? Por que poderiam autoridades de Poderes distintos cooperar entre si na seara judicial penal (e até haver decisão coordenada) e CADE e agência não na esfera administrativa?

Para Antonio Cabral[52], parece que a Lei nº 14.210/2021 permite às instituições administrativas abrir mão de suas competências instrutórias, mas não das suas atribuições decisórias ao dizer que as entidades preservam suas competências individuais originárias (art. 49-A, §4º, combinado com o art. 49-G, inciso VI, da Lei nº 9.784/1999). Mas o art. 49, §5º, dá a saída: mais que respeito à legalidade, exige-se respeito à eficiência.

Seria o caso então de descumprir o art. 49-A, §6º, II, da Lei nº 9.784/1999 e aplicar o instituto da decisão coordenada para processos sancionadores? Ou poderíamos aplicar o instituto da decisão coordenada com base em outros estatutos jurídicos?

José Vicente Mendonça[53] enuncia uma primeira solução ao problema: interpretar o termo "*poder sancionador*" do citado dispositivo da forma mais restritiva possível. Em outras palavras, a vedação somente se aplicaria àqueles processos efetivamente destinados à aplicação concreta de uma pena.

---

52. Idem à nota anterior.

53. MENDONÇA, José Vicente Santos de. *Decisão administrativa coordenada* (palestra). Rio de Janeiro, Universidade do Estado do Rio de Janeiro (UERJ). 2 dez. 2021. Palestra ao vivo pelo Zoom. Disponível em: https://www.youtube.com/watch?v=QY_RMO_b-Kg. Acesso em: 22 jan. 2022.

Para o autor[54], a palavra "*poder sancionador*" é muito ampla, já que todo processo administrativo, em tese, pode gerar sanção. Então, propõe a interpretação mais restrita possível: só se aplica àqueles processos administrativos que geram punição mesmo. Afinal, o objetivo da lei é simplificar o processo administrativo e não o burocratizar (art. 49-A, § 5º, Lei nº 9.784/1999).

Mas poderíamos propor uma outra solução: permitir a aplicação da decisão coordenada aos processos administrativos que, a despeito de sancionadores, admitissem acordos substitutivos de sanção.

Esse permissivo tem uma lógica: se o processo sancionador é apto a ter acordo e, portanto, não aplicar qualquer sanção, afastando a lesão investigada (e punível), não há por que impedir o uso da decisão coordenada.

Como se sabe, há muito tempo se fala numa Administração mais horizontal e negocial[55]. De igual modo, os acordos administrativos substitutivos de sanção vêm gradativamente sendo aplicados pela Administração[56].

Toda essa discussão sobre o risco da dupla punição leva-nos ao questionamento sobre o real papel do Direito Administrativo sancionador. Ou mesmo do papel punitivo do Estado.

---

54. Idem à nota anterior.

55. MOREIRA NETO, Diogo de Figueiredo. Novos institutos consensuais da ação administrativa: gestão pública e parcerias. *In*: MOREIRA NETO, Diogo de Figueiredo. *Mutações do direito público*, Rio de Janeiro: Renovar, 2006, p. 315-349. Conferir também: BINENBOJM, Gustavo. A consensualidade administrativa como técnica juridicamente adequada de gestão eficiente de interesses sociais. *In*: LEAL, Fernando; MENDONÇA, José Vicente Santos de (org.). *Transformações do direito administrativo*: direito público e regulação em tempos de pandemia. Rio de Janeiro: FGV Direito Rio, 2020, p. 42-50

56. PALMA, Juliana Bonacorsi de. *Sanção e acordo na administração pública*. São Paulo: Malheiros, 2015.

Mais vale a pena o Estado punir uma empresa violadora de norma concorrencial ou regulatória? Ou valeria a pena o Estado assumir uma postura mais horizontal e conciliatória com o infrator?[57]

A ameaça de uma punição não deveria ser o único incentivo às pessoas para o cumprimento da lei – isso é feito nos Estados totalitários e é muito caro. O Estado tem de guiar as pessoas à cooperação, a agirem conforme o Direito, conforme destaca Oscar Vilhena Vieira[58].

Em uma parte específica do trabalho, o autor[59] destaca:

> As razões instrumentais para obedecer à lei deveriam, assim, ser estendidas para além da estrutura coercitiva do Estado. As pessoas fazem parte de círculos sociais, grupos e comunidades que moldam e determinam suas ações. Portanto, a segunda razão instrumental para respeitar a lei é a expectativa de represália ou benefício por parte da comunidade ou círculo social ao qual se pertence ou pelo qual se transita. A fraude no mercado ou no casamento possui sérias consequências. A credibilidade é um bem de grande importância em qualquer grupo. Perdê-la, por desrespeitar a lei, pode prejudicar a posição pessoal e diminuir a sua capacidade de entrar em novas relações voluntárias com outros membros daquele círculo social. Essa é a razão pela qual as pessoas comumente agem de acordo com o Direito, mesmo na ausência de autoridade estatal".

57. Nesse ponto, os estudos de Alice Voronoff e Juliana Bonacorsi de Palma são de grande utilidade para o desenvolvimento do problema: VORONOFF, Alice. *Direito administrativo sancionador no Brasil*: justificação, interpretação e aplicação. Belo Horizonte: Fórum, 2019; PALMA, Juliana Bonacorsi de. *Sanção e acordo na administração pública*. São Paulo: Malheiros, 2015.

58. VIEIRA, Oscar Vilhena. A desigualdade e a subversão do Estado de Direito. *Revista Internacional de Direitos Humanos*, n. 6, a. 4, p. 28-51, 2007.

59. Op. cit., p. 37-38.

Observe-se que as normas sancionadoras e as sanções em si, diferentemente do Direito Penal, ainda são muito abertas. Para isso, basta ver a lei de defesa da concorrência (Lei nº 12.529/2011): as condutas estão abertamente definidas no art. 36 e, as penas aplicáveis, nos artigos 37 e 38. Não há uma vinculação de uma pena a uma conduta especificada, como existe no Direito Penal. Qualquer conduta dos incisos e do §3º do art. 36 da Lei nº 12.529/2011 pode se sujeitar a quaisquer das penas dos artigos 37 e 38, o que, por si, já é causa de muita insegurança nos mercados econômicos.

É verdade que o art. 45 da lei acima citada prevê uma regra de "dosimetria da pena", tal como no art. 59 do Código Penal (CP). Trata-se de algo raro em leis de Direito Administrativo – a dosimetria da pena administrativa é hoje reforçada com a regra do art. 22, §§1º e 2º, da LINDB, trazida pela Lei nº 13.655/2018.

A regra do art. 45 da Lei nº 12.529/2011, ratificada e ampliada na Resolução nº 44/2007 do CADE (ainda vigente, apesar de anterior à lei), obriga a autarquia a motivar detalhadamente a aplicação de uma pena e sua gravidade (quantidade) com os fundamentos objetivos ali presentes (reincidência, boa-fé do infrator, vantagem auferida, grau da lesão etc.).

No entanto, mesmo com tais critérios objetivos de fixação e dosimetria das penas administrativas dos artigos 37 e 38 da Lei nº 12.529/2011, e com o dever de o CADE fundamentar detidamente a aplicação da penalidade, ainda assim o indivíduo ou a empresa não possuem tantas garantias (segurança) como as têm na seara do Direito Penal.

Até porque nenhum indivíduo ou empresa quer chegar ao momento da punição. Ninguém quer correr o risco de ser enquadrado numa infração contra a ordem econômica, ciente de que a aplicação de sua pena será "dosada e fundamentada" pelo CADE. Ainda mais num mercado como o de hoje, com muitos agentes realizando a mesma atividade (competição). Ninguém quer ser punido e correr o risco de perder parcela do mercado. Afinal, "*[a] credibilidade é um bem de grande importância em qualquer grupo. Perdê-la, por desrespeitar a lei, pode prejudicar a posição pessoal e diminuir a sua capacidade de entrar em novas relações voluntárias com outros membros daquele círculo social*" [60].

Segundo Alice Voronoff[61], há uma discrepância entre o que prega a lei ou a norma e a realidade das sanções administrativas. Não há conexão entre o que pretende a Administração com seu poder de punir e o que é realizado na prática. Para a autora, insiste-se, no teórico, na ideia de que a normas punitivas da Administração devem ser compostas por uma legalidade mais fechada com detalhamento de condutas puníveis. No entanto, na prática isso dificilmente ocorre, parecendo muitas vezes que o Direito Administrativo sancionador caminha por uma via pouco clara, pouco previsível e com muita insegurança jurídica para indivíduos e empresas.

Tudo bem que o art. 22, §3º, da LINDB, incluído pela Lei nº 13.655/2018, afirma que a "*[a]s sanções aplicadas ao agente serão levadas em conta na dosimetria das demais sanções de mesma natureza e relativas ao mesmo fato*". Em outras palavras, a segunda punição pelo mesmo fato deve amenizar a situação do autor da infração.

Mas a questão é: precisa mesmo haver duas sanções?

Se uma sanção já pode ser evitada por um comportamento mais consensual da Administração, seria necessário haver uma outra sanção?

A verdade é que o art. 22, §3º, da LINDB, quando diz que a primeira sanção aplicada deve ser considerada para a instituição de uma segunda, tal não impede a existência de um acordo substitutivo, provocado e estimulado pela Administração.

---

60. VIEIRA, Oscar Vilhena. A desigualdade e a subversão do Estado de Direito. *Revista Internacional de Direitos Humanos*, n. 6, a. 4, p. 38, 2007.

61. Op. cit., p. 46-47.

E tudo isso justamente para não haver essa segunda sanção ou mesma as duas.

A própria LINDB, no art. 26, autoriza a aplicação de um acordo:

> Art. 26. Para eliminar irregularidade, incerteza jurídica ou situação contenciosa na aplicação do direito público, inclusive no caso de expedição de licença, a autoridade administrativa poderá, após oitiva do órgão jurídico e, quando for o caso, após realização de consulta pública, e presentes razões de relevante interesse geral, celebrar compromisso com os interessados, observada a legislação aplicável [...].

O risco de dupla punição nos dias atuais é muito existente. Ainda mais com a expansão regulatória e das agências vistas nos últimos tempos, o que contribuiu sensivelmente para o incremento do Direito Administrativo sancionador[62].

Eduardo Jordão[63] chega a enunciar um exemplo hipotético de uma empresa acusada de cometimento de cartel e punida sucessivamente pela CGU (Controladoria-Geral da União) e pelo CADE. O quão danoso não seria uma hipótese como essa....

Fato também a ser levado em consideração é que muitas sanções aplicadas pelo CADE – para continuar no exemplo do Direito Antitruste – não são efetivamente cumpridas pelas empresas punidas.

---

62. VORONOFF, Alice. *Direito administrativo sancionador no Brasil*: justificação, interpretação e aplicação. Belo Horizonte: Fórum, 2019, p. 29.

63. JORDÃO, Eduardo. Art. 22 da LINDB – Acabou o romance: reforço do pragmatismo no direito público brasileiro. *Revista de Direito Administrativo – RDA*, Rio de Janeiro, edição especial: Direito Público na Lei de Introdução às Normas de Direito Brasileiro – LINDB (Lei nº 13.655/2018), p. 87-88, nov. 2018.

Segundo levantamento da Procuradoria-Geral do CADE e trazido por Juliana Bonacorsi de Palma[64], apenas 16% das sanções da entidade foram cumpridas no biênio 2006/2007.

O mesmo é destacado por Alice Voronoff[65] quando traz o caso das multas regulatórias e concorrenciais (aplicadas por órgãos reguladores e pelo CADE), com alta taxa de inadimplência. A autora traz a notícia do acórdão nº 482/2012 do TCU, em que o órgão de contas muito atribui essa inadimplência das multas aplicadas à falta de estrutura e monitoramento dos órgãos que as aplicam.

A sanção deve ser um instrumento da Administração e não um fim em si mesmo[66]. E a sanção deve ter finalidade dissuasória: a possibilidade do *self-cleaning* ou autossaneamento. Em outras palavras, a possibilidade de a empresa sanar a irregularidade ao invés de ser punida[67].

Há, portanto, uma questão da eficiência em não punir: as empresas sanam a irregularidade ao invés de pagar multa. E, com isso, evita-se a inadimplência em franca cooperação do agente econômico com a agência ou a autoridade antitruste[68].

Nesse contexto, sendo o objetivo dos órgãos reguladores e concorrenciais estancar do mercado uma lesão ao mercado, não seria mais eficiente estimular o acordo da Administração com os agentes econômicos envolvidos, tendo ela uma postura mais consensual e horizontal? Não seria o caminho mais eficiente (e seguro) para Administração e agentes econômicos?

---

64. PALMA, Juliana Bonacorsi de. *Sanção e acordo na administração pública*. São Paulo: Malheiros, 2015, p. 28-30.

65. VORONOFF, Alice. *Direito administrativo sancionador no Brasil*: justificação, interpretação e aplicação. Belo Horizonte: Fórum, 2019, p. 186-188.

66. VORONOFF, Alice. Op. cit., p. 48-49.

67. VORONOFF, Alice. Op. cit., p. 184-185.

68. VORONOFF, Alice. Op. cit., p. 193.

Nesse contexto também, o Direito Antitruste nos fornece excelentes exemplos e práticas administrativas de "não punir" ou "só punir em último caso".

Se analisarmos tanto a Lei nº 12.529/2011 quanto os julgados dos CADE de um modo geral[69], vamos verificar que o Direito Antitruste prevê diversos acordos administrativos, previstos em lei, que afastam o dever de punir do Estado.

Só na lei citada, já aparecem "*compromisso de cessação*" (art. 85), "*acordo de leniência*" (artigos 86 e 87) e acordos em geral (art. 9º, XIX). Muitos são os caminhos traçados na lei para se evitar a punição e, portanto, a aplicação de pena ou multa.

Como destaca Juliana Bonacorsi de Palma[70], a esfera concorrencial foi o grande balão de ensaio da consensualidade. Através dos acordos mais conhecidos (Termo de Compromisso de Desempenho – TCD, Termo de Compromisso de Cessação – TCC e Acordo de Leniência), o CADE inspirou vários órgãos da Administração nas ideias de "punir só em último caso" e "fazer acordo sempre que possível".

Segundo a autora[71], durante muito tempo, o art. 5º, §6º, da Lei nº 7.347/1985 (Lei da Ação Civil Pública – ACP) foi considerado o fundamento jurídico da consensualidade. O problema era o fato de ser uma lei específica. Como fazer acordo em outras áreas das relações administrativas aplicando uma lei destinada exclusivamente ao procedimento judicial de ação civil pública?

---

69. Disponível em: https://jurisprudencia.cade.gov.br/pesquisa. Acesso em 12 fev. 2022.

70. PALMA, Juliana Bonacorsi de. *Sanção e acordo na administração pública*. São Paulo: Malheiros, 2015, p. 201-213.

71. Op. cit., p. 197-198.

A consensualidade surgiu também pelas dificuldades e problemas no direito sancionador no Brasil (o baixo recolhimento de multas e a não prevenção de outras infrações)[72].

Hoje, a consensualidade encontra-se definida como regra geral no art. 26 da LINDB. Os desafios agora são como implantar os acordos administrativos, quais os parâmetros, como se operar, como fiscalizar etc.

O art. 26 da LINDB pode ser considerado um permissivo geral para novas figuras de acordo, inclusive entre órgãos públicos administrativos. A cooperação interinstitucional pode perfeitamente se inspirar também por esse dispositivo.

Diante de todo esse quadro, *(i)* se quase todo processo administrativo pode gerar em tese uma punição, como bem ressaltou José Vicente de Mendonça[73]; e *(ii)* se a punição só vem em último caso pela Administração, celebrando sempre que possível acordo substitutivo de sanção, é de se questionar: é mesmo o caso de se vetar a aplicação da decisão coordenada para processos sancionadores?

É razoável dispensar um instituto tão importante como a decisão coordenada para processos sancionadores? Sabendo-se, de antemão, que muitos desses processos (sancionadores) podem ensejar acordos e cooperação entre Administração e administrado, é razoável manter a regra proibitiva do art. 49-A, §6º, II?

A resposta só pode ser negativa.

Até porque não utilizando a cooperação (decisão coordenada) para os processos sancionadores, continuaremos a ter: *(i)* insegurança jurídica nessa seara (indefinição sobre a instituição administrativa competente para punir), *(ii)* o risco da dupla punição (mais de uma entidade punir a pessoa/empresa pelo mesmo fato), *(iii)* as

72. PALMA, Juliana Bonacorsi de. Op. cit., p. 30.

73. Vide nota 54.

interfaces de competências/atribuições (duas ou mais instituições proferirem decisões em sentido diverso e, portanto, descoordenadas), *(iv)* maior risco de judicialização (desnecessária) do processo sancionador e da punição aplicada[74], e *(v)* perda de uma oportunidade de ouro de tornar a Administração mais consensual, mais dialética e mais próxima da realidade.

Afinal, como bem diz Egon Bockmann Moreira[75], o processo administrativo deve ser visto como uma técnica de negociação.

Ora, se a LINDB busca segurança jurídica, precedentes, súmulas vinculantes, regulamentos editados pela Administração para tornar mais clara e previsível a sua atividade (art. 30 da LINDB), a decisão coordenada não se presta para burocratizar o processo administrativo e sim simplificar (art. 49-A, §§ 1º e 5º, da Lei nº 9.784/1999).

Para o autor acima citado[76], a lógica do processo administrativo é cuidar de direitos fundamentais de 1ª dimensão: o que é mais importante.

Bom, se assim o é, a lei não pode criar obstáculos à aplicação de um instituto (decisão coordenada) que, justamente na esfera mais grave dos processos administrativos (sancionatória), tutela direitos individuais (materiais e processuais).

Outro argumento que poderia legitimar a aplicação da decisão coordenada aos processos sancionadores é o poder que tal

---

74. Segundo Patrícia Baptista, muito dos problemas causados pela intensa judicialização de atos da Administração se deve ao fato de a mesma decidir mal e não ter método em seus processos administrativos. Conferir em: BAPTISTA, Patrícia. *Decisão administrativa coordenada* (palestra). Rio de Janeiro, Universidade do Estado do Rio de Janeiro (UERJ). 2 dez. 2021. Palestra ao vivo pelo Zoom. Disponível em: https://www.youtube.com/watch?v=QY_RMO_b-Kg. Acesso em: 22 jan. 2022.

75. MOREIRA, Egon Bockmann. *Decisão administrativa coordenada* (palestra). Rio de Janeiro, Universidade do Estado do Rio de Janeiro (UERJ). 2 dez. 2021. Palestra ao vivo pelo Zoom. Disponível em: https://www.youtube.com/watch?v=QY_RMO_b-Kg. Acesso em: 22 jan. 2022.

76. Idem à nota anterior.

medida teria para evitar a grande judicialização das decisões administrativas.

A Administração Pública, no Brasil, é uma grande produtora de litígios judiciais[77]. Seja por não ter métodos de processo e decisão a contento[78], seja por não ter foros para a resolução dos conflitos com independência e capacidade de anular completamente um ato administrativo (justiça administrativa)[79], a Administração Pública acaba por vezes transferindo a revisão de seus atos e decisões para o Judiciário, nem sempre mais preparado tecnicamente para analisar tais questões.

Ricardo Perlingeiro[80] afirma que, na seara do Direito Administrativo, não raras vezes "*os juízes vêm sendo induzidos a decidir questões análogas, repetidas, o que os têm aproximado da figura de um gestor de acervos processuais e de uma autoridade meramente executiva*". Isso porque a Administração Pública muitas vezes dá azo a demandas desnecessárias no Judiciário (como autora ou como ré), não resolvendo os conflitos no próprio meio administrativo, por falta de uma estrutura adequada (justiça administrativa) para rever atos e decisões tomadas.

77. Em dados colhidos do CNJ em 2014, constatou-se nesse ano mais de 100 milhões de ações judiciais sendo processadas no Poder Judiciário brasileiro. *In*: CONSELHO NACIONAL DE JUSTIÇA (CNJ). *Justiça em números 2014*: ano-base 2013. Brasília: CNJ, 2014.

78. Vide nota 75.

79. ASIMOW, Michael. Cinco modelos de adjudicação administrativa (Justiça Administrativa). *Revista de Investigações Constitucionais*, Curitiba, tradução: Ricardo Perlingeiro e Renato Pessanha, v. 4, n. 1, p. 129-165, jan./abr. 2017; PERLINGEIRO, Ricardo. Administrative functions of implementation and adjudication guided by primacy of fundamental rights. *Br. J. Am. Leg. Studies*, v. 6, n. 2, p, 269, 2018. Disponível em: https://ssrn.com/abstract=3124205. DOI: 10.1515/bjals-2017-0013. Acesso em: 20 dez. 2021.

80. PERLINGEIRO, Ricardo. Desafios contemporâneos da justiça administrativa na América Latina. *Revista de Investigações Constitucionais,* Curitiba, v. 4, n. 1, p. 168-169, jan./abr. 2017.

Joaquim Falcão[81] fala, por exemplo, sobre a excessiva judicialização de demandas provocada pelas agências reguladoras. Para ele, na missão de evitar essa judicialização dos conflitos, as agências deveriam envidar esforços para solucioná-los na própria esfera administrativa, seja por conciliação, seja por resolução própria sem precisar se socorrer do Poder Judiciário.

Com os processos sancionadores, o fenômeno da intensa judicialização não muda.

Permitir que haja processos administrativos sancionadores por duas ou mais autoridades sem que as mesmas possam adotar uma decisão conjunta, coordenada (uniforme que seja), é contribuir ainda mais para esse fenômeno da judicialização de atos e decisões administrativas.

Não permitir que haja decisão coordenada em processos administrativos sancionadores é aumentar ainda mais o risco de a empresa/pessoa punida levar (e rever) o processo e a decisão da Administração para dentro do Judiciário. E, ao fazer isso, maior o risco de uma decisão (judicial) proferida por uma autoridade (juiz) sem as melhores qualificações e capacidades técnicas de proferir um julgamento sobre questão que está distante do seu conhecimento médio[82]. Surge aqui todo antigo problema da capacidade

81. FALCÃO, Joaquim. Agências reguladoras têm de evitar a judicialização de demandas. *CONJUR*, São Paulo, 25 maio 2008. Disponível em: https://www.conjur.com.br/2008-mai-25/agencias_evitar_judicializacao_demandas. Acesso em: 20 dez. 2021.

82. Sobre esse tema da regulação e da interferência do Judiciário nas políticas implementadas pelas agências reguladoras, Daniel Wei Liang Wang, Juliana Bonacorsi de Palma e Daniel Gama e Colombo elaboram interessante pesquisa, em que fazem um apanhado das ações ajuizadas em face das agências no Judiciário federal. Destacam a grande número de revisões de políticas implementadas pelas agências, transferindo a discussão de questões econômicas complexas para outro foro (Judiciário) que não aquele com a melhor expertise técnica. WANG, Daniel Wei Liang; PALMA, Juliana Bonacorsi de; COLOMBO, Daniel Gama e. Revisão judicial dos atos das agências reguladoras: uma análise da jurisprudência brasileira. *In*: SCHAPIRO, Mario Gomes (coord.). *Direito Econômico Regulatório*. Série G Vlaw. São Paulo: Saraiva, 2016, p. 269-328.

institucional do Poder Judiciário, há tempos explorado na doutrina[83-84] e na jurisprudência[85].

Essencial, portanto, permitir a decisão coordenada nos processos sancionadores para que se diminua – ao menos se tente diminuir – o número excessivo de ações judiciais de revisão de decisões administrativas. Deixar os processos sancionadores do jeito que está, com autoridades administrativas que não se comunicam (podendo proferir decisões conflitantes ou mesmo repetidas) é incentivar ainda mais o litígio judicial envolvendo a Administração Pública. E sem a possibilidade dessas autoridades administrativas utilizarem a decisão coordenada para realizarem um julgamento mais previsível, mais seguro e menos questionável, maior a chance

83. Segundo Antonio do Passo Cabral, o argumento das capacidades institucionais começou com Neil Komesar em 1994 (KOMESAR, Neil K. *Imperfect alternatives*: choosing institutions in law, economics and public policy. Chicago: University of Chicago Press, 1994) e posteriormente retomado por Cass Sunstein e Adrian Vermeule quase dez anos depois (SUNSTEIN, Cass R.; VERMEULE, Adrian. Interpretation and Institutions. *Michigan Law Review*, v. 101, p. 885-951, Feb. 2003). Conferir: CABRAL, Antonio do Passo. *Juiz natural e eficiência processual*: flexibilização, delegação e coordenação de competências no Processo Civil. São Paulo: Thomson Reuters Brasil (Revista dos Tribunais), 2021, p. 312-313.

84. BARCELLOS, Ana Paula de. *Direitos fundamentais e direito à justificativa*: devido procedimento na elaboração normativa. Belo Horizonte: Fórum, 2016, p. 50-52; BINENBOJM, Gustavo. *Uma teoria do direito administrativo*. Rio de Janeiro: Renovar, 2014, p. 240-256; BINENBOJM, Gustavo. *Liberdade igual*: o que é e por que importa. Rio de Janeiro: História Real, 2020, p. 85-86; VERMEULE, Adrian. *Judging under uncertainty:* an institutional theory of legal interpretation. Cambridge: Harvard University Press, 2006, p. 248-251; SARMENTO, Daniel. Interpretação constitucional, pré-compreensão e capacidades institucionais do intérprete. *In*: SOUZA NETO, Cláudio Pereira de; SARMENTO, Daniel; BINENBOJM, Gustavo (org.). *Vinte anos da Constituição de 1988*. Rio de Janeiro: Lúmen Júris, 2009, p. 311-322; ARGUELHES, Diego Werneck; LEAL, Fernando. O argumento das "capacidades institucionais" entre a banalidade, a redundância e o absurdo. *Direito, Estado e Sociedade*, n. 38, p. 6-50, jan/jun 2011, p. 13-18; POSNER, Richard. *Antitrust law*. 2. ed. Chicago: University of Chicago, 2001, p. 280.

85. Chamando a atenção para a não adequação da interferência do Judiciário em questões concorrenciais como regra, interessante consultar parte do voto do Min. Luiz Fux do STF, relator do "*Caso Cascol*" (caso que impugnava julgamento do CADE – STF, RE 1.083.955, 1ª Turma, j. 28 maio 2019). A ementa desse caso deixa explícito: *"[a] Administração Pública ostenta maior capacidade para avaliar elementos fáticos e econômicos ínsitos à regulação"*.

de o Judiciário interferir em questões que fogem da sua alçada de conhecimento técnico[86 e 87].

Diminuir a judicialização seria mais um incentivo à utilização da decisão coordenada no âmbito dos processos sancionadores administrativos. Se já é grande a judicialização feita por empresas e pessoas físicas contra decisões administrativas, ao menos poderia haver a diminuição do número de ações no Judiciário se essas decisões fossem coordenadas, ao abrigo das finalidades traçadas pela Lei nº 14.210/2021.

No dia 23 de fevereiro do corrente ano, o Senado Federal e o Supremo Tribunal Federal instalaram uma comissão de juristas destinada a revisar o processo administrativo federal da Lei nº 9.784/1999 – Ato Conjunto nº 1/2022 dos Presidentes do Senado e do STF.

Uma sugestão simples à respeitável comissão: a revogação do inciso II do art. 49-A, §6º, da Lei nº 9.784/1999. Já seria um bom começo.

86. É de se destacar que o *International Competition Network* (*ICN*) – órgão não-governamental internacional de fomento e recomendações concorrenciais às autoridades antitruste do mundo –, em trabalho de 2013, retratou essa preocupação de se transferir ao Poder Judiciário discussões sobre questões de concorrência, chamando a atenção para o problema do tempo que leva uma decisão judicial a ser tomada. *In*: INTERNATIONAL COMPETITION NETWORK (ICN). *Working with Courts and Judges*. 12th ICN annual conference. Special Project. Disponível em: https://www.internationalcompetitionnetwork.org/wp-content/uploads/2019/11/SP_Courts2013.pdf. Acesso em: 9 jul. 2021.

87. O mesmo fez a Organização para a Cooperação e Desenvolvimento Econômico – OCDE (*OECD*, em inglês – *Organisation for Economic Cooperation and Development*) sobre o Brasil (documento de 2019), em que tratou da indesejável intervenção judicial sobre decisões administrativas de concorrência (substituição da autoridade antitruste, tempo demasiado do processo, insegurança quanto ao conteúdo das decisões judiciais, falta de diálogo institucional etc.). *In*: ORGANIZAÇÃO PARA A COOPERAÇÃO E DESENVOLVIMENTO ECONÔMICO – OCDE. *The standard of review by courts in competition cases – Note by Brazil*. Working Party n. 3 on Co-operation and Enforcement. DAF/COMP/WP3/WD(2019)5. Disponível em: https://one.oecd.org/document/DAF/COMP/WP3/WD(2019)5/en/pdf. Acesso em: 9 jul. 2021. Conferir também: TREBILCOCK, Michael J.; IACOBUCCI, Edward M. Designing competition law institutions. *World Competition* 25 (3), p. 361-394, 2002. Disponível em: http://ssrn.com/abstract=2064918. Acesso em: 12 jun. 2021.

Enfim, como se viu, a definição de um órgão administrativo competente para aplicar sanção, com exclusão de outros, possivelmente competentes, não resolve o problema da insegurança jurídica hoje existente nessa seara dos processos sancionadores.

Por outro lado, a utilização da decisão coordenada em processos administrativos sancionadores poderia *(i)* aumentar a segurança jurídica nessa seara (indefinição sobre a instituição administrativa competente para punir), *(ii)* evitar o risco da dupla punição (mais de uma entidade punir a pessoa/empresa pelo mesmo fato), *(iii)* impedir as interfaces de competências/atribuições (duas ou mais instituições proferirem decisões em sentido diverso e, portanto, descoordenadas), *(iv)* diminuir a judicialização do processo sancionador e da punição aplicada, e *(v)* fortalecer a consensualidade no processo administrativo sancionador, implementando de fato uma Administração mais negocial, mais horizontal, mais dialética e, portanto, mais próxima da realidade.

Tudo o que se deseja na atual quadra do Direito Administrativo.

8. CONCLUSÃO

A missão de coordenar possíveis decisões divergentes de órgãos da Administração Pública se tornou um desafio nos últimos tempos. Muito em função da complexidade da vida em sociedade e da economia dos tempos atuais, cujas atividades humanas e empresariais acabam tocando interesses diversos e, por consequência, exigindo atuação de órgãos administrativos distintos na defesa desses interesses.

Dado que, na atualidade, vários órgãos administrativos decidem sobre o mesmo fato e de maneira não-uniforme e desordenada, a inserção do instituto da decisão coordenada na Lei nº 9.784/1999 (art. 49-A e seguintes) por força da Lei nº 14.210/2021 permitiu que se pensasse numa Administração cujos órgãos dialoguem mais, podendo até proferir uma única decisão quando suas competências se atravessarem e atuarem sobre um mesmo fato a ser (ou já) julgado.

A ideia da Lei nº 14.210/2021 foi garantir segurança aos administrados que realizam atividades fiscalizadas pelo Estado, mas também conferir simplificação, desburocratização e eficiências aos processos administrativos.

Nesse contexto de buscar maior segurança jurídica aos administrados e simplificação aos processos administrativos, a nova lei também criou restrições inoportunas e injustificáveis, notadamente a vedação de aplicação de decisão coordenada aos processos administrativos sancionadores.

Se já não bastasse exigir a presença de pelo menos três órgãos administrativos divergentes para ensejar a decisão coordenada (art. 49-A, *caput*) – quando a divergência entre dois órgãos já é suficiente para causar insegurança jurídica e desordem –, a Lei nº 14.210 ainda impediu a sua utilização quando a Administração esteja no exercício de seu poder sancionador (art. 49-A, §6º, II).

O objetivo do presente trabalho foi justamente discutir essa vedação da utilização da decisão coordenada aos processos sancionadores.

Para isso, partiu-se da premissa de que o objetivo principal da Lei nº 14.210, além de simplificar e desburocratizar os processos administrativos, conferindo-lhe maior eficiência, foi o de impedir *(i)* a dúvida sobre qual o órgão competente da Administração para atuar sobre determinado fato e *(ii)* a atuação de mais de um órgão sobre o mesmo fato (a dupla atuação).

O trabalho trouxe alguns exemplos vistos na seara do Direito Concorrencial, envolvendo o CADE e as agências reguladoras em que há confusão e dúvidas sobre qual autoridade pública efetivamente é a responsável por punir empresas ou pessoas físicas que cometem infrações contra a ordem econômica. A ideia foi trazer casos concretos que demonstram o quadro de incerteza sobre quem efetivamente pode sancionar empresa ou pessoa física de determinado mercado regulado, se o CADE ou a agência reguladora respectiva, em razão do cometimento de uma infração econômica ou ato violador da concorrência.

O artigo também lembrou os acordos e negociações realizadas no âmbito do CADE como forma de evitar a punição, mostrando a ideia dessa autarquia de punir somente em último caso e inspirando demais setores da Administração com essa postura mais negocial, mesmo em sede de poder sancionador.

Buscando afastar a injustificada inaplicabilidade da decisão coordenada aos processos administrativos sancionadores, o trabalho procurou mostrar que a vedação vai de encontro aos objetivos de garantir maior segurança jurídica aos administrados.

A possibilidade do instituto nesse tipo de processo (sancionador) poderia diminuir os danos causados pela indefinição sobre qual instituição administrativa é competente para punir, haja vista a existência hoje de vários órgãos públicos regulando interesses múltiplos ligados a um mesmo fato investigado (e punível).

A aplicação da decisão coordenada aos processos administrativos sancionadores também contribuiria muito para evitar o risco da dupla punição (mais de uma entidade punir a pessoa/empresa pelo mesmo fato). Levando em consideração a multiplicidade de interesses tuteláveis e regulados pelo Estado e, consequentemente, a variedade de órgãos capazes de punir a empresa/pessoa física pelo mesmo fato duas ou mais vezes, o uso da decisão coordenada nesses múltiplos processos sancionadores evitaria a dupla punição ou mesmo as interfaces de competências (duas ou mais instituições proferirem decisões em sentido diverso e descoordenado).

A decisão coordenada nos processos sancionadores também contribuiria para diminuir a intensa judicialização hoje observada contra os processos sancionadores e as punições aplicadas. Pela facilidade de se ingressar no Judiciário brasileiro e pela possibilidade de revisão judicial ampla das decisões administrativas, empresas e pessoas físicas punidas buscam a justiça ordinária para reverter essas punições. Tendo em mãos decisões administrativas conflitantes, dupla punição ou decisões de autoridade cuja competência é questionável, mais fácil se torna a missão dessas pessoas (físicas e jurídicas) de reverter as punições sofridas. A decisão coordenada utilizada nesse tipo de processo administrativo (punitivo) contribuiria ao menos para diminuir os argumentos e fatos que dão azo à ampla revisão judicial (judicialização).

Por fim, a coordenação entre autoridades com poderes punitivos poderia fortalecer a consensualidade no processo administrativo sancionador, implementando de fato uma Administração mais negocial e mais próxima da realidade. Se a aplicação de pena ocorre somente em último caso, dado o crescimento de mecanismos de acordos existentes no processo sancionador para se evitar a punição – a seara da defesa da concorrência (CADE) tem sido inspiradora nesse sentido –, não há por que se vedar a decisão coordenada nesse tipo de procedimento.

É chegada a hora, pois, de Administração exercer esse papel de implementar a coordenação na esfera do Direito Sancionador.

Se as esferas judiciais civil e penal já o fazem – o Judiciário cada vez mais coopera e interage com outros órgãos não-judiciais, inclusive estrangeiros –, não há justificativa para não se fazer o mesmo na esfera do processo administrativo sancionador.

Para isso, a Administração deve se valer de institutos como a decisão coordenada, principalmente nos processos sancionadores, que justamente buscam aplicar pena a administrados e retirar direitos. Se o processo administrativo, inclusive o punitivo, é instrumento de realização de direitos individuais e interesses coletivos, é chegada a hora de a Administração exercer (e aplicar) a coordenação nesse campo de atuação.

Nem que, para isso, a Administração utilize outras fontes normativas para justificar a decisão coordenada nos processos sancionadores.

Sem a possibilidade de decisão coordenada no processo administrativo sancionador, esse perde muito a sua razão de existir.

REFERÊNCIAS

ARAÚJO, Valter Shuenquener de. *O princípio da proteção da confiança*: uma nova forma de tutela do cidadão diante do Estado. 2. ed. Rio de Janeiro: Impetus, 2016.

ARCANJO NETO, Miguel. *Defesa da concorrência no sistema financeiro*: uma proposta de atribuições. Dissertação - Mestrado em Direito Econômico da Regulação Financeira - Universidade de Brasília, Brasília, 2006.

ARGUELHES, Diego Werneck; LEAL, Fernando. O argumento das "capacidades institucionais" entre a banalidade, a redundância e o absurdo. *Direito, Estado e Sociedade*, n. 38, p. 13-18, jan/jun 2011.

ASIMOW, Michael. Cinco modelos de adjudicação administrativa (Justiça Administrativa). *Revista de Investigações Constitucionais*, Curitiba, tradução Ricardo Perlingeiro e Renato Pessanha, v. 4, n. 1, p. 129-165, jan./abr. 2017.

BAPTISTA, Patrícia. *Decisão administrativa coordenada* (palestra). Rio de Janeiro, Universidade do Estado do Rio de Janeiro (UERJ). 2 dez. 2021. Palestra ao vivo pelo Zoom. Disponível em: https://www.youtube.com/watch?v=QY_RMO_b-Kg. Acesso em: 22 jan. 2022.

BARCELLOS, Ana Paula de. *Direitos fundamentais e direito à justificativa*: devido procedimento na elaboração normativa. Belo Horizonte: Fórum, 2016.

BILIERI, Mário Dittrich. A taxa de segregação no porto de Santos e o conflito de competência entre autoridades administrativas. *In*: MOREIRA, Egon Bockmann; MATTOS, Paulo Todescan Lessa (coord.). *Direito concorrencial e regulação econômica*. Belo Horizonte: Fórum, 2010, p. 387-416.

BINENBOJM, Gustavo. A consensualidade administrativa como técnica juridicamente adequada de gestão eficiente de interesses sociais. *In*: LEAL, Fernando; MENDONÇA, José Vicente Santos de (org.). *Transformações do direito administrativo*: direito público e regulação em tempos de pandemia. Rio de Janeiro: FGV Direito Rio, 2020, p. 42-50.

BINENBOJM, Gustavo. A Lei nº 14.133/2021 e a segurança jurídica nos contratos administrativos. *JOTA*, São Paulo, 11 maio 2021. Disponível em: https://www.jota.info/opiniao-e-analise/colunas/publicistas/a-lei-n-14-133-2021-e-a-seguranca-juridica-nos-contratos-administrativos-11052021. Acesso em: 22 jan. 2022.

BINENBOJM, Gustavo. *Decisão administrativa coordenada* (palestra). Rio de Janeiro, Universidade do Estado do Rio de Janeiro (UERJ). 2 dez.

2021. Palestra ao vivo pelo Zoom. Disponível em: https://www.youtube.com/watch?v=QY_RMO_b-Kg. Acesso em: 22 jan. 2022.

BINENBOJM, Gustavo. *Liberdade igual*: o que é e por que importa. Rio de Janeiro: História Real, 2020.

BINENBOJM, Gustavo. *Uma teoria do direito administrativo*. Rio de Janeiro: Renovar, 2014.

CABRAL, Antonio do Passo. *Decisão administrativa coordenada* (palestra). Rio de Janeiro, Universidade do Estado do Rio de Janeiro (UERJ). 2 dez. 2021. Palestra ao vivo pelo Zoom. Disponível em: https://www.youtube.com/watch?v=QY_RMO_b-Kg. Acesso em 22 jan. 2022.

CABRAL, Antonio do Passo. *Juiz natural e eficiência processual*: flexibilização, delegação e coordenação de competências no Processo Civil. São Paulo: Thomson Reuters Brasil (Revista dos Tribunais), 2021.

CADE – CONSELHO ADMINISTRATIVO DE DEFESA ECONÔMICA – Departamento de Estudos Econômicos – DEE. *Concorrência em mercados digitais*: uma revisão dos relatórios especializados. Documento nº 005/2020. LACIERI, Filippo Maria; SAKOWSKI, Patrícia Alessandra Morita (coords.). Brasília, agosto de 2020.

CAMPILONGO, Celso Fernandes *et al* (coord.). *Concorrência e regulação no sistema financeiro*. São Paulo: Max Limonad, 2002.

CARDOSO, Henrique Ribeiro; DÓRIA, Davi Barretto. A segurança dos atos administrativos e a objetivação das demandas refletidas no art. 30 da LINDB. *Revista de Direito Administrativo – RDA*, Rio de Janeiro, v. 279, n. 3, p. 149-179, set./dez. 2020.

CONSELHO NACIONAL DE JUSTIÇA (CNJ). *Justiça em números 2014*: ano-base 2013. Brasília: CNJ, 2014.

CYRINO, André. *Decisão coordenada* (palestra). Porto Alegre, Procuradoria-Geral do Município de Porto Alegre. 25 nov. 2021. Palestra ao vivo pelo Zoom. Disponível em: https://lnkd.in/dWAbZpSr. Acesso em: 21 jan. 2021.

CYRINO, André. *Direito administrativo de carne e osso*. Rio de Janeiro: Processo, 2020.

ERLING, Marlos Lopes Godinho. *Regulação do sistema financeiro*: desafios e propostas de aprimoramento institucional. São Paulo: Almedina, 2015.

FALCÃO, Joaquim. Agências reguladoras têm de evitar a judicialização de demandas. *CONJUR*, São Paulo, 25 maio 2008. Disponível em: https://

www.conjur.com.br/2008-mai-25/agencias_evitar_judicializacao_demandas. Acesso em: 20 dez. 2021.

FRANCESCHINI, José Inácio Gonzaga; BAGNOLI, Vicente. *Direito concorrencial.* 2. ed., v. VII. Coleção Tratado de Direito Empresarial. CARVALHOSA, Modesto (coord.). São Paulo: Thompson Reuters (Revista dos Tribunais), 2018.

FORGIONI, Paula A. *Os fundamentos do antitruste.* 8. ed. São Paulo: Revista dos Tribunais (Thomson Reuters), 2015.

GAETANI, Francisco. A governabilidade da Administração em jogo. *Valor Econômico*, São Paulo, 20 abr. 2018.

GUIMARÃES, Bernardo. *Decisão coordenada* (palestra). Porto Alegre, Procuradoria-Geral do Município de Porto Alegre. 25 nov. 2021. Palestra ao vivo pelo Zoom. Disponível em: https://lnkd.in/dWAbZpSr. Acesso em: 21 jan. 2021.

GRAU, Eros Roberto; FORGIONI, Paula A. CADE v. BACEN: conflitos de competência entre autarquias e a função da Advocacia Geral da União. *Revista de Direito Público da Economia - RDPE*, Belo Horizonte, a. 2, n. 8, 2004. Disponível em: http://www.bidforum.com.br/bid/PDI0006.aspx?pdiCntd=12786. Acesso em: 22 ago. 2021.

HEINEN, Juliano. Precedente administrativo ou jurisprudência administrativa: a força normativa do art. 30 da Lei de Introdução às normas do Direito Brasileiro. *Revista da Faculdade de Direito UFPR*, Curitiba, v. 66, n. 1, p. 149-167, jan./abr. 2021. ISSN 2236-7284. Disponível em: https://revistas.ufpr.br/direito/article/view/73900. DOI: http://dx.doi.org/10.5380/rfdufpr.v66i1.73900. Acesso em: 23 fev. 2022.

INTERNATIONAL COMPETITION NETWORK (ICN). *Working with Courts and Judges.* 12th ICN annual conference. Special Project. Disponível em: https://www.internationalcompetitionnetwork.org/wp-content/uploads/2019/11/SP_Courts2013.pdf. Acesso em: 9 jul. 2021.

JORDÃO, Eduardo. Art. 22 da LINDB - acabou o romance: reforço do pragmatismo no direito público brasileiro. *Revista de Direito Administrativo - RDA*, Rio de Janeiro, edição especial: Direito Público na Lei de Introdução às Normas de Direito Brasileiro - LINDB (Lei nº 13.655/2018), p. 63-92, nov. 2018.

KERSTEN, Felipe de Oliveira. Regulação pública da economia e defesa da concorrência no setor elétrico: repartição de competências e articulação entre a agência nacional de energia elétrica e o sistema de brasileiro de defesa da concorrência. *In*: MOREIRA, Egon Bockmann; MATTOS, Paulo Todescan Lessa (coord.). *Direito concorrencial e regulação econômica*. Belo Horizonte: Fórum, 2010, p. 329-357.

KOMESAR, Neil K. *Imperfect alternatives*: choosing institutions in law, economics and public policy. Chicago: University of Chicago Press, 1994.

LEAL, Fernando. Inclinações pragmáticas no direito administrativo: nova agenda, novos problemas. In: LEAL, Fernando; MENDONÇA, José Vicente Santos de (org.). *Transformações do direito administrativo*: consequencialismo e estratégias regulatórias. Universidade do Estado do Rio de Janeiro (UERJ)/Fundação Getúlio Vargas (FGV Direito Rio): Rio de Janeiro, 2017, p. 25-30.

LEBBOS, Carolina Moura. A atuação do CADE perante normas reguladoras setoriais anticoncorrenciais. *In*: MOREIRA, Egon Bockmann; MATTOS, Paulo Todescan Lessa (coord.). *Direito concorrencial e regulação econômica*. Belo Horizonte: Fórum, 2010, p. 435-465.

LIMA, Liana Issa. *Conflito positivo de competências entre CADE e BACEN*. Disponível em: https://www.arcos.org.br/artigos/conflito-positivo-de--competencias-entre-cade-e-bacen/. Acesso em: 3 mar. 2021.

MENDONÇA, José Vicente Santos de. Art. 21 da LINDB: indicando consequências e regularizando atos e negócios. *Revista de Direito Administrativo – RDA*, Rio de Janeiro, edição especial: Direito Público na Lei de Introdução às Normas de Direito Brasileiro – LINDB (Lei nº 13.655/2018), p. 46, nota 9, nov. 2018.

MENDONÇA, José Vicente Santos de. *Decisão administrativa coordenada* (palestra). Rio de Janeiro, Universidade do Estado do Rio de Janeiro (UERJ). 2 dez. 2021. Palestra ao vivo pelo Zoom. Disponível em: https://www.youtube.com/watch?v=QY_RMO_b-Kg. Acesso em: 22 jan. 2022.

MOREIRA, Egon Bockmann. *Decisão administrativa coordenada* (palestra). Rio de Janeiro, Universidade do Estado do Rio de Janeiro (UERJ). 2 dez. 2021. Palestra ao vivo pelo Zoom. Disponível em: https://www.youtube.com/watch?v=QY_RMO_b-Kg. Acesso em: 22 jan. 2022.

MOREIRA NETO, Diogo de Figueiredo. Novos institutos consensuais da ação administrativa: gestão pública e parcerias. *In*: MOREIRA NETO, Diogo de Figueiredo. *Mutações do direito público*. Rio de Janeiro: Renovar, 2006, p. 315-349.

NUSDEO, Fabio. *Curso de economia*. Introdução ao direito econômico. 10. ed. São Paulo: Thomson Reuters (Revista dos Tribunais), 2016, p. 168-187.

O'DONNELL, Guillermo. Poliarquias e a (in)efetividade da lei na américa latina. Tradução Otacílio Nunes. *Novos estudos CEBRAP*, n. 51, p. 37-61, jul. 1998.

ORGANIZAÇÃO PARA A COOPERAÇÃO E DESENVOLVIMENTO ECONÔMICO - OCDE. *The standard of review by courts in competition cases – Note by Brazil.* Working Party n. 3 on Co-operation and Enforcement. DAF/COMP/WP3/WD(2019)5. Disponível em: https://one.oecd.org/document/DAF/COMP/WP3/WD(2019)5/en/pdf. Acesso em: 9 jul. 2021.

PALMA, Juliana Bonacorsi de. *Sanção e acordo na administração pública.* São Paulo: Malheiros, 2015.

PERLINGEIRO, Ricardo. Administrative functions of implementation and adjudication guided by primacy of fundamental rights. *Br. J. Am. Leg. Studies*, v. 6, n. 2, p. 263-277, 2018. Disponível em: https://ssrn.com/abstract=3124205. DOI: 10.1515/bjals-2017-0013. Acesso em: 20 dez. 2021.

PERLINGEIRO, Ricardo. Desafios contemporâneos da justiça administrativa na América Latina. *Revista de Investigações Constitucionais,* Curitiba, v. 4, n. 1, p. 167-204, jan./abr. 2017.

PIKETTY, Thomas. *O capital no século XXI.* Tradução Monica Baumgartem de Bolle. 1. ed. Rio de Janeiro: Intrínseca, 2014.

POSNER, Richard. *Antitrust law.* 2. ed. Chicago: University of Chicago, 2001.

RAZ, Joseph. *The authority of law*: essays on law and morality. Oxford, UK: Oxford University Press, 2009.

ROCHA, Bolívar Moura. Articulação entre regulação de infra-estrutura e defesa da concorrência. *Revista do IBRAC*, São Paulo, v. 5, n. 7, p. 47-58, jan. 1998.

ROCHA, Bolívar Moura; OLIVEIRA, Hermes Nereu Cardoso. Balanço da articulação entre órgãos de defesa da concorrência e agências reguladoras de infra-estrutura. *In*: ROCHA, Bolívar Moura (org.). *A regulação da infra-estrutura no Brasil*: balanço e propostas. São Paulo: IOB – Thomson, p. 231-254.

UHDRE, Dayana de Carvalho. Regulação bancária: observações acerca de uma possível compatibilização entre preocupações concorrenciais e setoriais. *In*: MOREIRA, Egon Bockmann; MATTOS, Paulo Todescan Lessa (coord.). *Direito concorrencial e regulação econômica.* Belo Horizonte: Fórum, 2010, p. 283-299; dentre outros.

SARMENTO, Daniel. Interpretação constitucional, pré-compreensão e capacidades institucionais do intérprete. *In*: SOUZA NETO, Cláudio Pereira de; SARMENTO, Daniel; BINENBOJM, Gustavo (org.). *Vinte anos da Constituição de 1988*. Rio de Janeiro: Lúmen Júris, 2009, p. 311-322.

SCHNEIDER, Andressa Caroline. Repensando o conflito entre BACEN e CADE sob a perspectiva da interpretação conforme à Constituição e do diálogo das fontes. *Caderno do Programa de Pós-Graduação em Direito da UFRGS*, Rio Grande do Sul, v. 11, n. 2, p. 264-292, 2016. Disponível em: https://seer.ufrgs.br/ppgdir/article/view/58844/39956. Acesso em: 23 maio 2021.

SILVA, Leandro Novais e. Regulação, concorrência e o setor bancário: reflexões *Revista de Informação Legislativa*, Brasília, a. 40, n. 158, p. 171-193, abr./jun. 2003.

SUNDFELD, Carlos Ari. *Direito administrativo para céticos*. São Paulo: Malheiros, 2017.

SUNSTEIN, Cass R.; VERMEULE, Adrian. Interpretation and Institutions. *Michigan Law Review*, v. 101, p. 885-951, Feb. 2003.

TAUFICK, Roberto. *Over-the-top content and content regulation*. Disponível em: https://ssrn.com/abstract=2708278. Acesso em: 12 jul. 2021.

TREBILCOCK, Michael J.; IACOBUCCI, Edward M. Designing competition law institutions. *World Competition* 25 (3), p. 361-394, 2002. Disponível em: http://ssrn.com/abstract=2064918. Acesso em: 12 jun. 2021.

UHDRE, Dayana de Carvalho. Regulação bancária: observações acerca de uma possível compatibilização entre preocupações concorrenciais e setoriais. *In*: MOREIRA, Egon Bockmann; MATTOS, Paulo Todescan Lessa (coord.). *Direito concorrencial e regulação econômica*. Belo Horizonte: Fórum, 2010, p. 283-299.

VERMEULE, Adrian. *Judging under uncertainty*: an institutional theory of legal interpretation. Cambridge: Harvard University Press, 2006.

VIEIRA, Oscar Vilhena. A desigualdade e a subversão do Estado de Direito. *Revista Internacional de Direitos Humanos*, n. 6, a. 4, p. 28-51, 2007.

VORONOFF, Alice. *Direito administrativo sancionador no Brasil*: justificação, interpretação e aplicação. Belo Horizonte: Fórum, 2019.

WANG, Daniel Wei Liang; PALMA, Juliana Bonacorsi de; COLOMBO, Daniel Gama e. Revisão judicial dos atos das agências reguladoras: uma análise da jurisprudência brasileira. *In*: SCHAPIRO, Mario Gomes (coord.). *Direito Econômico Regulatório*. Série GVlaw. São Paulo: Saraiva, 2016, p. 269-328.

12

UMA OPORTUNIDADE DESPERDIÇADA: NOTAS SOBRE A DECISÃO COORDENADA E APLICAÇÃO DE PENALIDADES

STELA HÜHNE PORTO

Bacharel e mestranda em Direito Público pela UERJ. Advogada.

Sumário: 1. Introdução. 2. Descoordenação entre as autoridades aptas a impor penalidades. 3. Aplicação da decisão coordenada: vantagens e limitações. 4. Conclusão. Bibliografia.

1. INTRODUÇÃO

A Lei nº 14.210/2021 incluiu na Lei do Processo Administrativo Federal (Lei nº 9.784/1999) o tema da "*decisão coordenada*". Segundo a lei, trata-se de procedimento que pode ser implementado quando três ou mais setores, órgãos ou entidades têm que tomar uma decisão administrativa relativa à matéria relevante e sobre a qual exista potencial discordância entre os atores envolvidos (art. 49-A, Lei nº 9.784[1]).

A própria lei, contudo, já trouxe algumas limitações à sua aplicação, dispondo que essa não seria aplicável em processos

1. Lei nº 9.784/1999, art. 49-A: "No âmbito da Administração Pública federal, as decisões administrativas que exijam a participação de 3 (três) ou mais setores, órgãos ou entidades poderão ser tomadas mediante decisão coordenada, sempre que:

I – for justificável pela relevância da matéria; e

II – houver discordância que prejudique a celeridade do processo administrativo decisório.".

administrativos (i) de licitação; (ii) relacionados ao poder sancionador; e/ou (iii) em que estejam envolvidos autoridades de Poderes distintos (art. 49-A, § 6º, Lei nº 9.784/1999[2]). A despeito dos inúmeros méritos e potenciais efeitos positivos que a criação do instituto pode ter, como a integração e cooperação de todos os interessados e a maior celeridade no processo decisório[3], ao assim proceder, a lei se absteve de prover uma solução justamente para as hipóteses em que a descoordenação da atividade do setor público pode gerar mais danos, bem como na qual a atuação desordenada se faz especialmente presente.

O referido tema, com exceção do que se refere ao procedimento licitatório, é o objeto do presente artigo. No primeiro tópico, será descrito, de forma breve, a descoordenação entre os múltiplas autoridades responsáveis pela imposição de sanções e penalidades. Na sequência, serão abordados as potenciais vantagens da aplicação da decisão coordenada nessas hipóteses, o que poderia justificar a alteração da lei para sua inclusão.

2. DESCOORDENAÇÃO ENTRE AS AUTORIDADES APTAS A IMPOR PENALIDADES

O ordenamento jurídico brasileiro adotou um sistema que prevê a independência entre instâncias[4], fundamentada no princípio da separação dos poderes previsto na Constituição Federal

---

2. Lei nº 9.784/1999, art. 49-, § 6º: "Não se aplica a decisão coordenada aos processos administrativos: I – de licitação;

   II – relacionados ao poder sancionador; ou

   III – em que estejam envolvidas autoridades de Poderes distintos.".

3. MOREIRA, Egon Bockmann. Breves notas sobre a 'decisão coordenada'. *Portal Jota*. 04 out.2021. Disponível em: https://www.jota.info/opiniao-e-analise/artigos/breves-notas-sobre-a-decisao-coordenada-04102021. Acesso em 08 abr.2022.

4. Essa também é o entendimento adotado pelo Superior Tribunal de Justiça. V. *e.g.*, STJ, Dje 22 nov.2019, AREsp 1565518, Rel. Min. Herman Benjamin; STJ, Dje 19 dez.2019, AREsp 1517245, Rel. Min. Francisco Falcão.

(art. 2º, CF/1988)[5]. Trata-se, inclusive, de disposição expressa em lei, da qual são exemplos o art. 935 do Código Civil[6], art. 66 e 67 do Código de Processo Penal[7], art. 125 e 126 da Lei nº 8.112/1990[8], bem como o art. 12 e 21, § 3º da Lei de Improbidade Administrativa[9].

Quando a hipótese envolve ainda gestores públicos ou o uso de recursos públicos, o sistema de controle público adotado no Brasil prevê ainda uma multiplicidade de órgãos e autoridades aptas a

---

5. Sobre o ponto, v.: DIONÍSIO, Pedro de Hollanda. *O direito ao erro do administrador público no Brasil: contexto, fundamentos e parâmetros*. 1ª ed. Rio de Janeiro: Mundo Jurídico, 2019, p. 24-25; MATTOS, Mauro Roberto Gomes de. Absolvição penal que nega a autoria do fato, mas grafa na parte dispositiva da sentença a falta de prova como fundamento, repercute na esfera administrativa. *Revista de Direito Administrativo*, v. 236, 2004, p. 67; GARCIA Emerson. A Consensualidade no Direito Sancionador Brasileiro: Potencial de Incidência no Âmbito da Lei no 8.429/1992. *Revista do Ministério Público do Rio de Janeiro*, no 66, out./dez. 2017, p. 31..
6. CC/2002, art. 935: "A responsabilidade civil é independente da criminal, não se podendo questionar mais sobre a existência do fato, ou sobre quem seja o seu autor, quando estas questões se acharem decididas no juízo criminal.".
7. CPP, art. 66: "Não obstante a sentença absolutória no juízo criminal, a ação civil poderá ser proposta quando não tiver sido, categoricamente, reconhecida a inexistência material do fato.

   Art. 67. Não impedirão igualmente a propositura da ação civil:

   I – o despacho de arquivamento do inquérito ou das peças de informação;

   II – a decisão que julgar extinta a punibilidade;

   III – a sentença absolutória que decidir que o fato imputado não constitui crime."
8. Lei nº 8.112/1990, art. 125 e 126: "Art. 125. As sanções civis, penais e administrativas poderão cumular-se, sendo independentes entre si.

   Art. 126. A responsabilidade administrativa do servidor será afastada no caso de absolvição criminal que negue a existência do fato ou sua autoria.
9. Lei nº 8.429/1992, art. 12: "Independentemente do ressarcimento integral do dano patrimonial, se efetivo, e das sanções penais comuns e de responsabilidade, civis e administrativas previstas na legislação específica, está o responsável pelo ato de improbidade sujeito às seguintes cominações, que podem ser aplicadas isolada ou cumulativamente, de acordo com a gravidade do fato: (...) art. 21, § 3º: "As sentenças civis e penais produzirão efeitos em relação à ação de improbidade quando concluírem pela inexistência da conduta ou pela negativa da autoria.".

controlar e fiscalizar suas condutas[10]. Nesses casos, além da possibilidade de responsabilizações nas searas penal, civil e administrativa, há também uma sobreposição de autoridades competentes para fiscalizar condutas e impor sanções. A despeito dos eventuais benefícios de um sistema com múltiplos mecanismos de fiscalização e controle, como a possibilidade de que eventuais falhas e erros de uma instituição sejam percebidas pelas outras[11], a verdade é que esse também pode ter efeitos nocivos.

O exemplo mais notório é a possibilidade de uma pessoa ser penalizada mais de uma vez por uma mesma conduta (*bis in idem*)[12-13]. Condutas que geram danos ao meio ambiente, violam regras do sistema financeiro ou do direito antitruste podem ser qualificadas tanto como infrações no âmbito administrativo quanto crimes passíveis de responsabilização na esfera criminal[14].

---

10. Sobre o ponto, v.: DIONÍSIO, Pedro de Hollanda. *O direito ao erro do administrador público no Brasil: contexto, fundamentos e parâmetros*. 1ª ed. Rio de Janeiro: Mundo Jurídico, 2019, p. 24-25.

11. DIONÍSIO, Pedro de Hollanda. *O direito ao erro do administrador público no Brasil: contexto, fundamentos e parâmetros*. 1ª ed. Rio de Janeiro: Mundo Jurídico, 2019, p. 26.

12. BOTINO, Thiago; DE PAULA, Maria Helena de Carvalho Nogueira. Efeitos penais dos acordos de supervisão no âmbito dos procedimentos administrativos sancionadores da Comissão de Valores Mobiliários. *Revista Brasileira de Ciências Criminais*, vol. 172, Out. 2020, versão eletrônica, p. 2; GARCIA, Emerson. A Consensualidade no Direito Sancionador Brasileiro: Potencial de Incidência no Âmbito da Lei no 8.429/1992. *Revista do Ministério Público do Rio de Janeiro*, no 66, out./dez. 2017, p. 35.

13. Quanto ao ponto, é importante destacar que há autores que entendem que nessa hipótese não se configuraria bis in idem, na medida em que em cada seara, a responsabilização decorreria de "distintas facetas da mesma conduta, que será cotejada com microssistemas normativos de natureza diversa". V. GARCIA, Emerson. A Consensualidade no Direito Sancionador Brasileiro: Potencial de Incidência no Âmbito da Lei no 8.429/1992. *Revista do Ministério Público do Rio de Janeiro*, no 66, out./dez. 2017, p. 34.

14. OSÓRIO, Fábio Medina. Natureza Jurídica do Instituto da Não Persecução Cível Previsto na Lei de Improbidade Administrativa e seus Reflexos na Lei de Improbidade Empresarial. *Portal Migalhas*. 10 mar.2020. Disponível e,: https://www.migalhas.com.br/arquivos/2020/3/8A049E343B44ED_Artigopacoteanticrimeeimprobid.pdf. Acesso em 08 abr.2022, p. 20-21.; BOTINO, Thiago; DE PAULA, Maria Helena de Carvalho Nogueira. Efeitos penais dos acordos de supervisão no âmbito dos

Também é possível que haja sobreposição de competências de diferentes autoridades administrativas, como ocorre em casos que envolvem atos de corrupção e ilícitos anticoncorrenciais[15]. Há ainda hipóteses que, sem prejuízo da aplicação de sanções administrativas e/ou penalidades criminais, os infratores podem ser responsabilizados civilmente e condenados a reparação de perdas e danos decorrentes da conduta perpetrada[16]. Mesmo que, ao final, o suposto infrator não sofra qualquer penalidade, a necessidade de se defender simultaneamente perante múltiplas autoridades já implica a assunção de prejuízos e o dispêndio de tempo e recursos.

A sobreposição de competências pode também ter efeito contrário: pode gerar a prolação de decisões contraditórias[17] ou

---

procedimentos administrativos sancionadores da Comissão de Valores Mobiliários. *Revista Brasileira de Ciências Criminais*, vol. 172, Out. 2020, versão eletrônica, p. 2; ARAS, Vladimir. Acordos de leniência na Lei Anticorrupção Empresarial. *Coletânea de artigos* : avanços e desafios no combate à corrupção após 25 anos de vigência da Lei de Improbidade Administrativa. 5ª Câmara de Coordenação e Revisão, Criminal. Brasília: MPF, 2018, p. 208.

15. MACEDO, Alexandre Cordeiro; SANT'ANA, Raquel Mazzuco. *Balcão Único para Negociação de Acordos de Leniência no Brasil*. 23 jul.2019. Disponível em: https://ssrn.com/abstract=3424277. Acesso em 06 fev.2022, p. 10; CANETTI, Rafaela Coutinho. *Acordo de Leniência*: fundamentos e os problemas de seu transplante ao ordenamento jurídico brasileiro. 2. ed.. Belo Horizonte: Fórum, 2020, p. 250-252.

16. Quanto ao ponto, registra-se que o STJ entendeu que, mesmo na hipótese em que um processo administrativo no IBAMA já havia sido resolvido por celebração de compromisso entre as partes envolvidas, essas poderiam ser rés em ação civil pública que pleiteasse a condenação ao ressarcimento pelos danos causados à população. V. STJ, DJ 02 out.2006, REsp 265.300/MG, Rel. Min. Humberto Martins.

    V. também: OSÓRIO, Fábio Medina. Natureza Jurídica do Instituto da Não Persecução Cível Previsto na Lei de Improbidade Administrativa e seus Reflexos na Lei de Improbidade Empresarial. *Portal Migalhas*. 10 mar.2020. Disponível em: https://www.migalhas.com.br/arquivos/2020/3/8A049E343B44ED_Artigopacoteanticrimeeimprobid.pdf. Acesso em 08 abr.2022, p. 20-21.

17. MACIEL, Caroline Stéphanie Francis dos Santos. Articulação administrativa: por uma reforma cultural da administração pública. *Revista de Direito Administrativo*, v. 280, n. 1, maio/ago. 2021, p. 212; BOTINO, Thiago; DE PAULA, Maria Helena de Carvalho Nogueira. Efeitos penais dos acordos de supervisão no âmbito dos procedimentos administrativos sancionadores da Comissão de Valores Mobiliários. *Revista Brasileira de Ciências Criminais*, vol. 172, Out. 2020, versão eletrônica, p. 2.

decisão nenhuma: pode criar um "*vácuo de poder no qual nenhuma delas exerce penalmente suas funções*"[18]. Além dos efeitos que podem ser produzidos no caso concreto, é possível também cogitar de outros efeitos danosos ao Poder Público, como a violação da segurança jurídica, comprometimento da confiança nas instituições, bem como o desperdício de recursos alocados à execução de funções redundantes.

Antes de encerrar o ponto, cumpre destacar um exemplo que ilustra de forma clara a descoordenação entre instâncias aptas a impor penalidades. Trata-se de acordos de leniência envolvendo atos de corrupção, especialmente aqueles que envolvem também ilícitos anticoncorrenciais: em razão da diversidade de normas aplicáveis, há a possibilidade de múltiplas autoridades – *e.g.* CADE, Ministério Público, Controladoria Geral da União ("CGU"), AGU – se julgarem aptas a celebrá-los ou a fiscalizar o seu cumprimento[19], especialmente caso os ilícitos afetem bens jurídicos de diferentes entes federativos[20], podendo gerar conflitos entre elas e implicar até mesmo a posterior anulação de avenças já celebradas[21]. Essa circunstância, além de tornar a celebração de acordos menos atrativa aos particulares[22], também pode gerar desperdício de recur-

18. MACIEL, Caroline Stéphanie Francis dos Santos. Articulação administrativa: por uma reforma cultural da administração pública. *Revista de Direito Administrativo*, v. 280, n. 1, maio/ago. 2021, p. 207.

19. MACEDO, Alexandre Cordeiro; SANT'ANA, Raquel Mazzuco. *Balcão Único para Negociação de Acordos de Leniência no Brasil*. 23 jul.2019. Disponível em: https://ssrn.com/abstract=3424277. Acesso em 06 fev.2022, p. 10; CANETTI, Rafaela Coutinho. *Acordo de Leniência*: fundamentos e os problemas de seu transplante ao ordenamento jurídico brasileiro. 2. ed.. Belo Horizonte: Fórum, 2020, p. 250-252.

20. CANETTI, Rafaela Coutinho. *Acordo de Leniência*: fundamentos e os problemas de seu transplante ao ordenamento jurídico brasileiro. 2. ed.. Belo Horizonte: Fórum, 2020, p. 250.

21. CANETTI, Rafaela Coutinho. *Acordo de Leniência*: fundamentos e os problemas de seu transplante ao ordenamento jurídico brasileiro. 2. ed.. Belo Horizonte: Fórum, 2020, p. 250.

22. MACEDO, Alexandre Cordeiro; SANT'ANA, Raquel Mazzuco. *Balcão Único para Negociação de Acordos de Leniência no Brasil*. 23 jul.2019. Disponível em: https://ssrn.com/abstract=3424277. Acesso em 06 fev.2022, p. 10.

sos, na medida que abre a possibilidade de múltiplas investigações e processos sejam iniciados com o mesmo objetivo[23].

Nesse cenário, a independência entre as instâncias e descoordenação entre as autoridades competentes para impor sanções pode ter efeitos negativos tanto para os infratores, quanto para o Poder Público. No tópico abaixo, serão abordadas algumas alternativas propostas para solucionar os problemas delas decorrentes.

3. APLICAÇÃO DA DECISÃO COORDENADA: VANTAGENS E LIMITAÇÕES

O diagnóstico do problema descrito acima e de suas causas não é um fenômeno recente. Assim, algumas alternativas já foram pensadas e implementadas com o objetivo de mitigar seus efeitos.

Em primeiro lugar, registra-se que os mesmo dispositivos mencionados acima, que preveem a independência entre instâncias, já ressalvam hipóteses de interação entre elas que visam a promover uma atuação mais coerente e racional por parte do Poder Público. O artigo 935 do Código Civil dispõe que uma decisão âmbito criminal que reconhece a inexistência do fato ou nega a autoria do réu impede a responsabilização cível (art. 935 do Código Civil). De forma semelhante, o artigo 126 da Lei nº 8.112/1990 prevê que a sentença penal absolutória impede a responsabilidade administrativa de um servidor[24].

Outros mecanismos também foram implementados com o objetivo de prover maior racionalidade e coerência em hipóteses envolvendo múltiplos atores e searas de responsabilização. A Lei nº 12.529/2011 impede o oferecimento da denúncia em face das

23. CANETTI, Rafaela Coutinho. *Acordo de Leniência*: fundamentos e os problemas de seu transplante ao ordenamento jurídico brasileiro. 2. ed.. Belo Horizonte: Fórum, 2020, p. 245-246.

24. Mais especificamente sobre esse ponto, v. MATTOS, Mauro Roberto Gomes de. Do reflexo da decisão penal no âmbito do direito administrativo. *Revista de Direito Administrativo*, v. 217, 1999.

pessoas físicas signatárias do acordo de leniência com o CADE pela prática dos crimes contra ordem econômica tipificados na Lei nº 8.137/1990 e nos demais crimes diretamente relacionados à prática de cartel (*e.g.*, aqueles tipificados na Lei nº 8.666/1993 e no art. 288, Código Penal) (art. 87, Lei nº 12.529/2011[25]). A lei dispõe ainda que, uma vez cumprido o acordo, extingue-se a punibilidade com relação a tais crimes (art. 87, p.u., Lei nº 12.529/2011[26])[27].

Este dispositivo legal não é isento de críticas, seja porque há divergência quanto aos tipos penais abrangidos pelo dispositivo[28],

---

25. Lei nº 12.529/2011, art. 87: "Nos crimes contra a ordem econômica, tipificados na Lei nº 8.137, de 27 de dezembro de 1990 , e nos demais crimes diretamente relacionados à prática de cartel, tais como os tipificados na Lei nº 8.666, de 21 de junho de 1993, e os tipificados no art. 288 do Decreto-Lei nº 2.848, de 7 de dezembro de 1940 – Código Penal, a celebração de acordo de leniência, nos termos desta Lei, determina a suspensão do curso do prazo prescricional e impede o oferecimento da denúncia com relação ao agente beneficiário da leniência."

26. Lei nº 12.529/2011, art. 87, parágrafo único: "Cumprido o acordo de leniência pelo agente, extingue-se automaticamente a punibilidade dos crimes a que se refere o caput deste artigo."

27. MARRARA, Thiago. Acordos de leniência no processo administrativo brasileiro: modalidades, regime jurídico e problemas emergentes. *Revista Digital de Direito Administrativo*, v. 2, n. 2, 2015, p. 519-520; MORAIS, Flaviane de Magalhães Barros Bolzan; BONACCORSI, Daniela Villani. A colaboração por meio do acordo de leniência e seus impactos junto ao processo penal brasileiro – um estudo a partir da "Operação Lava-Jato". *Revista Brasileira de Ciências Criminais*, v. 122, 2016, versão eletrônica, p. 4; SILVEIRA, Renato de Mello Jorge. O Acordo de Leniência na Lei Anticorrupção. *Revista dos Tribunais*, v. 947, 2014, versão eletrônica, p. 4-5; MONTEIRO, Gabriela Reis Paiva; TELÉSFORO, Rachel Lopes. A atividade consensual da administração pública e as soluções consensuais na defesa da concorrência. In: LEAL, Fernando; MENDONÇA, José Vicente Santos de (orgs.). *Transformações do direito administrativo*: consequencialismo e estratégias regulatórias, Rio de Janeiro: Escola de Direito do Rio de Janeiro da Fundação Getulio Vargas, 2016, p. 326-327; MARTINEZ, Ana Paula. Challenges Ahead of Leniency Programmes: The Brazilian Experience. *Journal of European Competition Law & Practice*, 2015, p. 7.

28. SILVEIRA, Paulo Burnier da; FERNANDES, Victor Oliveira. Chapter 7: The 'Car Wash Operation' in Brazil: Challenges and Perspectives in the Fight Against Bid Rigging. In: SILVEIRA, Paulo Burnier da; KOVACIC, William E. (eds.). *Global Competition Enforcement*: New Players, New Challenges, International Competition Law Series, vol. 79, Alphen aan den Rijn: Kluwer Law International, 2019, p. 148. CANETTI, Rafaela Coutinho. *Acordo de Leniência*: fundamentos e os problemas de seu transplante ao

seja porque a lei não assegura qualquer benefício aos envolvidos em outros processos administrativos sancionadores[29], tampouco impede que esses sejam responsabilizados civilmente.

Assim, mesmo após ter celebrado um acordo de leniência com o CADE, o colaborador pode ainda se ver parte em outro processo administrativo com base nos mesmos fatos, fundados na Lei Anticorrupção ou na Lei de Licitações. Nessa hipótese, uma proteção abrangente apenas poderia ser obtida mediante a celebração de acordos de leniência com todas as autoridades potencialmente lesadas pela conduta simultaneamente – o que pode não ser viável na prática, na medida em que depende do cumprimento de todos os requisitos previstos nas diversas normas aplicáveis[30].

Além disso, há quem questione a constitucionalidade do dispositivo, por limitar a atuação do Ministério Público e do Poder Judiciário[31], sem que os mesmos sequer sejam ouvidos[32]. Quanto

ordenamento jurídico brasileiro. 2. ed.. Belo Horizonte: Fórum, 2020, p. 189; MARTINEZ, Ana Paula. Challenges Ahead of Leniency Programmes: The Brazilian Experience. *Journal of European Competition Law & Practice*, 2015, p. 7. Quanto ao ponto, v. STF, *DJe* 01 jul.2021, MS 36.496/DF, Rel. Min. Gilmar Mendes.

29. MARRARA, Thiago. Acordos de leniência no processo administrativo brasileiro: modalidades, regime jurídico e problemas emergentes. *Revista Digital de Direito Administrativo*, v. 2, n. 2, 2015, p. 518; MARTINEZ, Ana Paula. Challenges Ahead of Leniency Programmes: The Brazilian Experience. *Journal of European Competition Law & Practice*, 2015, p. 7-8.

30. MARRARA, Thiago. Acordos de leniência no processo administrativo brasileiro: modalidades, regime jurídico e problemas emergentes. *Revista Digital de Direito Administrativo*, v. 2, n. 2, 2015, p. 518.

31. MARRARA, Thiago. Acordos de leniência no processo administrativo brasileiro: modalidades, regime jurídico e problemas emergentes. *Revista Digital de Direito Administrativo*, v. 2, n. 2, 2015, p. 519-520; SILVEIRA, Renato de Mello Jorge. O Acordo de Leniência na Lei Anticorrupção. *Revista dos Tribunais*, v. 947, 2014, versão eletrônica, p. 4-5. Sobre o ponto, v. também: GARCIA, Emerson. A Consensualidade no Direito Sancionador Brasileiro: Potencial de Incidência no Âmbito da Lei no 8.429/1992. *Revista do Ministério Público do Rio de Janeiro*, no 66, out./dez. 2017, p. 44.

32. Sobre a ausência de previsão legal a respeito da participação do Ministério Público no processo, v. CANETTI, Rafaela Coutinho. *Acordo de Leniência*: fundamentos e os problemas de seu transplante ao ordenamento jurídico brasileiro. 2. ed.. Belo Horizonte: Fórum, 2020, p. 189; MONTEIRO, Gabriela Reis Paiva; TELÉSFORO, Rachel

a esse último ponto, a despeito da inexistência de previsão legal exigindo sua participação, para tentar assegurar maior segurança jurídica aos envolvidos, o CADE tem regularmente convidado o Ministério Público para tomar parte nas tratativas de celebração de acordo de leniência[33].

Buscando mitigar alguns dos problemas causados pela multiplicidade de autoridades potencialmente competentes para celebrar acordos de leniência e de colaboração premiada, bem como pelas múltiplas esferas de responsabilização as quais estão sujeitas as pessoas físicas e jurídicas, em agosto de 2020, o Ministério Público Federal, a CGU, a AGU, o Ministério da Justiça e Segurança Pública e o TCU celebraram um Acordo de Cooperação Técnica, sob a supervisão do Supremo Tribunal Federal[34]. Na sequência, em novembro do mesmo ano, a CGU a AGU e a Polícia Federal celebraram o Protocolo de Execução n. 01/2020, o qual dispõe acerca da troca de informações entre tais órgãos a respeito de acordos de leniência e acordos de colaboração premiada[35].

Apesar de ser possível vislumbrar potenciais vantagens nas medidas já implementadas, a adoção de um procedimento semelhante ao da decisão coordenada, em comparação com as alternativas já expostas, apresenta vantagens. Quanto ao ponto, é

Lopes. A atividade consensual da administração pública e as soluções consensuais na defesa da concorrência. In: LEAL, Fernando; MENDONÇA, José Vicente Santos de (Orgs.). *Transformações do direito administrativo*: consequencialismo e estratégias regulatórias, Rio de Janeiro: Escola de Direito do Rio de Janeiro da Fundação Getulio Vargas, 2016, p. 326-327.

33. MARTINEZ, Ana Paula. Challenges Ahead of Leniency Programmes: The Brazilian Experience. *Journal of European Competition Law & Practice*, 2015, p. 2.

34. Disponível em: https://www.gov.br/cgu/pt-br/assuntos/noticias/2020/11/cgu-agu-e-pf-definem-procedimentos-para-troca-de-informacoes-sobre-acordos-de-leniencia-e-delacoes-premiadas/act.pdf.

35. Protocolo de Execução n/ 01/2020, disponível em: https://www.gov.br/cgu/pt-br/assuntos/noticias/2020/11/cgu-agu-e-pf-definem-procedimentos-para-troca-de-informacoes-sobre-acordos-de-leniencia-e-delacoes-premiadas/protocolo_de_execucao_pf.pdf.

importante registrar que não se está propondo uma substituição completa ou mesmo a consolidação de processos judiciais e administrativos em um procedimento único que resultaria em uma decisão coordenada. Não se ignora que, em razão das diferenças de leis aplicáveis e da lógica inerente aos processos administrativos e judiciais isso seria virtualmente impossível. Tampouco seria parece razoável impor a um juiz ou tribunal a participação em um procedimento semelhante: parece mais factível cogitar da participação do Ministério Público e/ou do autor do processo judicial, para que, ao menos, as partes negociem para celebração de um acordo seja para encerrar o litígio, seja para regular o procedimento ("convenção processual").

Diferentemente, propõe-se que, tal como agora prevê a Lei nº 9.784/1999, caso seja necessário tomar uma decisão sobre uma matéria relevante, que envolva potenciais divergências entre diferentes autoridades competentes, seja instaurado o processo acessório de decisão coordenada[36] previsto na lei, do qual participariam autoridades administrativas envolvidas e o Ministério Público e/ou o autor da demanda judicial, caso existente. Durante as reuniões, os interessados poderiam expor suas posições, compartilhar informações e buscar diretrizes e/ou soluções para a questão que justificou a instauração dos procedimentos.

As vantagens da implementação de tal procedimento seriam: (i) a participação de todos os envolvidos; (ii) a possibilidade de uma negociação de solução consensual com todos os interessados; e (ii) a concentração das em um único documento e um único momento, mesmo que sejam diferentes, da posição de todos os autores envolvidos, proporcionando maior segurança jurídica aos interessados e diminuindo o risco do infrator ser, no futuro, surpreendido com outra procedimento investigativo ou sancionador com base na mesma conduta. Adicionalmente, no limite, poderia servir para a aplicação

36. MOREIRA, Egon Bockmann. Breves notas sobre a 'decisão coordenada'. *Portal Jota*. 04 out.2021. Disponível em: https://www.jota.info/opiniao-e-analise/artigos/breves-notas-sobre-a-decisao-coordenada-04102021. Acesso em 08 abr.2022.

do que dispõe o art. 22, § 3º da LINDB[37], isso é, a consideração das sanções aplicadas por outras autoridades da mesma natureza e pelo mesmo fato quando da dosimetria da pena.

Quanto ao ponto, é importante registrar que é possível que, em razão das diferentes fases em que se encontrem os processos administrativos e judiciais envolvidos, não seja possível encerrar o procedo acessório da decisão coordenada com uma decisão definitiva para o caso em todas as instâncias. Ainda assim, a instauração do procedimento poderia ser interessante para permitir o compartilhamento de informações, a definição de algumas premissas, bem como para possibilitar a todos os envolvidos a possibilidade de debater o caso e tentar elaborar uma solução de consenso.

Evidentemente, esta medida também apresenta limitações. É verdade que, ainda que se pudesse abrir um processo de decisão coordenada: a mera participação de todas as autoridades competentes para requerer ou aplicar sanções nas tratativas não necessariamente resultaria em uma decisão coerente e unânime. A decisão coordenada não exige que os setores, órgãos e entidades cheguem a uma mesma decisão, apenas que as partes busquem solucionar o dissenso durante as deliberações e que todas as posições sejam registradas em um único documento.

Ademais, é possível que a negociação simultânea com todos os atores envolvidos possa dificultar a elaboração de uma solução única para solucionar a controvérsia em questão. A multiplicidade de interesses envolvidos possivelmente dificultará a elaboração de uma solução que atenda a todos.

37. LINDB, art. 22, "§ 3º As sanções aplicadas ao agente serão levadas em conta na dosimetria das demais sanções de mesma natureza e relativas ao mesmo fato.".

4. CONCLUSÃO

A descoordenação entre as autoridades competentes para impor sanções e penalidades produz efeitos negativos não apenas aos supostos infratores, que têm o ônus de se defender em múltiplos procedimentos e assumem o risco de ser penalizados duplamente, mas também ao Poder Público. Além do possível desperdício de recursos na atuação redundante de diferentes instituições, uma atuação descoordenada e incoerente entre diferentes órgãos e autoridades públicas viola a segurança jurídica e pode minar a confiança dos cidadãos nas instituições.

A alteração da Lei nº 9.784/1999 para possibilitar a utilização de um procedimento de decisão coordenada, ainda que com adaptações, em hipóteses que envolvam a imposição de sanções e autoridades de poderes distintos pode ter efeitos benéficos, permitindo uma atuação mais racional das instituições responsáveis pela aplicação de sanções.

BIBLIOGRAFIA

ARAS, Vladimir. Acordos de leniência na Lei Anticorrupção Empresarial. *Coletânea de artigos* : avanços e desafios no combate à corrupção após 25 anos de vigência da Lei de Improbidade Administrativa. 5a Câmara de Coordenação e Revisão, Criminal. Brasília: MPF, 2018.

BOTINO, Thiago; DE PAULA, Maria Helena de Carvalho Nogueira. Efeitos penais dos acordos de supervisão no âmbito dos procedimentos administrativos sancionadores da Comissão de Valores Mobiliários. *Revista Brasileira de Ciências Criminais*, vol. 172, Out. 2020, versão eletrônica.

CANETTI, Rafaela Coutinho. *Acordo de Leniência*: fundamentos e os problemas de seu transplante ao ordenamento jurídico brasileiro. 2. ed.. Belo Horizonte: Fórum, 2020.

DIONÍSIO, Pedro de Hollanda. *O direito ao erro do administrador público no Brasil: contexto, fundamentos e parâmetros.* 1ª ed. Rio de Janeiro: Mundo Jurídico, 2019.

GARCIA, Emerson. A Consensualidade no Direito Sancionador Brasileiro: Potencial de Incidência no Âmbito da Lei no 8.429/1992. *Revista do Ministério Publico do Rio de Janeiro*, no 66, out./dez. 2017.

MACEDO, Alexandre Cordeiro; SANT'ANA, Raquel Mazzuco. *Balcão Único para Negociação de Acordos de Leniência no Brasil*. 23 jul.2019. Disponível em: https://ssrn.com/abstract=3424277. Acesso em 06 fev.2022.

MACIEL, Caroline Stéphanie Francis dos Santos. Articulação administrativa: por uma reforma cultural da administração pública. *Revista de Direito Administrativo*, v. 280, n. 1, maio/ago. 2021.

MARRARA, Thiago. Acordos de leniência no processo administrativo brasileiro: modalidades, regime jurídico e problemas emergentes. *Revista Digital de Direito Administrativo*, v. 2, n. 2, 2015.

MARTINEZ, Ana Paula. Challenges Ahead of Leniency Programmes: The Brazilian Experience. *Journal of European Competition Law & Practice*, 2015.

MATTOS, Mauro Roberto Gomes de. Do reflexo da decisão penal no âmbito do direito administrativo. *Revista de Direito Administrativo*, v. 217, 1999.

MATTOS, Mauro Roberto Gomes de. Absolvição penal que nega a autoria do fato, mas grafa na parte dispositiva da sentença a falta de prova como fundamento, repercute na esfera administrativa. *Revista de Direito Administrativo*, v. 236, 2004.

MONTEIRO, Gabriela Reis Paiva; TELÉSFORO, Rachel Lopes. A atividade consensual da administração pública e as soluções consensuais na defesa da concorrência. In: LEAL, Fernando; MENDONÇA, José Vicente Santos de (orgs.). *Transformações do direito administrativo*: consequencialismo e estratégias regulatórias, Rio de Janeiro: Escola de Direito do Rio de Janeiro da Fundação Getulio Vargas, 2016

MORAIS, Flaviane de Magalhães Barros Bolzan; BONACCORSI, Daniela Villani. A colaboração por meio do acordo de leniência e seus impactos junto ao processo penal brasileiro – um estudo a partir da "Operação Lava-Jato". *Revista Brasileira de Ciências Criminais*, v. 122, 2016, versão eletrônica

MOREIRA, Egon Bockmann. Breves notas sobre a 'decisão coordenada'. *Portal Jota*. 04 out.2021. Disponível em: https://www.jota.info/opiniao-e-analise/artigos/breves-notas-sobre-a-decisao-coordenada-04102021. Acesso em 08 abr.2022.

OSÓRIO, Fábio Medina. Natureza Jurídica do Instituto da Não Persecução Cível Previsto na Lei de Improbidade Administrativa e seus Reflexos na Lei de Improbidade Empresarial. *Portal Migalhas*. 10 mar.2020. Disponível e,: https://www.migalhas.com.br/arquivos/2020/3/8A049E343B44ED_Artigopacoteanticrimeeimprobid.pdf. Acesso em 08 abr.2022.

SILVEIRA, Paulo Burnier da; FERNANDES, Victor Oliveira. Chapter 7: The 'Car Wash Operation' in Brazil: Challenges and Perspectives in the Fight Against Bid Rigging. In: SILVEIRA, Paulo Burnier da; KOVACIC, William E. (eds.). *Global Competition Enforcement*: New Players, New Challenges, International Competition Law Series, vol. 79, Alphen aan den Rijn: Kluwer Law International, 2019.

SILVEIRA, Renato de Mello Jorge. O Acordo de Leniência na Lei Anticorrupção. *Revista dos Tribunais*, v. 947, 2014, versão eletrônica.

EDITORA
JusPODIVM
www.editorajuspodivm.com.br
COLOR
system